Destreinamento
e transição
de carreira no
esporte

Katia Rubio
(Organizadora)

Destreinamento e transição de carreira no esporte

Casa do Psicólogo®

© 2012 Casapsi Livraria e Editora Ltda.
É proibida a reprodução total ou parcial desta publicação, para qualquer finalidade, sem autorização por escrito dos editores.

1ª Edição	*2012*
Diretor Geral	*Ingo Bernd Güntert*
Publisher	*Marcio Coelho*
Coordenadora Editorial	*Luciana Vaz Cameira*
Revisão	*ERJ Composição Editorial*
Diagramação	*Carla Vogel*
Capa	*Casa de Ideias*

Dados Internacionais de Catalogação na Publicação (CIP)
Angélica Ilacqua CRB-8/7057

Destreinamento e transição de carreira no esporte / Organizado por Katia Rubio. - São Paulo : Casa do Psicólogo, 2012.

Vários autores
ISBN 978-85-8040-151-6

1. Carreira 2. Esporte 3. Transição I. Rubio, Katia

12-0284   CDD 796

Índices para catálogo sistemático:
1. Carreira esportiva

Impresso no Brasil
Printed in Brazil

As opiniões expressas neste livro, bem como seu conteúdo, são de responsabilidade de seus autores, não necessariamente correspondendo ao ponto de vista da editora.

Reservados todos os direitos de publicação em língua portuguesa à

Casapsi Livraria e Editora Ltda.
Rua Simão Álvares, 1020
Pinheiros • CEP 05417-020
São Paulo/SP – Brasil
Tel. Fax: (11) 3034-3600
www.casadopsicologo.com.br

» Sumário

» Prefácio..7
Marcus Vinicius Freire

» Um novo começo...11
Katia Rubio

» Transição de carreira e suas implicações no esporte   15
Luis Martini

» Novas identidades e novas carreiras: a transição entre atletas olímpicos brasileiros..47
Katia Rubio

» A transição durante a fase do amadorismo............................65
Katia Rubio e Neilton Sousa Ferreira Junior

» O profissionalismo e os novos desafios para a transição de carreira.......83
Katia Rubio

» Reflexões teóricas e práticas sobre a transição entre a iniciação esportiva e a profissionalização: um enfoque psicoprofilático.................101
Simone Meyer Sanches

» De la iniciación deportiva al alto rendimiento........................127
Dr. Francisco Enrique García Ucha

» Os caminhos da criança e do jovem no esporte:
o início de uma carreira...149
Keila Sgobi

» "Depois da bola": causas, consequências
e implicações da aposentadoria no esporte..179
M. Regina F. Brandão e Marisa Cury Agresta

» Quando a lesão leva à transição?!..203
Marisa Markunas

» Gestão de carreira esportiva na transição...235
Luciana Ferreira Angelo

» Destreinamento e transição de carreira: como fica a saúde?..................259
Wagner Castropil

» Destreinamento esportivo..271
Prof. Dr. Raoni P. T. Machado

» Prefácio

Segundo os códigos atuais da vida em sociedade, a formação que cada um de nós recebe desde muito jovem visa, acima de tudo, a uma profissão. Muito cedo, somos obrigados a fazer escolhas que nos marcarão frequentemente até o fim da vida.

Ao escolher uma profissão, quase todo jovem sabe – ou pelo menos espera – que aquela escolha o acompanhará até a velhice. Há, porém, um tipo de jovem a quem essa máxima não se aplica: o atleta.

As mais variadas histórias estão por trás do sucesso dos atletas profissionais. Em comum, além de talento e uma força de vontade extraordinários, essas histórias caracterizam-se por terminar muito cedo, às vezes ao final da adolescência. Quase todo atleta profissional começa a se dedicar ao esporte ainda criança e, quando a maior parte de seus amigos está entrando na vida adulta e profissional, ele está concluindo seu ciclo como esportista de elite, sem certeza do futuro. No entanto, esta não é a pior situação: há atletas que se mantêm competitivos até perto dos 40 anos. Se, aos 20 anos, nem sempre é fácil começar uma nova carreira, longe das quadras, pistas, ginásios ou piscinas, o que dizer aos 40? E aí, o que fazer?!

Aos atletas profissionais são comuns uma determinação férrea e uma capacidade de superação e de trabalho invejáveis. Essas virtudes alimentam-se, sobretudo, de resultados, vitórias, reconhecimento. Como lidar com as frustrações do ex-atleta profissional diante de uma vida sem limites a serem superados? Ou, colocado de forma mais construtiva: por que não redirecionar aquelas virtudes excepcionais para uma vida profissional que traga satisfação ao ex-atleta e contribuição relevante à sociedade?

Nos países desenvolvidos, onde a prática esportiva de alto rendimento já é madura e profissionalizada, existem inúmeras iniciativas que oferecem ao atleta uma vida profissional digna, quando acaba o ciclo de competições. O bem-sucedido esporte universitário que conhecemos nos Estados

Unidos é uma delas. Em Cuba, onde o esporte é uma das poucas boas oportunidades de diferenciação profissional, existe o chamado *destreino*. Nessa fase, o atleta é acompanhado por profissionais que vão ajudá-lo na transição para a vida "normal". Enquanto compete, o atleta vive um cotidiano muito planejado, que inclui dieta específica e treinamento adequado, para que seu rendimento seja sempre o melhor possível. No seu *destreino*, diversos elementos desse planejamento, como alimentação e exercícios, continuam a ser considerados, para que o atleta paulatinamente se adapte a uma vida longe das competições.

No Brasil, podemos aprender muito com os exemplos que vêm de fora. No entanto, a história do esporte no país, cujas peculiaridades não nos cabe discutir aqui, indica que há um longo percurso a trilhar até que nossos atletas possam se beneficiar de maneira eficaz de uma transição para a vida longe das competições esportivas.

Hoje, já existem algumas iniciativas pioneiras de empresas que perceberam o potencial dos ex-atletas para desempenhar funções associadas ou não às suas atividades esportivas. O fato é que a grande maioria dos atletas sabe excepcionalmente bem como lidar com situações limite, como tomar decisões e medir riscos... e a vida profissional longe das competições não é tão diferente assim!

O Banco do Brasil, com seu programa "Embaixadores Esportivos", e o Banco Icatu, com o pagamento via Previdência Privada a atletas, são alguns exemplos nacionais. Mas precisamos evoluir muito até que essas práticas se disseminem pelo empresariado brasileiro de maneira a garantir aos jovens com pendor pelo esporte mais alternativas para suas decisões profissionais.

Na prática, o caminho mais natural para o ex-atleta é o que leva das competições às funções de técnico, comentarista esportivo ou ainda na área de administração/gestão esportiva. Porém, a gama de atividades que podem ser exercidas pelos ex-atletas é quase ilimitada.

Conciliar os estudos com as atividades esportivas profissionais é dos receituários mais eficazes para garantir uma transição sem ruídos. E sou a prova viva disso.

Joguei a "Partida das Estrelas" em 1990, minha última temporada no milionário voleibol italiano, e me aposentei três meses depois em função de uma hérnia de disco. Toda dedicação e determinação que aprendi com o esporte me ajudaram na nova fase da minha vida. Voltei ao Brasil, fui operado da coluna e comecei a trabalhar em uma corretora de seguros, como assistente, enquanto terminava meu curso superior em Economia.

Sempre soube quanto temos de nos dedicar para atingir qualquer objetivo. Para mim, estudar à noite não era um problema, apenas um novo desafio. Além disso, descobri muito rápido que todos os valores esportivos que permearam meu cotidiano podiam me ajudar fora das quadras. Talvez um dos maiores desafios tenha sido encarar o fato de que eu não era mais aquele atleta que passava o dia inteiro de shorts e tênis pensando somente em treinos, nas táticas de jogo e nos merecidos descansos à tarde. Havia passado a ser o cara que trabalhava de paletó, das 9 às 17h!!! Mas havia passado a ser também uma pessoa que tinha os fins de semana livres...

Não tenho dúvida de que devo a rara tranquilidade da minha transição a meus pais, que me mostraram que eu podia estudar enquanto jogava profissionalmente. Quando assinei meu primeiro contrato, estudava Engenharia na UFRS, em Porto Alegre, e meu pai só me permitiu aceitar a proposta após a equipe que me contratara conseguir minha transferência para a PUC do Rio de Janeiro. Estabeleceu-se, além disso, que parte do meu salário seria depositado em uma conta de poupança, em Porto Alegre, longe da minha avidez adolescente.

Com essa consciência do valor do estudo e das minhas responsabilidades, passei em um segundo vestibular para Educação Física em 1984, ano em que ganhamos a primeira medalha olímpica do voleibol brasileiro, em Barcelona. Finalmente, formei-me em Economia, após meu retorno da carreira no exterior, quando já era diretor de um grande banco brasileiro.

Felizmente, como eu, há um número cada vez maior de atletas profissionais que são bem-sucedidos em suas transferências do esporte de elite para uma sólida vida profissional "mundana". No entanto, estamos ainda muito distante do tempo em que seremos a maioria.

Minha mensagem para os jovens atletas e suas famílias que lerem estas linhas é a de que, embora não seja fácil a "vida dupla" de atleta/estudante, ela é possível, viável, recomendável. É com certeza o melhor caminho para uma segunda profissão depois que nossos braços e nossas pernas não corresponderem mais ao nosso ímpeto de busca pelo limite.

Se, de um lado, temos de conviver com a triste realidade na qual a maravilhosa vida de atleta profissional, onde nos pagam para fazer o que mais gostamos na vida, um dia vai acabar; do outro, essa mesma realidade nos oferece alternativas muito promissoras – se soubermos aproveitar as oportunidades.

Bons treinos e jogos!

Saudações olímpicas

Marcus Vinicius Freire
Medalhista Olímpico Voleibol Los Angeles 1984
Chefe de Missão do Brasil nos Jogos Olímpicos de Sydney 2000, Atenas 2004 e Pequim 2008
Superintendente Executivo de Esportes do Comitê Olímpico Brasileiro

» Um novo começo

Katia Rubio

A ideia deste livro surgiu quando Djan Madruga era ainda secretário nacional do esporte de alto rendimento do Ministério do Esporte. Corria o ano de 2008 e ele compartilhou comigo uma preocupação do então presidente Luis Inácio Lula da Silva sobre a vida dos campeões mundiais de futebol e do basquetebol de 1958 e 1959, respectivamente, com os quais ele havia se reunido para comemorar o cinquentenário de conquistas tão importantes para o esporte brasileiro.

Naquela ocasião, o secretário Djan me pediu para organizar um evento no qual pudéssemos promover o encontro de pesquisadores, profissionais da saúde, atletas e pós-atletas para discutirmos o cenário do destreinamento e da transição esportiva entre os atletas brasileiros. Foi então como presidente da Associação Brasileira de Psicologia do Esporte que ajudei a organizar o I Seminário Internacional de Destreinamento e Transição de Carreira Esportiva, em São Paulo, em fevereiro de 2009.

Na época, discutimos os diferentes aspectos do destreinamento e da transição de carreira entre atletas brasileiros, em que foram abordados temas de ordem social, psicológico e físico. Ficou evidente a necessidade de uma mobilização maior e mais intensa a respeito desse tema, principalmente pela importância e visibilidade que o esporte tem atualmente no Brasil. Se no passado o atleta era visto como um sujeito pouco afeito ao trabalho, e por isso desrespeitado por muitos empregadores e autoridades em geral, hoje ele representa uma das faces do processo de profissionalização que se afirma no país, sede da Copa do Mundo de 2014 e dos Jogos Olímpicos de 2016. É preciso lembrar e reconhecer que, quando um atleta compete com o uniforme brasileiro em torneios internacionais, ele é uma espécie de embaixador de seu país em qualquer parte do mundo. A confirmação dessa condição se dá no caso de conquista de uma das três primeiras posições, o que lhe garante presença no pódio. Nessa circustância são erguidas as bandeiras dos países de origem dos atletas, e, no caso do primeiro lugar, há a honra de se ouvir o hino nacional. Alguma dúvida ainda restaria sobre o grau de representatividade do atleta com seu país?

Poucas atividades profissionais guardam semelhança com o fazer esportivo. Talvez na música e na dança se possa ter exemplos próximos. Isso porque, muito precocemente o indivíduo que se dedica à prática esportiva abdica de uma vida onde atividades sociais como festas, encontros com amigos e família, escola e outras práticas comuns a jovens por disciplina, treinos diários, isolamento social e viagens o que o afasta de uma formação regular como a média dos jovens. E quanto mais o processo competitivo avança, maior a dificuldade de se ter uma vida "normal" como a maioria dos jovens leva.

Observa-se com uma frequência muito maior que a desejada o afastamento de atletas da formação acadêmica. Isso se deve, em parte, à falta de incentivo das instituições esportivas formadoras em fazer seus atletas pensarem no futuro, no pós-carreira. E, por outro lado, poucas instituições de ensino no Brasil estão preparadas para oferecer as condições de ensino a alguém que está fora da média, ou seja, viaja por força da profissão, precisa treinar, descansar, se cuidar, isto é, possui uma rotina distinta, uma vez mais.

Isso quer dizer que começar a discutir e a levantar propostas para o apoio pós-carreira ao atleta brasileiro é começar a respeitá-lo um pouco mais, reconhecer que seus feitos foram importantes para o país e para as gerações de futuros atletas e que eles não ficarão desamparados como muitos já ficaram.

Este livro é fruto das discussões iniciadas no Seminário Internacional de Destreinamento e Transição de Carreira. Além de contar com a colaboração de participantes do Seminário, o livro ganhou consistência com a colaboração de profissionais que não estiveram presentes, mas que se preocupam e trabalham com o tema. Nele, discute-se não apenas a transição de carreira entre pós-atletas, mas também as diferentes transições, por exemplo, a passagem das categorias de base para as categorias adultas e ainda o ingresso na vida profissional como atleta. São abordadas também as questões que levam à transição, sejam elas a escolha gerada pela maturidade, a descoberta de novos interesses ou ainda o encerramento compulsório da carreira gerado por lesões.

Espero que aqui se inicie um processo de discussão mais amplo a respeito daquilo que parece ser o fim de uma carreira, porém é apenas o começo de uma nova vida.

» Transição de carreira e suas implicações no esporte

Luis Martini

A carreira atlética envolve uma série de decisões e ações por parte do praticante, que começam desde o encaminhamento ou a escolha do esporte a ser praticado até a retirada deste. Situações inesperadas, ou até as já previstas, exigem do esportista ajustamentos ou adaptações em várias facetas da sua vida. Esses ajustes e essas adaptações mostram-se em alguns aspectos diferentes de outros tipos de carreira (por exemplo, de trabalho) e com várias características próprias.

A verificação de como todo esse processo decorre na vida do esportista tem sido mundialmente, nas últimas décadas, objeto de estudo de vários grupos de psicólogos do esporte. Transição atlética pode ser definida como "evento ou não evento o qual resulta em uma troca nas suposições sobre si mesmo e o mundo e assim requer uma mudança correspondente nos relacionamentos e comportamentos próprios" (Schlossberg, 1981). Um dos tipos de transição que psicólogos do esporte têm se esforçado em compreender é a transição de término de carreira ou aposentadoria atlética. O presente capítulo segue essa mesma direção e aborda mais a aposentadoria atlética que outras formas de transição e dentro de uma característica de alto rendimento, ainda que algumas vezes outros tipos de enfoque possam aparecer no texto.

O estudo das causas e das consequências da transição atlética tem sido amparado por modelos teóricos adaptados de outras áreas do conhecimento (como gerontologia) ou (re) criados por especialistas da psicologia do esporte. Algumas dessas abordagens teóricas e desses modelos se mostraram mais próximos da realidade do atleta e com maior aplicação para a transição de carreira do esporte.

Neste artigo, apresentamos, além de alguns modelos de transição, uma perspectiva fenomenológico-existencial como uma possibilidade promissora de compreensão da transição atlética.

Atualmente, a investigação sobre transição atlética tem se evidenciado não só pelo número crescente de pesquisas, mas por critérios investigativos e de análise mais abrangentes (por exemplo, aspectos multiculturais envolvidos na transição).

Todo este conhecimento tem procurado demonstrar como os fatores relacionados à transição de carreira podem interferir na qualidade desta. O atleta pode ter de enfrentar situações esperadas e inesperadas na transição e a sua habilidade em lidar com essas situações, sua identidade no esporte, bem como o apoio ou não apoio que recebe do meio esportivo pode fazer que essa transição se torne mais fácil ou difícil de ser enfrentada.

Apesar de poder ser constatado atualmente a evolução e a amplitude que as investigações sobre este tema tomaram no âmbito da pesquisa mundial, muito ainda há que ser trabalhado, por exemplo, como as transições atléticas acontecem no esporte adaptado.

Algumas recomendações também são feitas em relação à intervenção do psicólogo do esporte para que esta possa ser realizada com sucesso e algumas dificuldades são mostradas na implantação ou desenvolvimento do trabalho do psicólogo do esporte (por exemplo, apoio a intervenção pré-transição junto às instituições esportivas).

Examinando essas várias questões implicadas nas transições atléticas e a trajetória investigativa até o momento, abrimos a possibilidade de melhor conceituá-las ou redefini-las e, por fim, adequá-las de maneira mais eficaz às necessidades do atleta e dos psicólogos do esporte.

Carreira atlética

A carreira atlética é um processo composto por, no mínimo, três fases: iniciação, competição e aposentadoria. O ciclo da carreira do atleta lembra os ciclos de carreira em geral, mas atletas experimentam um período de envolvimento mais curto e mais definido e são muitas vezes confrontados com preocupações de transição de carreira diferentes que não atletas. Solicitações de encarar e lidar adequadamente com mudanças de identidade significativas e estilo de vida estão presentes em várias fases de sua carreira. O ciclo normal de uma carreira atlética pode variar conforme o esporte, por exemplo, no tiro ela pode se estender além dos 40 anos e em esportes como a ginástica a carreira pode terminar bem mais cedo. De acordo com Gardner e Moore (2005), nas carreiras não atléticas a maioria das pessoas as encerra por escolha pessoal ou previsivelmente, baseando-se em sua própria expectativa de vida. Assim, é possível para a maioria dos indivíduos ter tempo de se preparar para essa eventualidade e desenvolver relacionamentos sociais, atividades e planos de vida que promovam adaptações saudáveis. Isso significa, segundo os autores (2005) que, mesmo no caso daqueles poucos atletas que apreciam carreiras competitivas longas e de sucesso, estes experimentam término em certa idade que para não atletas poderia ser associado ao pico da produtividade, desenvolvimento de carreira e período de muita energia.

Transição atlética

Transições são partes inevitáveis e naturais do desenvolvimento de uma carreira atlética e caracterizam-se como um processo complexo (e não como um evento único) e que abrange uma série de situações com exigências de ajustamento nas esferas da vida ocupacional, financeira, psicológica e social. A transição atlética pode ser definida como "evento ou não evento o qual resulta em uma troca nas suposições sobre si mesmo e o mundo e assim requer uma mudança correspondente nos relacionamentos e comportamentos próprios" (Schlossberg, 1981). Essas fases ou transições atléticas podem ocorrer de modo preciso e cronológico na realização esportiva, por exemplo, o primeiro título nacional, uma primeira convocação para a seleção estadual (Martini, 2000) ou dentro de um contexto próprio e subjetivo para o atleta em transição, mas igualmente sentido e vivido por ele.

Término

A aposentadoria do esporte pode ser vista como um tipo de transição de carreira. E neste artigo daremos mais ênfase ao término de carreira que a outros tipos de transição. Apesar de muitas vezes a transição de término de carreira ou aposentadoria atlética ser retratada como um processo abrupto e de frequente experiência negativa (Alfermann, 2000; Lavallee, 2000), ela pode ser encarada como um momento para a amplitude e progressão da vida do atleta que se retira do esporte.

Essa oportunidade de explorar novas áreas da vida pode ser sentida até mesmo como um período acompanhado por sensação de alívio sobre a pressão sofrida no esporte (por exemplo, competitivo). Evidentemente, alguns fatores devem ser considerados nesse tipo de transição, que incluem uma alternativa à participação esportiva que permita o redirecionamento de energia física e psíquica, sentimento de metas alcançadas para facilitação da transição, exame dos efeitos positivo ou negativo do relacionamento com técnicos, experiências negativas de transição, associadas com prematuro término de carreira devido lesão, problemas financeiros conduzindo para aposentadoria e emoções negativas, e o efeito positivo de apoio social (Jenkins, 2005).

Pesquisas a respeito do término de carreira já mostraram discordância sobre os resultados de adaptação e ajustamento à saída do esporte e à nova carreira. Por exemplo, atletas de elite tiveram problemas de ajustamento como falta de opções de carreira, abuso de drogas, crises de identidade, sentimento de perda e uma desvalorização no *status* social (Mihovilovic 1968; Hill e Lowe 1974; Bradley 1976). Griffin, Chassin e Young (1981) observaram que o atleta que se percebe mais feliz e competente no seu papel de atleta em comparação com outro aspecto de sua vida, pode entender que a transição de término de carreira o deixará vulnerável.

A falta de preparo para transição da carreira atlética a novos caminhos de vida pode levar atletas a apresentar baixa motivação e encorajamento limitado para considerar o fim de suas carreiras competitivas. A cultura atlética parece contribuir para que eles se sintam desencorajados em considerar a vida depois do esporte.

Contrastando com esses resultados, alguns pesquisadores descobriram que a maioria dos atletas profissionais ajusta-se com sucesso na transição

(McPherson 1978; Baillie 1992). McPherson (1980) cita que a segunda carreira não é percebida como tão recompensadora como a carreira atlética. Isso com base em ajustamento acima de dez anos (Baillie, 1992).

O término de carreira é frequentemente visto como a experiência mais significativa no esporte (Murphy, 1995). Observa-se que respostas diferentes para a transição são uma função dos diferentes tipos de atletas e diferentes níveis de esporte.

Causas de transições

Alguns aspectos como nível de sucesso percebido, compromisso e controle pessoal da carreira, identificação com o esporte, e disponibilidade de rede de apoio social podem estar presentes no decorrer de uma transição de carreira. Normalmente os fatores associados à transição de carreira são classificados como voluntários ou involuntários.

Voluntários

A carreira competitiva do atleta pode acabar conforme ele havia planejado ou esperado. Nesse caso, o término frequentemente resulta de livre escolha, diminuição natural das habilidades físicas (por exemplo, envelhecimento, lesão de efeitos cumulativos) ou até mesmo por falta de oportunidades competitivas (como falta de local para treinar e competir na cidade onde mora).

A escolha é um importante determinante da qualidade de transição de carreira (Coakely, 1983; Taylor e Ogilvie, 1994; Webb, Nasco, Riley, e Headrick, 1998). Atletas podem sair do esporte por diversos motivos que vão desde a falta de motivação ou prazer em treinar e competir, a conclusão de suas metas competitivas até o surgimento de novas prioridades. McGowan e Rail (1996, apud Levy et al., 2005) observaram que atletas que escolhem o término de suas carreiras no esporte, acabam também planejando e preparando-se para esse momento. Dessa forma, muitas opções ficam disponibilizadas para eles em suas carreiras pós-atléticas, e eles têm consideráveis recursos de lidar a serem usados no processo de transição (Sinclair e Hackfort, 2000, apud Levy et al., 2005). Como Taylor e Ogilvie (1998) alertaram, sentimentos de perda são uma parte natural do processo de transição, ainda que atletas vejam a experiência geralmente como positiva, por isso a escolha livre não garante uma transição sem dor.

Involuntários

O término de carreira acontece de maneira inesperada devido a fatores que estão fora do controle do atleta como lesão ou *performance* inaceitável (por exemplo: ser cortado do time).

Principais fatores de transição

Lesão

Lesões causam muitos problemas de ajustamento que outras razões para aposentadoria (Webb, Nasco, Riley e Headrick, 1998). Suinn (1967) sugeriu que atletas respondem ao término baseado em lesão da mesma forma que outros respondem à perda. Gardner e Moore (2005) afirmaram que é provável que variáveis de personalidade pré-lesão desempenhem papel importante na resposta psicológica tanto da lesão quanto das consequências e cita os trabalhos de Gallangher e Gardner (2005), os quais descobriram que o relacionamento entre vulnerabilidades cognitivas, estratégias de lidar e resposta emocional a lesão podem levar a resultados nos quais "atletas que têm esquemas cognitivos específicos relacionados a abandono e desconfiança e também manifestam um estilo de lidar baseado em evitação são mais prováveis de experimentar altos níveis de efeitos negativos, assim como significantes lesões menores imediatamente após a lesão" (Gardner e Moore, 2005). É provável que atletas que tenham medo de isolamento social e falta de aceitação de sua condição física por outros se sintam mais estressados quando lesionados, assim como aqueles atletas mais preocupados com lesão recorrente e competência têm mais chance de ter dificuldades após bem-sucedida reabilitação e antes de reengajamento (Gardner e Moore, 2005).

Vários estudos apontados por Ogilvie e Taylor (1993) sobre lesões severas indicam que o esportista pode ter uma série de dificuldades psicológicas, incluindo medo, ansiedade, e perda de autoestima (Rotella e Heyman, 1986), bem como depressão e abuso de substâncias (Ogilvie e

Howe, 1982). Além disso, estudos de Brewer (Brewer, 1994; Brewer, Van Raalte e Petitpas, 2000; Kleiber e Brock, 1992) indicaram que problemas de ajustamento por causa de lesão podem ser acentuados, principalmente naqueles atletas cujas próprias identidades estão altamente conectadas com a participação esportiva.

Embora não exista um consenso entre os pesquisadores no que concerne as fases de ajustamento em relação ao atleta lesionado, geralmente é de comum acordo que uma lesão pode afetar capacidades ou recursos psicológicos de atletas e mecanismos de lidar (Tunick, Etzel, Leard e Lerner, 1996, apud Levy et al., 2005).

Desengajamento

O desengajamento pode acontecer tanto no esporte individual como no de grupo. De acordo com Lerch (1982) e Rosenberg (1982), é importante reconhecer o impacto que o desengajamento de um atleta de um time pode causar não só aos colegas de equipe, como também no funcionamento e coesão do time inteiro.

De acordo com Danish et al. (2007), desengajamento é definido como o ato de deixar o time e/ou o esporte, e pode ser feito de maneira planejada ou não. Isso significa que as razões para o desengajamento podem ser voluntárias ou involuntárias. Os motivos involuntários para desengajamento são aqueles iniciados pelo time, esporte ou circunstâncias fora do controle do atleta. McInally, Calvin-Stice, e Knoth (1992) descobriram que 27% de sua amostra havia passado pela não seleção em seus times e sugeriram que a situação de não ser selecionado em um time pode ser uma causa significativa de transição de carreira em esportes.

No desengajamento involuntário, a perspectiva de tempo do atleta em relação à ocorrência do evento não corresponde às suas expectativas e é tido como inesperado (Danish, Smyer e Nowak, 1980). Entretanto, há situações em que os atletas voluntariamente escolhem como será seu desengajamento. Eles podem querer ser liberados ou trocados por outros times, escolher livremente reduzir o seu nível de participação para focar em outras atividades ou trabalho entre outras possibilidades.

Há vários motivos para o desengajamento e eles podem variar como resultado do nível no qual o atleta compete. E para atletas que participam em esportes de time, desengajamento é ao mesmo tempo uma experiência individual e de grupo.

Segundo Danish et al. (2007), o impacto do desengajamento no time variará dependendo do número de fatores incluídos: "(a) o estágio do desenvolvimento do grupo; (b) o papel do colega do time ausente; (c) a razão para a saída; (d) se o desengajamento foi planejado ou não planejado; e (e) o grau que o time sente que a equipe continua a jogar em níveis excelentes durante o período de transição". Atualmente, há pouca pesquisa considerando o impacto do desengajamento do atleta no time, ainda que desengajamento afete todos os aspectos da manutenção do time.

Tempo

O tempo é um fator determinante de transição de carreira atlética. A carreira de um atleta ou esportista pode ser medida cronologicamente e, no caso dos atletas de elite, a idade pode impedir atletas de competir em alto nível. Ogilvie e Taylor (1993) afirmam que idade é uma das mais comuns razões para término de carreira. Os autores (1998) também ressaltaram que no impacto que a idade tem no término de carreira para atletas incluem fatores fisiológico, psicológico e social (por exemplo, impacto negativo pela diminuição da *performance* e perda de *status*).

Segundo Garry Wheeler (2003), a investigação da aposentadoria por tempo merece cuidados adicionais, como nos relatos retrospectivos de reações emocionais que podem se tornar inexatos, visto que estudos de experiências de transição de atletas podem envolver atletas que tenham se retirado por um número de meses (Blinde e Stratta, 1992, apud Wheeler, 2003) ou aqueles que já se retiraram há mais de 25 anos (McGown e Rail, 1996, apud Wheeler, 2003).

Existem muitas questões diferentes e reações às causas de transição de carreira atlética e cada uma delas requerendo tratamento diferente e intervenções. Muitas vezes essas experiências na transição atlética provocam reações psicológicas intensas. A transição de término de carreira evidencia a natureza limitada do tempo de atletas (por exemplo, universitários ou de elite) e o envelhecimento natural do corpo e a consequente diminuição da *performance* que é inevitável (Gardner e Moore, 2005).

Interesse por transição de carreira

Segundo Levy et al. (2005), o interesse profissional e acadêmico por transições de carreira entre atletas tem crescido nos últimos vinte anos. Antes de 1980, aproximadamente vinte publicações de transições de carreira atlética foram escritas (McPherson, 1980). Por volta de 2000, 270 papéis foram publicados sobre esse tópico.

Alguns programas de transição de carreira têm sido implementados na Europa, nos Estados Unidos, na Austrália, entre outros países, com o apoio do governo, das universidades e de ligas profissionais, oferecendo serviços de transição de carreira para atletas durante e para a conclusão de suas carreiras.

Todo esse interesse em transição de carreira não pode deixar de considerar questões multiculturais como raça, etnia e gênero em suas investigações. Há um vasto campo também a espera por pesquisadores na área de esporte para pessoas com necessidades especiais. Dentre as razões para estudarmos a transição de aposentadoria nas atividades de Esporte Adaptado, poderíamos citar a natureza do esporte adaptado (que tem mudado), a pouca ideia sobre o impacto do investimento pessoal e lesões crônicas (deficiência secundária).

De acordo com Wheeler (2003), as pesquisas em Esporte Adaptado sobre transição devem considerar cinco características fundamentais: "(a) a população estudada e o nível de participação atlética estudado; (b) tempo de pesquisa (tempo desde aposentadoria); (c) teorias ou modelos informando e guiando pesquisadores e métodos de pesquisa; (d) abordagens metodológicas usadas; e (e) uma tendência de gênero em pesquisa".

Da mesma forma, o especialista em psicologia do esporte deve estar aberto a outros tipos de investigação que aparentemente não estejam tão estritamente ligados ao tema, mas que darão outros subsídios ao trabalho a ser realizado com o atleta. Por exemplo, a questão motivacional ligada ao exercício ou à atividade física. Partindo do contexto de que atividade física pode ser definida como todo movimento humano musculoesquelético, tais como caminhar e realizar trabalho manual e fazer exercícios referem-se a formas estruturadas de atividade física geralmente engajada em ganho, manter ou melhorar boa forma (Carpersen, Powell e Christenson, 1985, apud Biddle, 2007), pesquisadores como Ashford, Biddle e Goudas (1993, apud Biddle, 2007) descobriram, em um levantamento de 336 participantes em seis centros de lazer, "que sujeitos na idade de 16 a 25 anos estavam significativamente menos interessados nos motivos associados com o bem-estar sociopsicológico do que sujeitos acima dos 25 anos. Sujeitos mais jovens pareciam estar mais motivados por buscar desenvolvimento físico, tanto por meio de habilidades e competição ou boa forma" (Biddle, 2007). Esses resultados, por exemplo, podem lançar novas perspectivas ao trabalho investigativo relacionado à idade na transição atlética.

Ashford e Rickhuss (1992, apud Biddle, 2007) também descobriram diferenças em grupos de idades para motivos de participação no esporte. Motivos de maestria no esporte foram tidos significativamente mais altos por crianças mais jovens (idade 6 a 9), enquanto que *status* social foi um motivo importante para jovens de idade entre 10 e 14 anos.

Explanações sociais e psicológicas de transição de carreira

Modelos gerontológicos e tanatológicos

Vários modelos teóricos foram propostos para o entendimento da transição atlética. McPherson (1980) foi pioneiro em relacionar transições à gerontologia social. Gerontologia é uma análise sistemática do envelhecimento considerando a descrição e a explicação das mudanças típicas do processo de envelhecimento e seus determinantes, enquanto a gerontologia social integra valores sociais ao envelhecimento como parte de questões de desenvolvimento (Atchley, 1976).

Os modelos gerontológicos procuram explicar a aposentadoria da força de trabalho e os ajustamentos de atletas em transição para fora do esporte.

Outros modelos iniciais de estudo da aposentadoria atlética basearam-se na tanatologia, entendida como o estudo do processo de morte e de estar morrendo. Vejamos a seguir dois exemplos: a teoria do colapso social e "estágios da morte", respectivamente baseados no modelo gerontológico e no modelo tanatológico.

Teoria do colapso social

A teoria está associada ao processo de reorganização social após a aposentadoria. Ela examina como as redefinições desfavoráveis do julgamento social para aquele indivíduo que se aposenta afetam e reduzem seu envolvimento em atividades até a eliminação completa na vida da pessoa.

"Estágios da morte"

Gordon (1995) adaptado de Kubler-Ross´ (1969) refere-se ao modelo de morte e ao "estar morrendo" para transições de carreira em esportes, incluindo o sofrimento de um processo de lesão. O modelo de Kubler-Ross (1969) baseou-se em estudo de pacientes terminais de hospital e suas reações psicológicas. Ele lista recusa e isolamento, raiva, barganha, depressão e aceitação como os cinco estágios de morte e "estar morrendo". Por exemplo: o atleta recusa-se a encarar a aposentadoria atlética ou negocia o prolongamento de suas carreiras.

Crítica: Esses dois exemplos encontraram alguns parâmetros de aplicação na aposentadoria atlética e por isso foram aqui descritos. No entanto, essas perspectivas (gerontológica e tanatológica) se mostraram limitadas na prática, porque foram incapazes de caracterizar a natureza e o dinamismo do processo de transição de carreira de modo adequado (Taylor e Ogilvie, 1994). Atletas parecem ter características próprias que os diferem muitas vezes de outras ocupações e classes de aposentados, tornando-se difícil comparar aposentadoria ocupacional com aposentadoria do esporte. Da mesma forma, os modelos de estágios presentes nas explicações tanatológicas (Kubler-Ross, 1969) parecem propor que atletas são atônitos para estresse induzido na transição. Segundo Levy et al. (2005), esses modelos não eram específicos do esporte nem endereçados às diferenças individuais de como os atletas experienciavam transições. O foco desses modelos está no término e na perda, sugerindo uma visão negativa da transição de carreira (Taylor e Ogilvie, 1998). Também falham em não levar em conta diferenças culturais entre atletas, tais como esporte, gênero, idade, raça, habilidades de lidar, e história familiar, que podem afetar a qualidade de sua transição de carreira (Danish, Petitpas e Hale, 1993; Taylor e Ogilvie, 1993). Além disso, o foco está limitado ao desenvolvimento de vida dos atletas e não se considera efetivamente a possibilidade de desenvolvimento de identidade fora do esporte.

Modelo psicossocial dinâmico de Erikson

O modelo psicossocial dinâmico de Erikson (1950, 1968) de desafios e conflitos pessoais encarados através do período de vida tem sido proposto como estrutura ou sistema para se trabalhar principalmente com atletas--estudantes (Andersen, 1996).

Segundo Lavallee e Andersen (2000), nesse modelo de Erikson temos três estágios: (a) identidade, (b) intimidade, (c) generatividade e estes estão conectados aos processos de transição que podem facilitar (ou exacerbar) a desordem durante a transição. Por exemplo, os atletas podem estabelecer intimidade ou encarar isolamento. O modelo de Erikson conceitua generatividade como ocorrendo durante um estágio de vida em que a maioria dos atletas tem finalmente se retirado do esporte.

De acordo com Lavallee e Andersen (2000), essa abordagem dá uma dinâmica e mais holística figura de mudanças e desafios que atletas encontram em seus esportes e em sua vida. O modelo de Erikson também provê uma estrutura de tipos de intervenções que psicólogos do esporte podem usar (por exemplo: ajudando os atletas a explorar o que eles são).

MODELOS DE TRANSIÇÃO

Wylleman (2003, apud Levy et al., 2005) notou que nos anos 1960, términos de carreira atlética eram vistos como evento singular. Já nos anos 1970, término de carreira atlética era um processo transitacional. Na década 1980, atletas experienciavam "transições" de carreira. E dos anos 1990 até os anos 2000, passou-se a compreender ambas as transições, atlética e não atlética, e assim puderam ser mais bem estudados e assistidos.

MODELO DE TRANSIÇÃO DE SCHLOSSBERG

O término de carreira pode ser pensado como uma transição de vida. Por essa razão, modelos de transição analisam término do esporte competitivo como um processo (Schlossberg, 1981). Schlossberg (1981) definiu transição como "um evento que resulta em uma mudança de suposições sobre si mesmo e o mundo e assim requer uma mudança correspondente de comportamento e relacionamento" (p. 5). Schlossberg e colegas também propuseram um modelo de adaptação de transição no qual três variáveis interagem (Charner e Schlossberg 1986; Schlossberg, 1981, apud Gardner e Moore, 2005).

Três fatores mediam a transição (Schlossberg, 1981): (a) a natureza da transição, (b) o meio ambiente antes e depois que a transição ocorre, e (c) qualidades do indivíduo.

A natureza da transição relaciona-se com:

Grau de estresse: transições provocam estresse tanto porque mudanças na vida estão ocorrendo ou porque mudanças previstas não estão ocorrendo. Segundo Levy et al. (2005), uma pesquisa de Carreira Olímpica do Monster.com (2001) descobriu que 61% dos ex-atletas olímpicos experienciaram *distress* emocional depois da competição olímpica. A percepção do indivíduo de que sua situação está mudando, conforme Schlossberg (1981), é o componente definidor da transição.

Mudança de papel: muitas transições ocorrem com uma mudança no papel ou na identidade do indivíduo (Baillie, 1992; Baillie e Danish, 1992). De acordo com Danish et al. (2007), uma mudança em identidade pode levar a uma variedade de sentimentos. Da sensação de alívio como resultado de uma oportunidade maior de focar na sua educação (Adler e Adler, 1985; Greendorfer e Blinde, 1985, apud Danish et al., 2007) até a ansiedade como sentimento predominante, se o atleta tornou-se tão focado no papel atlético que outras opções tornaram-se descartadas (Chartrand e Lent, 1987; Petitpas e Champagne, 1988, apud Danish et al., 2007).

Duração: tempo é tido como um componente importante dos eventos da vida: eventos são referidos tanto "no tempo" como "fora do tempo" (Danish, Smyer e Nowak, 1980).

A NATUREZA DO MEIO AMBIENTE

Schlossberg (1981) dividiu o meio ambiente em três componentes: (a) interpessoal, (b) institucional, e (c) configuração física.

Apoio interno: segundo Danish et al. (2007), o meio ambiente interpessoal consiste em apoio social, família e amigos. Apoio social (interpessoal ou institucional) é uma variável crítica no entendimento de quão bem-sucedido um atleta ou time consegue lidar com a transição (Pearson e Petitpas, 1990).

Apoio institucional: são as estruturas disponíveis ao indivíduo ou time durante a transição, que podem incluir, por exemplo, grupos da comunidade e aconselhamento acadêmico dentro do meio ambiente institucional.

Cenário físico: tempo ou condições físicas na qual o esporte é jogado fazem parte do componente ambiental. Maior apoio do meio ambiente pode significar uma transição cada vez mais fácil tanto para indivíduos como para times.

As qualidades do indivíduo e do time

Atletas ou time possuem oito qualidades que afetam a transição: (a) competência psicossocial, definida como um grau que o atleta ou time possui e utiliza habilidade da vida; (b) diferenças de socialização de gênero, por exemplo, a saída de um membro de um time pode levar times masculinos e femininos a se ajustar de maneiras diferentes; (c) idade, em que podemos incluir a experiência de vida do indivíduo ou time e desenvolvimento; (d) estado de saúde, que se mostra muito relacionado a lesões atléticas; (e) etnogenia, diferentes grupos étnicos podem passar pelo estresse de transição de modo diferente dependendo, em parte, dos recursos disponíveis para eles por esforços não esportivos; (f) *status* socioeconômico, por exemplo, para continuar no esporte atletas amadores devem pagar por equipamentos; (g) valor da orientação ou a visão da vida do indivíduo; e (h) experiência passada com transição (Schlossberg, 1981, apud Danish et al., 2007).

Vários autores adaptaram esse modelo de transição para questões do esporte (Gordon, 1995; Pearson e Petitpas, 1990) e ele foi capaz de dar apoio empírico no término de transição de carreira (Baillie e Danish, 1992; Parker, 1994). Taylor e Ogilvie (1998) prepararam também um modelo de transição de carreira, baseando-se em seus próprios trabalhos e integrando considerações teóricas e empíricas e teorias anteriores.

Crítica

Embora esses modelos de desenvolvimento estimulem pesquisas na área (ex. Parker, 1994), eles não provem uma estrutura ou sistema na qual as intervenções podem ser empregadas ou falta outros itens no modelo de transição, considerando-se características específicas relacionadas ao processo de ajustamento (Taylor e Olgivie, 1994; Taylor e Olgivie, 1998).

AMPLITUDE DE VIDA PARA DESENVOLVIMENTO DE CARREIRA

Essa abordagem desenvolvida por Donald Super (1990) acredita que competências e preferências vocacionais, situações nas quais as pessoas vivem e trabalham e por conseguinte, seus autoconceitos, mudam com o tempo e experiência.

Para Super (1990), o processo de mudança pode ser somado em uma série de estágios de vida. Segundo Levy et al. (2005), Super se refere a um "maxicycle" (ciclo máximo) como caracterizado por uma sequência de crescimento, exploração, estabelecimento, manutenção e declínio. Esse mesmo autor indica que um pequeno "minicycle" (ciclo mínimo) toma lugar desde um estágio para o próximo ou cada vez que um indivíduo é desestabilizado por uma redução em força, mudanças em tipo de necessidades de força de trabalho, enfermidade ou lesão, ou outros eventos socioeconômicos ou pessoais.

DESENVOLVIMENTO DO PERÍODO DE VIDA

São consideradas essenciais as experiências passadas com outras transições na perspectiva de desenvolvimento do período de vida. Nesse sentido, "similaridade intraindivíduo" é definida por Danish e D'Augelli (1980) como o reconhecimento que um evento passado ou uma situação é comparável com evento ou situação que está sendo experenciado. Segundo Danish et al. (2007), "em nível cognitivo, o indivíduo sabe que ele ou ela está lidando com um evento; em nível comportamental, uma sequência comportamental empregada com sucesso no passado está disponível; e em nível psicológico, o evento não é mais singular e as propriedades comuns a eventos anteriores são salientadas".

De acordo com essa perspectiva, atletas podem transferir experiências de situações passadas para aquelas que estão sendo experenciadas no presente. Por exemplo: habilidades transferíveis podem ser usadas por um atleta em situação de desengajamento se este está consciente dos elementos comuns entre a situação passada e a atual e, consequentemente, a transição poderá ser menos estressante.

No contexto de vida do atleta as transições envolvem aspectos de crescimento e mudança. As mudanças podem gerar estresse, porque interrompem rotinas e interferem nos relacionamentos com os outros. Por esse motivo, tal mudança tem sido chamada *evento crítico da vida*. Por exemplo: desengajar-se do esporte é um tipo de evento crítico da vida (Danish, Petitpas e Hale, 1993). O efeito do evento crítico da vida depende, segundo Danish et al. (2007) "dos recursos que o indivíduo ou time tem antes do evento, o nível de preparação para o evento e a história passada em lidar com eventos similares. Recursos disponíveis, nível de preparação e experiências passadas como habilidade de vida permite que um indivíduo ou time veja mudança como um desafio opostamente à ameaça".

Crítica: As teorias de estágio fornecem um sistema de categorização adequado, porém elas tendem a simplificar demais o desenvolvimento, porque nem todos os indivíduos ou grupos seguem a mesma progressão de desenvolvimento. Alguns estágios podem acabar sendo evitados ou serem circundados por mais de uma vez.

Desenvolvimento de grupo

Inicialmente, Tuckman (1965) estabeleceu quatro estágios de desenvolvimento para grupos pequenos. Para cada estágio, há dois domínios. Segundo Danish et al. (2007), o primeiro domínio é "um componente estrutural-interpessoal e consiste em quatro segmentos: (a) teste e dependência; (b) conflito intragrupo; (c) desenvolvimento da coesão do grupo; e (d) relação de papel funcional. O segundo domínio caracteriza quatro tarefas de desenvolvimento associadas com cada estágio: (a) orientação; (b) respostas emocionais para demandas de tarefas; (c) a emergência das soluções".

Portanto, para Tuckman, há correspondência entre os dois domínios e, no estágio de *formação*, o grupo estabelece fronteiras para comportamento e interação de grupo e define seu objetivo. Já no estágio de *discussão* a união do grupo é desafiada enquanto membros do grupo tentam diferenciar-se dos outros. No estágio da *normação*, um sentido de união se forma, quando conflitos são resolvidos, ao passo que, no estágio da *atuação*, o foco do grupo está na solução do problema, usando processos de grupo e relacionamentos para trabalhar em tarefas e testar novas ideias (Danish et al. 2007).

Um quinto estágio foi acrescentado depois de dez anos por Tuckman e Jensen (1977, apud Danish et al., 2007), mas não foi identificada uma tarefa relacionada. No estágio "suspender a sessão", os membros do grupo ajustam-se ao término do grupo na totalidade ou ao desengajamento de indivíduos do grupo. Observa-se que o conceito de dissolução planejada e espontânea é paralelo à experiência voluntária e involuntária em transições de carreira atlética (Danish, Smyer e Nowak, 1980; Schlossberg, 1981).

Crítica: O modelo de Tuckman delineou desenvolvimento como uma função de relacionamentos interpessoais entre membros e também como uma tarefa de desenvolvimento relevante para aquele estágio, porém há pouco apoio empírico para esse modelo. Contudo, é uma heurística útil para entender processo de time atlético (Danish et al. 2007).

OUTRAS CONSIDERAÇÕES

Questões de diferença de gênero e aspectos multiculturais devem ser considerados importantes para a qualidade de transição de carreira atlética. Por exemplo,, Alfermann (1995) cita que as definições de sucesso de transições de carreira devem levar em conta a menor oportunidade de trabalho dada, além do campo de jogo para atletas do feminino e todos os atletas afrodescendentes. Isto significa que especialistas em psicologia do esporte devem estar atentos à definição de uma transição de carreira de sucesso para uma atleta ou atleta afrodescendente, que pode ser diferente de uma transição de carreira de sucesso para o atleta branco masculino (Levy et al. 2005).

Segundo Lavallee e Andersen (2000), examinando criticamente essas diversas abordagens, psicólogos do esporte têm desenvolvido modelos conceituais de transições de carreira para guiar prática profissional de pós--transição (Gordon, 1995; Taylor e Ogilvie, 1998). De acordo com Lavallee e Andersen (2000), esses modelos examinam o curso inteiro do processo de transição de carreira e focam em como a qualidade de um ajustamento de atleta é influenciado por três coisas: "o fator causal que iniciou o processo de término de carreira, fatores de desenvolvimento que diferenciam adaptação positiva e negativa, e recursos de lidar que afetam a resposta de transição de carreira".

Perspectiva fenomenológico-existencial

Martini (2000) aponta que todo o corpo de conhecimento teórico que hoje é aceito sobre transição de carreira atlética pode ser a qualquer momento reafirmado, contestado, abandonado como elemento esclarecedor dos fatos (seja na pesquisa qualitativa ou quantitativa). O mesmo autor (2000) lembra-se da importância dada, como parâmetro investigativo, ao critério de falseabilidade desenvolvido por Karl Pooper, no que se refere a testar hipóteses: "não são tentativas para provar uma teoria em particular [...], mas sim tentativas de negá-las" (Moore, 1986). Mesmo que não nos baseemos em hipóteses ou que não coloquemos em discussão qual método investigativo se deve empregar em nossa pesquisa (por exemplo, método indutivo ou dedutivo), limitar-se a uma teoria ou doutrina de qualquer abordagem psicológica pode seriamente impedir tanto o crescimento pessoal como o entendimento profissional (Wilber, 1977, 1982, e Maslow, 1966, apud Fahlberg et al., 1992). Seguindo a linha de raciocínio de Kuhn (1970), perspectivas estreitas podem dar origem a anomalias em ciência, por exemplo, explicações incompletas sobre os fenômenos ou falsos pressupostos. Reconhecer a anomalia é uma maneira de iniciar novas possibilidades teóricas e novas abordagens (Kuhn, 1970). Apesar de Kuhn e Popper divergirem teoricamente sobre a concepção do método científico, nesses dois aspectos citados anteriormente, ambos contribuíram para uma compreensão maior do que seja ciência.

Dentro de uma abordagem expandida pela psicologia existencial no entendimento da condição humana em geral e do significado da transição atlética, psicólogos do esporte têm a possibilidade de estudos mais completos e investigativos.

Segundo Fahlberg et al. (1992), cada abordagem possui características próprias, no behaviorismo e positivismo a ênfase é dada na experimentação, previsão e mensuração, enquanto no existencialismo há espaço para consciência humana e experiência. De acordo com Fahlberg et al. (1992), apesar de abordagens psicodinâmicas e fenomenológicas terem sido publicadas e apresentadas (Berger, 1980; Berger e Mackenzie, 1980; Fahlberg, 1990a; Kostrubala, 1981; Perry e Sacks, 1981; Sours, 1981, apud Fahlberg et al., 1992), elas permanecem uma raridade.

As epistemologias empíricas e metodologias experimentais são necessárias para o estudo da esfera humana, porém podem não ser suficientes, já que elas não endereçam significado (Fahlberg e Fahlberg, 1991). Um entendimento parcial ou fragmentado da realidade pode acontecer, quando não se dá atenção à consciência humana, e sem a devida atenção a ela não pode haver entendimento do significado da transição de carreira. Fahlberg et al. (1992) lembram o exemplo dado por Geertz (1973) para ilustrar a falha em entender significado em comportamento e como ela nos impede de distinguir entre dois comportamentos tão simples como um tique de olho ou uma piscada. "Como movimento físico, eles são o mesmo. Como comportamentos significativos, contudo, eles têm grande diferença, e as consequências de interpretar mal esses comportamentos na vida diária são facilmente aparentes" Existencialistas frequentemente enfatizam pluralismo epistemológico metodológico (Maslow, 1966), que é possível por meio da soma de fenomenologia e hermenêutica.

De acordo com Polkinghorne (1983), "A abordagem fenomenológica foca nas estruturas da experiência, nos princípios organizados que dão forma e significado à vida no mundo, enquanto a abordagem hermenêutica concentra-se no significado histórico da experiência e seus efeitos de desenvolvimento e acumulativo tanto em nível individual quanto em nível social".

Em contraste a outras abordagens em que a ênfase está na descrição de ações manifestas e comportamentos, a pesquisa fenomenológica pode focar em como uma transição é experimentada (reconhecendo a experiência vivida como dada na consciência) em vez das variações em como ela pode ser observada. A hermenêutica, que é a ciência da interpretação, desempenha papel considerável nas investigações, já que está preocupada com a descoberta do significado através da explicação do contexto (Allen e Jensen, 1990).

Desenvolvimento no esporte

Em desenvolvimento no esporte, o uso de estratégias de lidar apropriadas é uma habilidade vital. Além disso, atletas que se preparam cada vez mais para a transição futura determinam seu sucesso (Alfermann, 1995). De acordo com Torkildsen (1999, apud Nesti, 2001), esperam-se frequentemente de pessoas em desenvolvimento no esporte horas de trabalho e adaptação às constantes mudanças de ambiente de trabalho e tarefas. Segundo Tunick (1996, apud Nesti, 2001), torna-se difícil a um atleta com baixo grau de habilidades de lidar e apoio social deficiente, negociar com eventos de vida potencialmente traumáticos (por exemplo, término de carreira).

Lazarus e Folkman (1984) têm chamado estratégias de lidar problema-focado, quando o atleta se mostra hábil ou planeja o enfrentamento do problema esportivo, e apoio social tem sido definido como "uma troca de recursos entre no mínimo dois indivíduos que pode ser visto para o provedor ou o recebedor a ser intencionado a aumentar o bem-estar do recebedor" (Shumaker e Brownell, 1984, apud Levy et al., 2005).

Para uma transição efetiva, vários investigadores têm reportado que apoio institucional antes, durante e depois do término de carreira é recomendável (Gorbett, 1985; Schlossberg, 1981).

Identidade atlética

A cultura atlética tem um efeito significativo no desenvolvimento de autoidentidades de atletas.

Autoidentidade na cultura do atletismo pode ser definida como o grau no qual um indivíduo se identifica com o papel atlético (Brewer, Van Raaltem e Linder (1993).

Uma autoidentidade mais fluída e aberta pode ser resultado de ocupação de outras identidades sociais do atleta em sua carreira esportiva. Ao contrário daqueles atletas que desempenham papéis sociais multidimensionais, Olgivie e Taylor (1993) indicaram que atletas que investiram excessivamente em seu esporte podem ser vistos como "pessoas unidimensionais" (Ogilvie e Howe, 1986) e podem se tornar dependentes de sua participação no esporte para se autovalorizarem (Pearson e Petitpas, 1990).

Essas identidades exageradas são potencialmente geradoras de quadros depressivos, abuso de drogas e bebida (Hill e Lowe, 1974; Ogilvie e Howe, 1986).

O atleta confronta diariamente com situações de estresse e ansiedade no esporte. Ansiedade e estresse não necessariamente são negativos ou prejudiciais ao atleta. O estresse pode ser experimentado positivamente em certas situações (eustress) e a ansiedade em si pode fazer emergir o melhor da pessoa. De acordo com a psicologia fenomenológico-existencial, podemos distinguir a ansiedade normal da ansiedade neurótica. Segundo Nesti (2001), na ansiedade normal os representantes de formadores de ansiedade experimentada são um subproduto do crescimento individual e revestem as mudanças de toda vida. Já a ansiedade neurótica é o resultado de tentativas de indivíduos de escapar da ansiedade normal para evitar as mudanças cotidianas da vida, por meio do comportamento de evitação ou de outras estratégias psicológicas similares.

Questões familiares

O desenvolvimento de atletas pode ser marcado também por envolvimento e expectativas familiares na carreira de atletas desempenhando destacado papel na qualidade de suas transições de carreira. Tanto o impacto da família como a influência de variáveis culturais podem estar presentes na tomada de decisão dos atletas em transição de carreira atlética, porque podem influenciar sua percepção de recursos disponíveis.

Ajustamento ou adaptação

Uma provável adaptação positiva está altamente relacionada à disposição psicológica pré-transição do atleta que está se aposentando e com recursos disponíveis (social, financeiro e educacional). Entretanto, 78,6% dos atletas de elite do Canadá experimentaram alguma forma de dificuldade em realizar transições para fora da competição (Werthner e Orlick, 1986).

Atletas com autoidentidade excessivamente presa ao esporte podem ter dificuldades de ajustamento, sentimentos de perda, e mecanismos de defesa mais acentuados (Lavallee, Grove, Gordon, e Ford, 1988). Atletas que são forçados a se retirar podem experimentar depressão e raiva e podem se voltar para álcool, drogas, exercício ou outras atividades em excesso para manejar o estresse e sentimentos que vêm desde a transição (Alfermann e Gross, 1998, apud Levy et al., 2005).

Período demasiadamente longo de luto (de acordo com aquele atleta em particular) pode ser outro indicativo de problemas psicológicos ou sintomas de um quadro de falta de ajustamento para a transição. Atletas podem sentir mais amargura e isolamento se acreditam que seus técnicos e colegas do time os veem de uma forma negativa.

Intervenção

Os *Psicólogos do Esporte* devem entender, preparar e assistir a transições para que estas ocorram com sucesso no esporte. O estudo deve abranger as variáveis multiculturais (gênero e etnia) e questões de vida mais amplas (relacionamentos e educação), além de considerar o tipo de transição (término de carreira).

Serviços de transição de carreira podem ser organizados e ativados desde o início da carreira visando à preparação para transições de carreira. Frequentemente, a intervenção pré-transição não tem sido apoiada pela organização atlética, ainda que seja considerada um esforço válido (Baillie e Danish, 1992). A transição de carreira pode ser mais efetiva e suave, quando há apoio dos times a que pertencem os atletas ou de instituições do esporte. É importante que o atleta consiga identificar os valores e interesses que podem provê-lo em direção à sua carreira. O aconselhamento de carreira pode ajudar nessa tarefa. Entretanto, aconselhamento de carreira não significa necessariamente que o resultado da intervenção será o atleta se retirar do esporte. Em muitos casos, os atletas acham que autoconhecimento os levam a um compromisso até mais forte na *performance* do esporte. E quando os atletas apresentam sentimentos ambivalentes em relação a continuar ou não sua carreira esses sentimentos podem estar ligados a preocupações de identidade. Também é importante para que o atleta continue apreciando o esporte, que ele perceba e reconheça suas habilidades e qualidades e as tenha como um aparato para sua transição.

Seguindo a linha rogeriana, entendimento e colaboração, frequentemente é referida como agrupamento enfático (Rogers, 1959), e pode ser trabalhado para que psicólogo e atleta desenvolvam um relacionamento confiável e esperançoso, promovendo um sentido de segurança e esperança. Estes elementos acabam resultando na disposição do atleta em ouvir e assimilar novas informações e usar novas estratégias de comportamento (Gardner e Moore, 2005). Entretanto, deve-se ter cuidado na forma como as intervenções ou sugestões são dadas pelo profissional ao atleta sobre sua carreira, porque elas podem ser mal interpretadas, principalmente no caso de atletas com aspectos de vulnerabilidade ou esquemas mais rígidos de segurança. Assim, é importante que o psicólogo deixe claro que está aceitando o atleta e não emitindo julgamentos negativos.

Quanto às implicações na construção do time, Danish et al. (2007) sugerem quatro passos consecutivos para facilitar a transição seguida do desengajamento do atleta: "(a) esclarecer diferenciação de papel; (b) aumentar a consciência individual do desengajamento; (c) facilitar a interação do grupo; e (d) negociar o fechamento e o desenvolvimento do novo grupo". Dentro desses quatro passos procura-se mostrar concretamente o papel do atleta ausente no time, como o desengajamento os afeta pessoalmente e qual é seu grau de relevância dando oportunidade para crescimento individual aos membros do time. Oportunidades também são dadas ao time para que trabalhe junto e interaja (por exemplo, auxiliar o time a integrar um novo colega da equipe na posição anteriormente ocupada pelo atleta ausente). O diálogo aberto pode ajudar na reformulação de objetivos e, consequentemente, na construção do time. Cabe ao psicólogo do esporte colocar o desengajamento dentro de um time em uma perspectiva de desafio e não de ameaça.

Discussão

No decorrer de sua carreira atlética, o atleta enfrenta uma série de mudanças que exigem ajustamentos psicológicos e essas situações podem ser experimentadas de uma forma negativa ou positiva. Nem sempre o atleta tem controle ou escolhe o que acontece em sua carreira atlética. Dessa forma, transições podem ser voluntárias ou involuntárias. Qualquer que seja o tipo de transição, o atleta deve estar preparado para enfrentá-la e os serviços psicológicos devem estar presentes não só no momento da transição, mas antes dele. E não só na carreira, mas depois dela.

As transições são eventos críticos da vida para atletas que iniciam um processo de adaptação. Término de carreira é um tipo de transição que a maioria dos atletas lida com sucesso, mas alguns mostram problemas emocionais e de comportamento que, às vezes, requerem aconselhamento profissional. O aconselhamento profissional tanto pode ser dirigido a um atleta como a um time. Os resultados das intervenções em transições atléticas, principalmente de término de carreira atlética, nem sempre significam a saída do atleta do esporte, porém podem levá-lo a um compromisso mais forte com essa atividade. Os psicólogos do esporte podem ajudar atletas a ver as transições como desafios da vida esportiva (e além da esportiva) e não como simples ameaça.

As questões multiculturais e de diferença de sexo, por exemplo, merecem maior investigação e a inclusão desses fatores representou um avanço no entendimento do processo de transição. Também seria importante expandir a pesquisa de transição atlética a outros tipos de populações, como atletas com de necessidades especiais, e estudar áreas correlacionadas, como comportamento do exercício.

Historicamente, o interesse pelo tema continua crescente, especialmente nesses últimos vinte anos, e várias teorias e diversos modelos teóricos fizeram parte do esforço dos estudiosos em explicar a transição. Inicialmente, esses modelos teóricos foram adaptados de outras áreas, como da gerontologia e da tanatologia, e mostraram-se pouco efetivos, pois partiam do princípio de que a transição era um evento único e não consideravam totalmente a vida pós-carreira (por exemplo, identidade fora da carreira). Vários outros modelos foram propostos e, heuristicamente, eles foram úteis até que a transição fosse vista como um processo, considerando-se os fatores causais, de desenvolvimento e recursos de lidar que pudessem afetar a resposta de transição de carreira.

Seguindo o caminho de uma compreensão mais holística da transição de carreira atlética, é possível estudá-la dentro de uma abordagem expandida pela psicologia fenomenológico-existencial, em que a consciência é valorizada e o significado e o contexto da transição de carreira atlética são considerados fundamentais. A hermenêutica está preocupada com essas questões e é forte aliada nessa tarefa. A abordagem fenomenológico-existencial também mostra outras formas do psicólogo do esporte lidar com questões de estresse e ansiedade presentes nas transições atléticas.

Mais trabalho interventivo e investigativo deve ser focado também na identidade atlética. Quando essa identidade se mostra extremamente voltada para o papel atlético, ela pode gerar conflitos e sofrimento na transição. Preventivamente, é necessário mostrar ao atleta outras opções de vida, de carreira e identidades sociais. A participação da família pode influenciar tanto positiva como negativamente a transição do atleta, e o psicólogo do esporte deve estar pronto a colaborar e orientar para que os membros da família do atleta possam promover valores positivos e evidenciar apoio, principalmente nos momentos mais cruciais da transição de carreira atlética.

Por último, modelos teóricos devem ser entendidos não como fórmulas mágicas capazes de resolver ou explicar todos os problemas de transição atlética, mas como uma base efetiva do trabalho do psicólogo do esporte para que uma intervenção possa se transformar de fato em uma intervenção terapêutica.

Referências Bibliográficas

ALFERMANN, D. Career transitions of elite athletes: drop-out and retirement. In: VANFRAECHEM-RAWAY, R.; AUWEELE, Y. (Eds.). *Proceedings of the 9th European Congress on Sport Psychology* Brussels: European Federation of Sports Psychology, 1995. p. 828-833.

ALFERMANN, D. Causes and consequences of sport career termination. In: LAVALLEE, D.; WYLLEMAN, P. (Eds.). *Career transitions in sport:* international perspectives. Morgantown, WV: Fitness Information Technology, Inc., 2000.

ALLEN, M.; JENSEN, L. Hermeneutical inquiry: meaning and scope. *Western Journal of Nursing Research*, n. 12, p. 241-253, 1990.

ANDERSEN, M. Working with college student-athletes. In: VAN RAALTE, J.; BREWER, B. (Eds.). *Exploring sport and exercise psychology*. Washington, DC: American Psychological Association, 1996. p. 317-334.

ATCHLEY, R. *The sociology of retirement*. Cambridge, MA: Schenkman, 1976.

BAILLIE, P. *Career transition in elite and professional athletes:* a study of individuals in their preparation for and adjustment to retirement from competitive sports. Unpublished doctoral dissertation. Richmond, VA: Virginia Commonwealth University, 1992.

BAILLIE, P. H. F.; DANISH, S. J. Understanding the career transition of athletes. *The Sport Psychologist*, v. 6, p. 726-739, 1992.

BALL, D. Failure in Sport. *American Sociological Review*, v. 41, p. 726-739, 1976.

BIDDLE, S. Exercise motivation across the life span. In: SMITH, D.; BARELI, M. (Eds.) *Essencial Readings in Sport and exercise psychology*. Champaign, IL: Human Kinetics, 2007.

BRADLEY, B. *Life on the run*. Nova York: Quadrangle/The New York Times, 1976.

BREWER, B. W.; VAN RAATLE, J. L.; LINDER, D. E. Athletic identity: Hercules' muscles or Achilles heel. *International Journal of Sport Psychology*, n. 24, p. 237-254, 1993.

BREWER, B. Review and critique of models of psychological adjustment to athletic injury. *Journal of Applied Sport Psychology*, v. 6, n. 1, p. 87-100, 1994.

BREWER, B. W.; VAN RAALTE, J. L.; PETITPAS, A. J. Self-identity issues in sport career transitions. In: LAVALLEE, D.; WYLLEMAN, P. (Eds.). *Career transitions in sport:* International perspectives. Morgantown, WV: Fitness Information Tecnology, 2000. p. 29-43.

COAKLEY, J. J. *Leaving competitive sport: retirement or rebirth.* Quest, v. 35, p. 1-11, 1983.

DANISH, S.; D'AUGELLI, A. *Helping skills II:* life development intervention. Nova York: Human Sciences, 1980.

DANISH, S. et al. Building bridges for disengagement: the transition process for individuals and teams. In: SMITH, D.; BAR-ELI, M. (Eds.) *Essencial readings in sport and exercise psychology.* Champaign, IL: Human Kinetics, 2007.

DANISH, S. J.; SMYER, M. A.; NOWAK, C. A. Developmental intervention: Enhancing live-event processes. In: BALTES, P. B. e BRIM, JR., O. G. (Eds.). *Life-span development and behavior.* Nova York: Academic Press, v. 3, p. 339-366, 1980.

DANISH, S.; PETITPAS, A.; HALE, B. Life development intervention for athletes: life skills through sports. *The Counseling Psychologist*, v. 21, p. 352-385, 1993.

ERIKSON, E. *Childhood and society.* Nova York: Norton, 1950.

_____. *Identity:* youth and crisis. Nova York: Norton, 1968.

FAHLBERG, L.; FAHLBERG, L.; GATES, W. Exercise and existence: exercise behavior from an existential-phenomenological perspective. *The Sport Psychologist*, v. 6, p. 172-191, 1992.

GALLAGHER, B.; GARDNER, F.L. *The relationship between early maladaptive schemas and affective and behavioral responses to injury in collegiate athletes.* Manuscript submitted for publication, 2005.

GARDNER, F.; MOORE, Z. Performance Termination I (PT-I). In: *Clinical Sport Pychology.* Champaign, IL: Human Kinetics, 2005.

GEERTZ, C. *The Interpretation of Cultures*, Nova York: Basic Books, 1973.

GORBETT, F. Psycho-social adjustment of athletes to retirement. In: BUNKER, L.; ROTELLA, R.; REILLY, A. (Eds.). *Psychological considerations in maximizing sport performance*. Ithaca, NY: Mouvement, 1985. p. 288-294.

GORDON, S. Career transitions in competitivw Sport. In MORRIS, T.; SUMMERS, J. (Eds.). *Sport psychology: Theory, applications and issues*. Brisbane, Australia: Jacaranda Wiley, 1995. p. 474-501.

GRIFFIN, N.; CHASSIN, L.; YOUNG, R. D. Measurement of global self-concept versus multiple role-specific self-concepts in adolescents. *Adolescence*, v. 16, p. 49-56, 1981.

HILL, P.; LOWE, B. The inevitable metathesis of the retiring athlete. *International Review of Sport Psychology*, v. 9, p. 5-29, 1974.

JENKINS, S. *Sports Science Handbook The Essential Guide to Kinesiology, Sport and Exercise Science Volume 1:* A-H. Brentwood, Essex: Multi-Science Publishing Co., 2005.

KLEIBER, D. A.; BROCK, S. C. The effect of career-ending injuries on the subsequent well-being of elite college athletes. *Sociology of Sport Journal*, n. 9, p. 70-75, 1992.

KUBLER-ROSS, E. *On death and dying*. Nova York: Macmillan, 1969.

KUHN, T. *The structure of scientific revolutions*. 2. ed. Chicago: University of Chicago Press, 1970.

LAVALLEE, D. Theoretical Perspectives on Carrer Transitions in Sport. In: LAVALLEE, D.; WYLLEMAN, P. (Eds.). *Career Transitions in Sport: international perspectives*. Morgantown, WV: Fitness Information Technology, Inc., 2000.

LAVALLEE, D.; ANDERSEN M. B. Leaving Sport: Easing Career Transitions. In: ANDERSEN, M. B. (Ed.). *Doing sport psychology*. Champaign, IL: Human Kinetics, 2000a.

LAVALLEE, D. et al. The experience of loss in Sport. In: HARVEY, J. H. (Ed.). *Perspectives on loss:* A sourcebook. Filadélfia: Brunner/Mazel, 1988. p. 241-252.

LAZARUS, R.; FOLKMAN, S. *Stress, appraisal, and coping*. Nova York: Springer, 1984.

LERCH, S. H. Athletic retirement as social death: an overview. In: THEBERGE, N.; DONNELLY, P. (Eds.). *Sport and the sociological imagination*). Fort Worth, TX: Texas Christian University Press, 1982. p. 259-272.

LEVY, M. et al. Career Transitions. In: TAYLOR, J.; WILSON, G. S. (Eds.). *Applying Sport Psychology*. Champaign, IL: Human Kinetics, 2005.

MARTINI, L. Causas e consequências da transição da carreira atlética. In: RUBIO, K. (Org.). *Psicologia do Esporte:* teoria e prática. São Paulo: Casa do Psicólogo, 2000.

MASLOW, A. H. *The psychology of science:* a reconnaissance. Nova York: Harper Row, Publishers. Merriam, SB., 1966.

MCINALLY, L.; CALVIN-STICE J.; KNOTH, R. L. *Adjustment following retirement from professional football*. Paper presented at the annual meeting of the American Psychological Association, Washington DC, 1992.

MCPHERSON, B. The child in competitive sport: Influence of the social milieu. In: MAGIL, R.; ASH, M.,; SMOLL, F. (Eds.). *Children in Sport:* A Contemporary Anthology. Champaign, IL: Human Kinetics, 1978.

MCPHERSON, B. P. Retirement from professional sport: The process and problems of occupational and psychological adjustment. *Sociological Symposium*, v. 30, p. 126-143, 1980.

MIHOVILOVIC, M. A. The status of former sportsmen. *International Review of Sport Sociology*, v. 3, p. 73-96, 1968.

MOORE, J. Science as a Way of Knowing-Genetics. *Amer. Zool.* v. 26, p. 583-747, 1986.

MURPHY, S. M. Transitions in Competitive Sport: maximizing individual potential. In: _____. (ed.). *Sport psychology interventions,* 1995. p. 331-346.

NESTI, M. Working in sports development. In: HYLTON, K. et al. (Eds). *Sports Development*. Londres: Routledge, 2001.

OGILVIE, B.; HOWE, M. Career crisis in sport. . In: ORLICK, T.; PARTINGTON, J. T.; SAMELA, J. H. (Eds.). *Proceedings of the fifth World Congress of Sport Psychology*. Ottawa, Canadá: Coaching Association of Canada, 1982. p. 29-32.

_____. The trauma of termination from athletics. In: J. WILLIAMS (Ed.). *Applied Sport psychology:* Personal growth to peak performance. Mountain View, CA: Mayfield, 1986. p. 365-382.

OGILVIE, B. C.; TAYLOR, J. Career termination issues among elite athletes. In: SINGER, R. N.; MURPHEY, M.; TENNANT, L. K. (Eds.). Handbook of research on sport psychology. Nova York: Macmillan, 1993. p. 761-775.

PARKER, K. "Has-beens" and "wanna-bes": Transition experiences of former major college football players. *The Sport Psychologist*, v. 8, p. 287-304, 1994.

PEARSON, R.; PETITPAS, A. Transitions of athletes: Developmental and preventive perspectives. *Journal of Counseling and Development*, n. 69, p. 7-10, 1990.

POLKINGHORNE, D. *Methodology for the human sciences:* Systems of inquiry. Albany: State University of New York Press, 1983.

RAALTE, J.; ANDERSEN M. B. When sport psychology consulting is a means to an end(ing): roles and agendas when helping athletes leave their sports. The Sport Psychologist, v. 21, p. 227-242, 2007.

ROGERS, C. Client centered therapy. In: ARIETI, S. (Ed.). *American handbook of psychiatry*. Nova York: Basic Books, v. 3, p. 183-200, 1959.

ROSENBERG, E. Athletic retirement as social death: concepts and perspectives. In: THEBERGE, N.; DONNELLY, P. (Eds.). *Sport and the sociological imagination*. Fort Worth, TX: Texas Christian University Press, 1982. p. 245-258

ROTELLA, R.; HEYMAN, S. 'Stress, injury and the psychological rehabilitation of athletes'. In: WILLIAMS, J. M. (Ed) *Applied sport psychology:* personal growth to peak performance. Palo Alto, CA. Mayfield, 1986. p. 343-364.

SCHLOSSBERG, N. K. A model for analyzing human adaptation to transition. *The Counseling Psychologist*, v. 9, p. 2-18, 1981.

SUPER, D. The life span, life space approach to career development. In: BROWN, D.; BROOKS, L. (Orgs.). *Career Choice and Development*. 2. ed. São Francisco: Jossey-Bass. 1990. p. 197-261.

SUINN, R. M. Psychological reactions to physical disability. *Journal of the Association for Physical and Mental Rehabilitation*, n. 21, p. 13-15. 1967.

TAYLOR, J.; OGILVIE, B. C. A conceptual modelo of adaptation to retirement among athletes. *Journal of Applied Sport Psychology*, n. 6, p. 1-20, 1994.

TAYLOR, J.; OGILVIE, B. C. Career transition among elite athletes: is there life after sports? In: WILLIAMS, J. M. (Ed.). *Applied sport psychology:* Personal growth to peak performance. 3. ed. Mountain View, CA: Mayfield, 1998. p. 429-444.

TUCKMAN, B. Developmental sequence in small groups. *Psychological Bulletin*, v. 63, p. 384-399, 1965.

WEBB, W. M. et al. Athletic Identity and Reactions to Retirement from Sports. *Journal of Sport Behavior*, v. 21, n. 3, p. 338-358, 1998.

WERTHNER, P.; ORLICK, T. Retirement experiences of successful Olympic athletes. *International Journal of Sport Psychology*, v. 17, p. 337-363, 1986.

WHEELER, G. Athletes in Transition. In: STEADWARD, R.; WHEELER, G.; WATKINSON, E. (Eds.). *Adapted Physical Activity*. Edmonton: University of Alberta Press, 2003.

WILLIAMS, J. El trauma de la finalizacion de la vida deportiva. *Psicologia Aplicada al deporte*. Madri: Biblioteca Nueva, 1991.

WYLLEMAN, P. et al. Parenting and career transitions of elite athletes. In: JOWETT, S.; LAVALLEE, D. (Eds.). *Social Psychology in Sport*. Champaign, IL: Human Kinetics, 2007.

» Novas identidades e novas carreiras: a transição entre atletas olímpicos brasileiros

Katia Rubio
Escola de Educação Física e Esporte – Universidade de São Paulo

> *Enquanto a gente está competindo, ninguém pensa que tudo aquilo uma hora vai acabar. Enquanto o corpo resiste e os resultados acontecem, é impossível acreditar que aquilo tudo terá fim. Mas essa hora chega e os avisos surgem de diferentes formas: a recuperação da lesão demora mais, o mesmo esforço não gera o mesmo resultado, o corpo dá sinais. Isso é natural. Vem para todo mundo.*
>
> *Joaquim Cruz*

Ao iniciar a carreira esportiva, a criança ou o jovem carregam não apenas o desejo de uma prática que envolve prazer e esforço, mas também o referencial de outros que, antes deles, criaram uma imagem gloriosa de si mesmos por meio do êxito em competições. Uma carreira que pode ser breve ou longeva deixa registrada no imaginário do grupo ao qual o atleta pertence as marcas que servirão de exemplo a muitas outras gerações. E, da mesma forma que os anos vitoriosos se perpetuam na memória social, os passos seguidos adiante também acompanham os novos rumos adotados pelo atleta ao finalizar sua trajetória competitiva.

Se tomado o período do profissionalismo no Brasil, há ainda poucos atletas que viveram a aposentadoria em modalidades que não o futebol. Isso talvez justifique o pouco desenvolvimento de estudos sobre transição de carreira e destreinamento no país. Pretendo nesse capítulo apontar como se dá o processo de transição de carreira a partir da perspectiva da transformação da identidade do pós-atleta e possíveis estratégias de enfrentamento para o pleno desenvolvimento vital nessa nova fase de vida.

Se a prática esportiva promove o desenvolvimento da identidade do atleta, o final de sua carreira representará a necessidade de mudança de um papel social, construído desde a infância, para o desenvolvimento de uma nova identidade. Da mesma forma que a identidade de atleta necessitou alguns anos para se consolidar, a transição para um novo papel social também se dá como processo, o que demanda do sujeito tempo e recursos emocionais e materiais para sua concretização.

O termo transição na carreira é usado para se referir às mudanças de estágios que ocorrem ao longo da carreira de um atleta.

A CONSTRUÇÃO DA IDENTIDADE PARA OS ESTUDOS CULTURAIS

Uma das marcas do mundo contemporâneo é a percepção da vivência das meta narrativas, o que leva a discussão da cultura para além dos recortes disciplinares. A interdisciplinaridade sugerida por essa forma diferenciada de ver o mundo, e também a ciência, tem levado a uma multiplicidade de versões sobre os fenômenos humanos em busca de uma unidade dada pela diferença. A partir dessa referência Hall (2003), chega às rupturas significativas, momento em que as velhas correntes de pensamento são rompidas, velhas constelações são deslocadas de elementos novos e velhos são reagrupados ao redor de uma nova gama de premissas e temas. O autor aloca os Estudos Culturais em um desses momentos de ruptura, ocorrido nos meados da década de 1950.

A expansão dos Estudos Culturais para diferentes fronteiras disciplinares em torno de temáticas específicas, objetos e contribuições teóricas e metodológicas demandou e ainda demanda uma negociação cultural, por envolver um processo de re-articulação e re-contextualização de suas posições teóricas. Nesse ínterim, há uma adequação da linguagem, a permanência de elementos originais e a transformação de outros. Diante da natureza da proposta e de seu posterior desenvolvimento, os Estudos Culturais são para Hall (2003) uma formação discursiva que tem no conceito de cultura seu principal articulador e devem estar vinculados ao momento e contexto histórico no qual são produzidos.

Se os Estudos Culturais têm a cultura como principal conceito articulador, a questão da identidade é, por sua vez, seu principal eixo temático. Hall (2000) utiliza o termo identidade para significar o ponto de encontro entre os discursos e práticas que *tentam nos 'interpelar', nos falar ou nos convocar para que assumamos nossos lugares como os sujeitos sociais de discursos particulares* e, por outro, os processos produtores de subjetividades, *que nos constroem como sujeitos aos quais se pode 'falar'. As identidades são, pois, pontos de apego temporário às posições-de-sujeito que as práticas discursivas constroem para nós* (p. 112).

As profundas transformações sociais ocorridas ao longo do século XX fizeram surgir novas formas de identidade e fragmentaram o indivíduo moderno, visto até então como um sujeito unificado. Hall (2001, p. 07) define esse momento como *crise de identidade* e aponta-o como uma das questões centrais do momento contemporâneo. *A assim chamada 'crise de identidade' é vista como parte de um processo mais amplo de mudança, que está deslocando as estruturas e processos centrais das sociedades modernas e abalando os quadros de referência que davam aos indivíduos uma ancoragem estável no mundo social.*

A chamada *crise* de identidade proposta por Hall não está pautada apenas no que aconteceu à concepção de sujeito moderno, e seu descentramento. Essa crise passa por uma série de rupturas nos discursos do conhecimento moderno, cujo maior efeito foi o deslocamento final do sujeito cartesiano. O autor aponta cinco grandes momentos que contribuíram para esse impacto.

O primeiro deles refere-se às tradições do pensamento marxista, principalmente no pensamento de Althusser que põe as relações sociais, e não uma noção abstrata de homem, no centro de seu sistema teórico marxista, deslocando duas proposições-chave da filosofia moderna: que há uma essência universal de homem, e que essa essência é o atributo de "cada indivíduo singular", o qual é seu sujeito real. Embora a construção althusseriana tenha sido amplamente criticada, seu "anti-humanismo teórico" teve um impacto considerável sobre muitos ramos do pensamento moderno.

O segundo dos grandes descentramentos no pensamento ocidental do século XX vem da descoberta do inconsciente de Freud. A teoria freudiana afirma que as identidades, bem como a sexualidade e a estrutura dos desejos, são formadas em processos psíquicos e simbólicos de uma instância chamada inconsciente. Seu funcionamento independe da razão colocando por terra o conceito de sujeito cognoscente e racional, dono de uma identidade fixa e unificada cartesiana. Sendo assim, a identidade é algo formado ao longo do tempo, por meio de processos inconscientes, e não estão presentes no sujeito desde seu nascimento. Existe sempre algo imaginário ou fantasiado sobre sua unidade.

O terceiro desses momentos está associado com o trabalho do linguista estrutural Saussure que argumenta que nós não somos os autores das afirmações que fazemos ou dos significados que expressamos na língua. A linguagem é um sistema social e não individual que preexiste a nós. As palavras são "multimoduladas" que carregam ecos de outros significados que elas colocam em movimento. O significado é inerentemente instável. Ele procura o fechamento (a identidade), mas é constantemente perturbado (pela diferença).

O quarto descentramento da identidade e do sujeito ocorre no trabalho de Foucault na medida em que ele destaca um novo tipo de poder, que chama de "poder disciplinar, que está preocupado, em primeiro lugar, com a regulação, a vigilância. sendo o governo da espécie humana ou de populações inteiras; e, em segundo lugar, o indivíduo e o corpo. Seus locais são aquelas novas instituições que se desenvolveram ao longo do século XIX e que vigiam e disciplinam as populações modernas como oficinas, quartéis, escolas, prisões, hospitais, clínicas etc. Na visão foucaultiana quanto mais coletiva e organizada for a natureza das instituições da modernidade tardia, maior o isolamento, a vigilância e a individualização do sujeito individual.

O quinto descentramento reside no impacto do feminismo, tanto como uma crítica teórica quando como um movimento social, por questionar algumas distinções clássicas como o público e o privado, a família, a sexualidade, o trabalho doméstico, a divisão doméstica do trabalho etc. Foi um movimento que começou dirigido à contestação da posição social das mulheres e expandiu-se para incluir a formação das identidades sexuais e de gênero.

Enfim, os descentramentos apresentados por Hall sugerem a ocorrência de rupturas significativas ao longo do último século que levam o sujeito a uma crise em sua suposta identidade única para se ver diante da possibilidade de identidades múltiplas. Essas identidades, constituídas no interior de práticas de significação, são produzidas em locais históricos e institucionais únicos, emergindo das relações de poder, sendo produto da diferença e não de uma unidade idêntica, da prática da alteridade.

Esta é a razão da afirmação de Guareschi, Medeiros e Bruschi (2003) de que o processo de construção das identidades está sempre envolvido com a diferença, da relação com aquilo que não é, sempre referido ao outro: sou o que o outro não é.

Se o debate sobre identidade tem assumido uma condição de destaque nas discussões contemporâneas é porque elas estão localizadas no interior de mudanças sociais, políticas e econômicas contribuindo para essa transformação. O diálogo sobre a extensão na qual as identidades são contestadas leva a uma análise da importância da diferença e das oposições na construção de identidades.

Woodward (2000) afirma que a diferença é um elemento central dos sistemas classificatórios por meio dos quais os significados são produzidos. Tanto os sistemas sociais como os simbólicos produzem as estruturas classificatórias que fornecem certo sentido e certa ordem à vida social e as distinções fundamentais que estão no centro dos sistemas de significação da cultura. Esses sistemas classificatórios não podem, entretanto, explicar sozinhos o grau de investimento pessoal que os indivíduos têm nas identidades que assumem.

Identidade e diferença não são criaturas de um mundo natural ou transcendental, mas do mundo cultural e social. A identidade e a diferença, conforme Silva (2001), têm de ser ativamente produzidas. Isso quer dizer que elas são o resultado de atos de criação linguística e é apenas por meio dos atos de fala que são instituídas a identidade e a diferença como tais.

Com importantes desdobramentos sobre o debate da identidade e da diferença, as características de linguagem, como a indeterminação e a instabilidade, estarão prontas a produzir nos sujeitos as marcas de seu tempo.

A TRANSIÇÃO NA CARREIRA DO ATLETA

A chamada transição de carreira refere-se ao momento em que o atleta se prepara para se retirar de treinamentos e competições, em um processo que pode ser planejado ou compulsório. Entretanto, esse processo ocorre em um momento de vida do sujeito cronologicamente precoce, em que ele vive ainda sua plenitude biológica, disparando uma emoção paradoxal visto que ao mesmo tempo que se deseja o descanso é ainda muito cedo para se sentir afastado das atividades produtivas (Murphy, 1995). Entende o autor que se retirar da carreira esportiva significa a necessidade de adaptar-se a uma nova condição de vida, em diferentes papéis e realizando ações que não necessariamente estarão relacionadas com a identidade do passado. Por isso é fundamental entender o processo de construção da identidade do atleta para poder prestar a atenção necessária a esse momento de transformação e alteração. Isso porque, a identidade do atleta pode ser compreendida a partir do aspecto motivacional, ou seja, as razões que o levaram a se destacar da média e alcançar posição de destaque em sua modalidade dentro da esfera competitiva relaciona-se com sua capacidade de perseguir objetivos e persistir diante da adversidade. A transição de carreira, nesse sentido, pode representar uma experiência que abre novas oportunidades para o atleta, onde ele pode tentar novos caminhos e explorar novas oportunidades.

Já a European Federation of Sports Psychology – FEPSAC (1997) descreve a transição da carreira como estágios de desenvolvimento ao longo da carreira do atleta que envolvem a aprendizagem e escolha da modalidade esportiva; o ajustamento ao treinamento intensivo e aumento nos níveis de competição; a superação das diferentes categorias dentro da modalidade em diversas instituições como o time da escola, do clube ou da universidade; a participação em diferentes competições nacionais e internacionais e o estágio profissional.

Ao discutir os estágios de desenvolvimento da carreira do atleta, a FEPSAC não entende a transição da carreira esportiva como parte do processo de desenvolvimento do atleta nem como algo inevitável em sua vida, perspectiva corroborada por autores que entendem ser a transição de carreira como um acontecimento abrupto e repleto de experiências negativas (Alfermann, 2000; Lavallee, 2000; Lavalle e Andersen, 2000).

Um processo planejado de transição pressupõe uma preparação que começa por diminuir o ritmo de treinos e competições e pode ser desencadeado pelo decréscimo da motivação intrínseca ou por sinais de fadiga. Um processo compulsório se dá por algum impedimento físico, como lesões ou perda de potencial físico, ou institucional, como questões de ordem política que alteram o curso do plano de vida e impõem uma necessidade não desejada e não planejada (Stambulova, 1994).

De acordo com Sgobi (2008), o encerramento da carreira esportiva começou a ser compreendido como um importante fenômeno nos últimos vinte anos. Isso porque a divisão social entre atletas de elite e a população em geral começou a ganhar novos contornos a partir do final da década de 1980 com a expansão da profissionalização de atletas até então proibida pelas rígidas normas do Comitê Olímpico Internacional.

Um dos elementos que leva um atleta a planejar a transição de sua carreira é o fato de seu corpo já não mais responder às expectativas de rendimento em treinos e competições, impedindo a obtenção de resultados passados. Para aqueles que viveram a condição de campeões, essa situação ganha outros contornos, uma vez que, além dos resultados competitivos, esse atleta experimentou também a glória da vitória e todos seus desdobramentos.

Em um estudo realizado no Canadá, Sinclair e Orlick (1993) salientam que atletas que alcançam suas metas ao longo da carreira tendem a sentir mais satisfação com sua situação e vida presentes do que aqueles que tiveram frustrações e não conseguiram conquistar seus objetivos esportivos. Esta é mais uma indicação da continuidade da carreira do atleta e a necessidade de revisão dessa trajetória antes de se pensar em avaliação ou procedimentos de intervenção universais e generalizantes, principalmente por se tratar de pessoas habituadas a situações extremas, e por que não, vitoriosas.

Ideal da sociedade atual, o vencedor é lembrado e valorizado pela suplantação do outro, independente dos recursos utilizados para esse fim (Rubio, 2006b). Ao derrotado restam a vergonha pelo objetivo perdido, a confusão com a incapacidade e a falta de reconhecimento pelo esforço realizado. Diante do resultado obtido e comparando-o com o desejado é compreensível o sentimento de frustração, raiva ou talvez decepção do atleta quando ele não consegue atingir seu objetivo Se a competição na atualidade remete à necessidade da vitória como afirmação de superioridade sobre o adversário, vale ressaltar que não se pode pensar em competição nem vitória sem a presença do oponente. Ainda que a atenção de atletas e técnicos esteja focada na superação de marcas e tempos, o que se vê é a necessidade imperiosa de suplantar aquele capaz de promover sua própria frustração, estado esse manifesto na situação da derrota.

A dificuldade de se de lidar com a derrota talvez resida na posição que essa condição assumiu na cultura contemporânea ocidental. Fincada em um modelo de rendimento-premiação no qual não apenas ganhos materiais estão em questão, mas também o reconhecimento de um feito que garante a imortalidade, é possível dizer que a derrota é a sombra social do esporte contemporâneo. Entende-se por sombra os elementos do psiquismo individual e coletivo que incompatíveis com a forma de vida conscientemente escolhida, não foram elaborados, levando-os a se unir ao inconsciente, o que os faz agir de maneira relativamente autônoma, com tendências opostas às do consciente. Dessa forma, assiste-se a uma afirmação do imaginário heroico no esporte contemporâneo, não por sua proximidade com a superação de limites, mas pela identificação unilateral com as proezas reconhecidas e justificáveis de pessoas consideradas sobre humanas.

Os valores promovidos por uma grande parcela da sociedade ocidental contemporânea estão baseados na excelência e na motivação individual e social voltadas para a produção. Essa forma de vida facilita o desenvolvimento de um modelo esportivo que prepara crianças e jovens para o sucesso em uma vida altamente competitiva e desenvolve valores morais como a perseverança, o sacrifício, o trabalho árduo, o cumprimento de normas, o trabalho em equipe e a autodisciplina. Entretanto, esses mesmos valores são responsáveis por muitos problemas éticos encontrados no esporte, entre eles a glorificação dos vencedores e o esquecimento dos derrotados. No esporte, isso tem levado a uma desumanização do atleta e à sua alienação.

Quando abordamos o esporte competitivo, lidamos com pessoas que passaram a maior parte de suas existências envolvidas, por vezes, exclusivamente com uma vida de treinos e competições. Embora a vitória e a derrota façam parte do repertório do atleta, aquele que conseguiu chegar a um nível de representação nacional, certamente experimentou muito mais situações de vitória que de derrota. E reforçando a máxima de que sobre a vitória não é preciso elaboração, os momentos de derrota são sempre tidos como próprios para avaliar erros e refazer planejamentos.

Durante e depois de sua carreira, o atleta enfrenta inúmeras situações com diferentes níveis de exigência de ajustamento nas esferas de vida ocupacional, financeira, psicológica e social. A aposentadoria do atleta, no aspecto de ajustamento à vida, não se mostra diferente de outras profissões ou mesmo de outras formas de transição e é uma fase inevitável da carreira esportiva (Martini, 2003).

Situações vividas por pessoas que praticam esporte desde a infância se somam para marcar as etapas de transição na carreira que vão das primeiras competições, que ocorrem ainda na escola, às primeiras viagens para competições intermunicipais, passando pelas primeiras convocações para seleções até os títulos nacionais e internacionais.

Esse processo que se dá em um plano de desenvolvimento que segue de perto as etapas do desenvolvimento humano, ganha contornos nítidos ao se observar que uma carreira esportiva tem tempo limitado para ocorrer, atinge sua fase áurea durante a segunda e terceira décadas da vida e se encerra quando ainda é tempo para se realizar inúmeras outras atividades. Considerando a dedicação necessária para a construção de uma carreira vitoriosa, o momento de aposentadoria também pode representar o início de uma nova fase onde realizações que permaneceram latentes ganham espaço para se manifestar.

A realidade do atleta que se dedica a conquistar grandes marcas é árdua, o que o leva a se sentir muitas vezes no limite de sua capacidade. Martini (2003) declara que atletas com elevados *recursos para lidar* com as situações de transição tenderão a experimentar menos estresse que atletas com poucas habilidades para alterar suas rotinas e seus hábitos de vida, e a *qualidade* de ajustamento está influenciada pela quantidade de recursos disponíveis para lidar com a nova situação.

Alguns estudos indicam (Crook, e Robertson, 1991; Drahota e Eitzen, 1998; Sinclair e Orlick, 1993) que os atletas tendem a se ajustar melhor à vida depois da carreira atlética se eles se aposentarem voluntariamente, se forem preparados para a vida depois da carreira esportiva com planos para o futuro, se tiverem uma identidade que estiver exclusivamente definida pelo sucesso no esporte, mas também por relacionamentos sociais, experiências e sucessos fora do domínio esportivo, se se sentirem confortáveis com o apoio social e com os relacionamentos com os quais estão envolvidos. Para isso, é desejável que tenham se preparado para esse momento e tenham realizado um curso superior que lhes dê outra identidade profissional e que sejam capazes de se desligar de seus esportes depois do pico de suas carreiras, mesmo que venham a ocupar a função de técnicos ou dirigentes.

Murphy (1995) e Levy, Gordon, Wilson e Barrett (2005); Drahota e Eitzen (1998) apontam diferentes circunstâncias para se iniciar um processo de transição de carreira.

Seria possível começar com uma *livre escolha*, condição ideal para finalizar uma atividade que por tanto tempo conferiu sentido à identidade do atleta. Entre as várias razões que levam o atleta a optar por finalizar sua carreira estão o fato de já ter alcançado os objetivos a que se propôs, a determinação de novas prioridades para sua vida (situação intimamente relacionada com o nível de motivação desejado e necessário para se manter na vida competitiva) e a falta de prazer naquilo que vinha realizando, condição também relacionada com a motivação. Para os autores, os atletas que escolhem parar sua atividade esportiva competitiva podem se preparar para isso planejando suas ações futuras e executando essas ações dentro do ritmo próprio de sua dinâmica psíquica. Ou seja, agindo dessa forma, ainda há tempo para que diferentes mecanismos de enfrentamento sejam experimentados e mobilizados ao longo do processo. Entretanto, a escolha desse momento não garante a inexistência de sofrimento pela situação, uma vez que sentimentos de perda fazem parte do processo que leva a uma reflexão sobre uma história pregressa contemplada de êxito.

Outras causas apontadas pelos autores são da ordem do incontrolável, do inexorável e do inevitável. A *idade* é uma das razões mais comuns para a transição de carreira. Isso porque há um declínio inevitável das capacidades físicas com o decorrer dos anos e ainda que as novas tecnologias e o avanço da ciência contribuam para que esse limite se prolongue, não será mais possível adiar esse momento indefinidamente. Dependendo da modalidade esse momento pode ocorrer precocemente ou ser adiado para a idade adulta madura. Outro fator que pode contribuir para a transição da carreira de um atleta é o *corte* ou o fato de ter sido preterido em uma escalação para a constituição de uma equipe em uma importante competição.

O processo de seleção – o qual Lavallee (2000) nomeia de "darwinismo esportivo" – pode desencadear perda de motivação e de objetivos para a vida do atleta que não encontra mais objetivos para continuar se empenhando em treinos. Esse processo seletivo ocorre ao longo de toda a carreira esportiva, desde as categorias iniciais, e sua superação é incluída no repertório de todos os atletas que desejam alcançar o alto rendimento. Embora vista como necessária ao processo, não há preparação adequada ao seu enfrentamento, visto que tanto a impotência como a frustração são decorrências desse fato. Indivíduos que têm pouca mobilização de recursos para lidar com esses sentimentos estarão mais sujeitos a desistir diante da adversidade. Vale ressaltar que entre os vários motivos que contribuem para o corte estão a falta de controle emocional, a raiva, a falta de apoio e de recursos de enfrentamento e incerteza quanto ao futuro. E, por fim, as *lesões* são também responsáveis pelo final da carreira competitiva de muitos atletas. Se a lesão é grave o suficiente para fazer o atleta finalizar sua carreira ou trazer dúvidas sobre sua continuidade, a possibilidade da transição deve ser incluída entre as estratégias de enfretamento da lesão. A menos que o atleta tenha ótimos recursos de enfrentamento, essa dupla conquista é desejável ao ajustamento. Na atualidade, a lesão é o fator que se sobrepõe aos demais na transição da carreira esportiva. Isso talvez esteja associado à necessidade de cumprimento de uma agenda repleta de compromissos determinados por patrocinadores e meios de comunicação, sobrecarregando o atleta, muitas vezes alterando sua periodização de treinamento e abreviando os períodos de descanso necessários para seu restabelecimento e prevenção de lesões que, quando ocorrem antecipadamente, resultam em extensa variedade de dificuldades psicológicas, incluindo medo, raiva, ansiedade, perda de autoestima, quando não depressão.

A transição de carreira atlética resulta de vários fatores individuais e sociais que vão do avanço da idade a sucessão de lesões ou, ainda, a escolha de outra carreira, ao desejo de dedicar mais tempo para a família etc. Ela pode ser definida como um evento que resulta de uma troca nas suposições sobre si mesmo e o mundo e assim requer uma mudança correspondente nos relacionamentos e comportamentos próprios (Wylleman, Stambulova e Biddle, 1999).

Quando existem condições para adaptações a transição pode ser positiva. O sucesso na transição de carreira esportiva exige a busca de autonomia pessoal durante a carreira esportiva e a consciência sobre formas de investimento material e libidinal em outras esferas da vida.

O término de carreira e a pós-carreira atlética têm chamado a atenção de estudiosos tanto da Psicologia como da Sociologia do Esporte. Isso porque ao representar papel de destaque na indústria cultural contemporânea, o esporte, seus protagonistas e seus feitos são compartilhados socialmente, o que torna o atleta uma figura pública, de grande reconhecimento popular e, em alguns casos, a imagem do seu país em âmbito internacional. O desdobramento disso é a dificuldade em manter sua privacidade e lidar com cautela com questões que transitam no limite entre o público e o privado. Deixar de defender as cores do país, em alguns casos, é muito mais que uma decisão pessoal, pode representar uma questão de Estado. E, diante do contexto social e político vividos, esse final de carreira pode representar o recolhimento e o gozo desejados, como também pode significar uma forma de traição ou falta de cuidado com milhões de pessoas.

O PROFISSIONALISMO E A TRANSIÇÃO DE CARREIRA

Com o fim do amadorismo no final dos anos 1970, o esporte converteu-se em meio de vida, uma atividade profissional: homens de excepcionais dotes para a luta ou para a corrida passam a receber altas somas financeiras comprometendo-se a realizar determinadas atuações. Buscando responder a essas exigências, nos últimos anos os campeões do esporte passaram a ser transformados em rendosas mercadorias que são vendidas e negociadas em diversos pontos do planeta (Thomas, Haumont e Levet, 1988; Rubio, 2002b; Silva e Rubio, 2003).

Os atletas de alto nível, iguais aos demais profissionais destacados em suas profissões, permanecem em luta constante por sua posição; o que os difere de outras categorias é a interdependência entre seu rendimento, o qual eles têm de maximizar em curtos períodos, e a capacidade de seu corpo, considerando a brevidade de suas carreiras (González, Ferrando e Rodríguez, 1998).

Na transformação da prática da condição amadora para a profissional, não foram apenas os valores nobres e aristocráticos que se perderam. A criação de uma nova ordem olímpica indicava que o mundo do século XX havia passado por grandes e profundas mudanças de ordem prática e moral. O atleta profissional não é apenas aquele que tem ganhos financeiros pelo seu trabalho. Ele é também a representação vitoriosa de marcas e produtos que querem estar vinculados à vitória, à conquista de resultados.

Para Guttmann (1976), o profissional deve ser definido como aquele que recebe uma compensação pecuniária pelo que faz por ter sua vida direcionada para a prática do esporte. Por muito tempo a especialização (codinome da profissionalização) foi o resultado das tensões geradas pela necessidade de disfarçar a condição amadora sob forma de ganhos secundários como bolsas de estudos, apoio governamental e generosidade patronal em vez de salário.

Ao longo do século XX, a identidade do atleta brasileiro se formou e transformou, acompanhando o momento histórico e as transformações sociais ocorridas no país. O esporte, assim como a indústria têxtil, os bancos e as companhias elétricas, chegou ao Brasil, uma colônia, junto com os ingleses que escoltaram a família real portuguesa que fugia de Napoleão no século XIX. Assim foram constituídos os "clubs athléticos" esportivos que atendiam basicamente a aristocracia e a burguesia locais. Isso levou o esporte a ser caracterizado como uma atividade lúdica de determinada classe social.

Conforme Hobsbawn (1997, p. 297) durante o século XIX o futebol era basicamente praticado pelas massas com um caráter de expressão de identidade do operariado, e talvez por isso tenha desenvolvido um caráter diferenciado das outras modalidades esportivas, dominadas pelas elites tidas como "cultas". Dessa forma, os trabalhadores acabaram por desenvolver *uma "cultura futebolística" original – um conjunto específico de procedimentos sobre uma nova base social*.

E assim, ainda no final do século XIX o futebol começou a ser praticado em clubes já existentes e outros passaram a surgir em sua função. Embora o surgimento das agremiações pudesse sugerir a massificação da prática da modalidade, o que se via era a comunidade inglesa, acompanhada da burguesia local, compondo os times e a plateia. Os operários, de forma geral, já apreciavam o espetáculo esportivo, mas não tinham dinheiro suficiente para comprar bola, uniformes e ingresso, e assistiam a tudo em cima do muro.

Na década de 1910 o futebol já era o esporte mais popular do Brasil. De acordo com Martinez (2000), a participação de jogadores advindos das camadas populares encontrou grandes resistências entre dirigentes do futebol, desembocando em uma espécie de conciliação entre as elites e as camadas populares que levou ao reconhecimento e à aceitação nos campeonatos das Ligas Organizadas de clubes como o Corinthians, em São Paulo, e o Bangu, e posteriormente o Vasco da Gama, no Rio de Janeiro. Dessa forma, não apenas os "pobres" em geral tinham acesso aos times de futebol, mas também os negros e mestiços que, embora gozassem da condição legal de libertos, viviam escravizados a uma condição de exclusão social, não resolvida com a abolição da escravidão. Entretanto, vários atletas precisaram usar de subterfúgios, como o alisamento do cabelo ou o uso de maquiagem para clarear a cor da pele, para não serem hostilizados pelas torcidas que ainda achavam que o esporte era uma atividade da elite.

Nesse contexto, forma-se o primeiro extrato brasileiro de atletas profissionais. Liderada pelo futebol durante muitas décadas, a profissionalização das demais modalidades esportivas, principalmente das olímpicas, só veio ocorrer em meados da década de 1980, tanto pela referência internacional como pelas pressões internas das empresas instaladas no país que entendiam ser o esporte uma importante estratégia de mercado para a visibilidade vitoriosa de seus produtos.

A ocorrência dessa situação de forma espontânea impede a criação de políticas efetivas de suporte aos atletas que continuam a buscar alternativas à sua primeira carreira, tanto do ponto de vista material como psicológico e social.

Considerações finais

Diante da importância que o atleta tem representado para a sociedade atual, muitos países estão desenvolvendo programas e políticas públicas com a finalidade de preparar os atletas para o final de carreira competitiva.

É grande o esforço a ser realizado pelo atleta para se completar o processo de transição de carreira. Para que ela se dê de maneira saudável é preciso um grau de disposição interna para a adequação ao novo papel social que envolve alguns procedimentos. O primeiro deles diz respeito à assimilação da nova identidade e todos os seus desdobramentos, parafraseando o dito shakespeareano *ser ou não ser*. Isso tem relação direta com a transformação desse papel junto à sociedade que também necessita de tempo para poder ter o atleta não mais como aquela figura heroica capaz de realizar feitos incomuns, mas como um cidadão que tem suas obrigações e seus afazeres.

A apropriação desse novo papel se reflete também nas interações humanas, tanto em nível familiar como com os companheiros do passado que ainda se mantêm nos papéis atléticos.

Dentre os fenômenos que a sociedade moderna tem produzido para a emergência de atitudes heroicas, o esporte se destaca como um dos mais privilegiados. É importante lembrar que o herói como figura mítica representa o mortal que consegue se aproximar dos deuses em razão de um grande feito. Suas realizações prodigiosas misturam força, coragem e astúcia, distanciando esse sujeito de um personagem que vence em razão de atributos físicos apenas. Ao transferir esse personagem para nossos dias, é possível identificar no atleta de alto rendimento uma espécie de herói onde quadras, campos, piscinas e pistas são convertidos em arenas em dias de grandes competições.

É possível observar que a carreira de uma atleta cumpre, em tese, a mesma trajetória que a vida de um herói (Rubio, 2001).

O momento identificado com o *chamado* refere-se à etapa em que ainda na infância ou juventude o sujeito se descobre com um nível de habilidade acima da média e é identificado por isso. É aqui que a presença do outro se torna o diferencial, visto que o professor ou técnico sensível àquela habilidade proporciona as condições necessárias para que o talento floresça. Em muitos casos esse momento também representa deixar a casa dos pais e enfrentar um mundo desconhecido e, por vezes, cheio de perigos. A *iniciação* propriamente dita é um caminho que envolve persistência, determinação, paciência e um pouco de sorte. Nela, são experimentados os limites da determinação do atleta que culminará na participação em eventos nacionais e internacionais representando seu país, amealhando o reconhecimento social pelo seu feito e experimentando os limites da superação. Este é um espaço reservado aos verdadeiros heróis e lugar em que há o desfrute dessa condição. Mas, considerando a transitoriedade dessa condição e sendo o herói um ser humano, há o inevitável *retorno*, muitas vezes negado, pois devolve o atleta-herói à sua condição mortal. O *retorno* pode ser tomado como a volta ao seu cotidiano de treinos, em clubes, em suas cidades de origem, ou no seu limite, à condição social de cidadão, distante da carreira esportiva e dos ambientes de competição. E na tentativa de refutar essa condição são tentadas fugas mágicas como a desmotivação em retornar ao seu clube de origem, a busca de pretextos para retardar o planejamento de treinos ou ainda as inúmeras e repetidas "despedidas" das competições. Porém, por paradoxal que seja, é apenas nesse momento que ele encontra a liberdade para viver.

O que o mito não prevê é o esquecimento e o abandono que muitos heróis atletas estão vivendo. Daí a urgência em não apenas discutir essa questão, como buscar estratégias para que o pós-carreira seja vivido com a mesma dignidade da vida competitiva.

REFERÊNCIAS BIBLIOGRÁFICAS

BARROS, K. S. Recortes da transição na carreira esportiva. *Rev. bras. psicol. esporte* [online]. 2008, v. 2, n. 1, p. 01-27.

CARDOSO, M. *O arquivo das Olimpíadas*. São Paulo: Panda Books, 2000.

DaMATTA, R. Antropologia do óbvio. *Revista USP. Dossiê Futebol*. n. 22, 1994.

GUTTMANN, A. *History of the modern games*. Illinois: University of Illinois, 1992.

_____. *From ritual to record*. Nova York: Columbia University Press, 1978.

HALL, S. Estudos culturais: dois paradigmas. In: HALL, S. *Da diáspora. Identidades e mediações culturais*. Belo Horizonte/Brasília: Editora UFMG/ Representação da Unesco no Brasil, 2003.

HALL, S. *A identidade cultural na pós-modernidade*. Rio de Janeiro: DP&A, 2001.

_____. Quem precisa de identidade? In: *Identidade e diferença. A perspectiva dos Estudos Culturais*. Petrópolis: Vozes, 2000.

HOBSBAWN, E. A produção em massa de tradições: Europa, 1870 a 1914. In: HOBSBAWN, E.; RANGER, T. *A invenção das tradições*. Rio de Janeiro: Paz e terra, 1997.

LOPEZ, A. A. *La aventura olímpica*. Madri: Campamones, 1992.

PEREIRA, L. A. M. *Footballmania:* uma história social do futebol no Rio de Janeiro – 1902-1938. Rio de Janeiro: Nova Fronteira, 2000.

POIRIER, J.; VALLADON, S. C.; RAYBAUT, P. *Histórias de vida*. Teoria e prática. Oeiras: Celta, 1999.

ROSENFELD, A. *Negro, macumba e futebol*. São Paulo/Campinas: Perspectiva, Edusp/Editora da Unicamp, 1993.

RUBIO, K. *O atleta e o mito do herói*. São Paulo: Casa do Psicólogo, 2001.

_____. *Heróis Olímpicos brasileiros*. São Paulo: Zouk, 2004.

_____. *Medalhistas olímpicos brasileiros:* memórias, história e imaginário. São Paulo: Casa do Psicólogo, 2006.

_____. Jogos Olímpicos da Era Moderna: uma proposta de periodização. *Rev. Bras. Educ. Fís. Esporte,* São Paulo, v. 24, n. 1, p. 55-68, jan./mar. 2010.

_____. (Org.) *As mulheres e o esporte olímpico brasileiro.* São Paulo: Casa do Psicólogo, 2011.

RUFINO DOS SANTOS, J. *História Política do Futebol Brasileiro.* São Paulo: Brasiliense, 1981.

SIMONS, V.; JENNINGS, A. *Los señores de los anillos.* Barcelona: Ediciones Transparência, 1992.

TOLEDO, L. H. *Lógicas no futebol.* São Paulo: Hucitec, 2002.

» A TRANSIÇÃO DURANTE A FASE DO AMADORISMO

Katia Rubio; Neilton Sousa Ferreira Junior
Universidade de São Paulo

Introdução

O esporte foi originalmente concebido como uma prática tipicamente aristocrática, tido como uma atividade de ócio e um meio de educação social dos filhos das classes sociais não trabalhadoras, fato que sofreu grandes transformações com a proliferação do esporte em outras camadas sociais.

Essa concepção levou o atleta amador a ser definido como aquele que

> Pratica esporte apenas por prazer e para usufruir tão somente dos benefícios físicos, mentais e sociais que derivam dele e cuja participação não é nada mais do que recreação sem ganho material de nenhuma natureza, direta ou indireta. (Bastos, 1987, p. 75)

Ainda que organizadores e praticantes do esporte tenham criado e defendido o esporte como uma atividade de poucos e para poucos, não é de estranhar que o amadorismo tenha se constituído como um dos pilares fundamentais sobre qual se assentou o Movimento Olímpico. Preocupados com a perda do controle da prática esportiva originária em seus domínios, aristocratas e burgueses lançaram-se em defesa dessa atividade alegando que a permissão para o seu exercício seria dada apenas àqueles que pudessem tê-la para uso no tempo ocioso, distanciando o trabalhador da participação em esportes institucionalizados e dos Jogos Olímpicos.

Embora associado a uma atividade não remunerada, o conceito de amadorismo viu-se envolvido em ambiguidade devido às transformações sociais ocorridas ao longo do século XX. Uma das questões principais dessa discussão se deu após a entrada dos países do bloco socialista nas disputas olímpicas. Para o mundo capitalista parecia não haver dificuldades em identificar amadores e profissionais. Amador era todo aquele atleta que não recebia qualquer bem ou valor em troca de sua atuação esportiva. Profissional, por sua vez, tinha a sua força de trabalho, a *performance*, paga pelos clubes que negociavam passes e salários, gerando a razão de ser do capitalismo: o lucro. Já para os participantes do chamado bloco do Leste, o argumento da socialização dos meios de produção era utilizado para negar a existência de profissionais do esporte, afirmando a condição amadora de todos seus atletas-cidadãos.

Diante disso, afirmam Salles e Soares (2002), o *status* de atleta estava relacionado com uma atitude do esportista, representava um estilo de vida e diante da dinâmica das relações internacionais passou a ser determinado por questões internas dos diversos Estados participantes dos Jogos Olímpicos.

> Portanto, os valores estabelecidos sobre amadorismo são apropriados em diferentes contextos, não aceitando as mesmas determinações em todos os países devido ao fato das estruturas políticas e culturais serem distintas. (p. 438)

O amadorismo foi no passado tema tão tabu quanto o uso de substâncias dopantes, considerado uma virtude humana e condição *sine qua non* para qualquer atleta olímpico. Mas, mais que um valor ético, essa imposição era um qualificador pessoal e social dos atletas que se dispunham a seguir a carreira esportiva (Rubio, 2003).

Envolvida em uma discussão ideológica tanto para os que defendiam esse princípio como para os que o atacaram, a história olímpica contemporânea está pontuada por ocorrências que demonstravam o uso parcial desse preceito.

Entre os muitos casos de falta de amadorismo um dos mais destacados se deu nos Jogos Olímpicos de Estocolmo, em 1912, quando o norte-americano de origem indígena chamado Jim Thorpe perdeu suas duas medalhas de ouro no pentatlo e no decatlo, acusado de competir pela liga profissional norte-americana de football entre os anos de 1909 e 1910.

Lopéz (1992), assim como Cardoso (2000), classifica essa atitude menos olímpica que racista, visto que outro medalhista olímpico, o ginasta italiano Alberto Braglia, havia passado os quatro anos que separaram os Jogos Olímpicos de Londres-1908 a Estocolmo-1912 trabalhando como acrobata de circo, fazendo uso de suas atribuições e habilidades esportivas.

Foram necessários setenta anos para que o COI revisse o ocorrido e reabilitasse Jim Thorpe. No ano de 1982, as medalhas confiscadas do campeão olímpico foram entregues a seus filhos, em um ato de reconhecimento pelos feitos atléticos do pai e de revisão da decisão que não em tese, mas de fato, feriam o espírito olímpico. Thorpe havia morrido alguns anos antes como indigente, pobre e esquecido.

Embora episódios como este fizessem o tema amadorismo, frequentar com constância as reuniões e congressos do Comitê Olímpico Internacional, para Coubertin a questão não era de toda solucionada a ponto de fazê-lo se posicionar claramente. Tanto é que quando em Antuérpia-1920 pela primeira vez se hasteou a recém-criada bandeira olímpica e se prestou, também pela primeira vez, o juramento olímpico, ambos eram obra de Pierre de Coubertin, nenhuma referência se fazia ao amadorismo ou profissionalismo, mas sim se prometia respeito aos regulamentos.

Em seu livro de memórias publicado em 1997, Coubertin finalmente esclarece sua posição sobre o tema. Deixa claro que a questão do amadorismo não era central para si, mas diante da importância que adquiria para a comunidade britânica e do peso político desse grupo dentro do Comitê Olímpico Internacional, era então necessário tomar posição contra o "perigo" que o profissionalismo poderia representar para os Jogos Olímpicos.

> Pessoalmente, eu não estava particularmente preocupado com isso (o amadorismo). Hoje, posso admitir: essa questão nunca realmente me preocupou. Ela servia como pano de fundo para reunir os participantes

do Congresso que tinham por objetivo recriar os Jogos Olímpicos. Diante da importância do tema nos círculos esportivos, eu sempre apresentei o entusiasmo necessário, mas era um entusiasmo sem convicção real. Minha própria concepção de esporte sempre foi diferente de um grande número de membros da Academia – senão da maioria. Para mim o esporte era uma religião, com suas igrejas, seus dogmas, seus serviços... mas, acima de tudo, um sentimento religioso... Os ingleses eram particularmente sensíveis a essa questão. Era um sinal e um presságio do poder do Comitê Olímpico Internacional quando eles voltaram a pedir ajuda. (Muller, 2000, p. 653-654)

Até ser superado definitivamente pelo profissionalismo, o amadorismo foi tratado como uma questão central do Olimpismo, conforme atestam as palavras de Coubertin. Tanto que, em outra passagem de suas memórias, Coubertin frisa uma vez mais seu desapego a esse ideal e entende que essa discussão camuflava outras questões centrais do Olimpismo, que ganhavam vulto, na medida em que os Jogos Olímpicos cresciam em visibilidade e importância.

¡Siempre el amateurismo! Hacía ahora dieciséis años que habíamos pretendido ingenuamente acabar con el problema, y he aquí que seguía candente, idéntico e inalcanzable: un auténtico balón de waterpolo con esta peculiar manera de resbalar y escurrirse bajo la presión de la mano, como el gato, alejándose unos metros. Personalmente, ello me tenía sin cuidado; hoy me atrevo a confesar con franqueza que este asunto jamás me ha apasionado. Desde luego, me sirvió de pretexto para convocar el Congreso destinado a restablecer los Juegos Olímpicos. Viendo la importancia que se le atribuía en los medios deportivos, le dediqué la máxima atención pero era un celo sin convicción real. (Coubertin, 1989, p. 65)

Alguns autores chegaram a afirmar que essa questão poderia comprometer a própria razão de ser do Movimento Olímpico, caso suas bases não fossem revistas. É o caso de Donnely (apud Gomes e Tavares, 1999) para quem o amadorismo é fundamental para o Olimpismo. Embora seu desenvolvimento tenha se dado dentro de um contexto bastante específico – uma Inglaterra regulada pela moral vitoriana – veio a sofrer verdadeira mutação com o estabelecimento de uma relação causal entre dinheiro e desempenho esportivo. Por isso, o Olimpismo é para esse autor, uma atitude em extinção no mundo olímpico.

> mais do que solidariedade e respeito mútuo, o principal referencial para a realização do esporte de alta competição atualmente é a capacidade de gerar remuneração financeira para todos os envolvidos direta ou indiretamente. (p. 248)

Como consequência desse processo e do esforço de muitos, o amadorismo foi sendo esquecido como um dos elementos fundantes e fundamentais do Olimpismo no fim da década de 1970, emergindo um movimento de disfarce de atletas em funcionários de empresas para que escapassem à condição de profissionais do esporte. Esse esforço foi substituído definitivamente e com sucesso pelos contratos com patrocinadores e empresas interessadas em investir no esporte, surgindo a partir daí outros tipos de problema.

Muitos foram os valores implicados nessa mudança. A transformação do espetáculo esportivo em um dos negócios mais rentáveis do planeta foi talvez a principal motivação para a reconsideração sobre o que era e qual a finalidade do amadorismo na participação do atleta em Jogos Olímpicos.

A profissionalização acabou por imprimir uma grande alteração na organização esportiva tanto do ponto de vista institucional como na atividade competitiva em si, levando o esporte a se tornar uma carreira profissional cobiçada e uma opção de vida para jovens habilidosos e talentosos.

A competição atlética ganhou visibilidade e complexidade ao se tornar espetáculo esportivo e produto da indústria cultural. E assim, interesses econômicos aliados a disposições políticas e intervenção estatal produziram e reforçaram uma das instituições mais robustas do planeta.

Conforme Bourdieu (1993), algumas chaves constitutivas do dispositivo esportivo, esboçadas no século XIX, não se transformaram plenamente até meados do presente século. Uma das mudanças mais significativas teve relação com a crescente intervenção do Estado. Isso porque a esportivização da sociedade constitui uma parte importante da intervenção e do desdobramento de distintas agências que, durante sua atuação, se autodefiniam e recriavam. Além disso, a filosofia do amadorismo, que dominou o Olimpismo praticamente até os Jogos Olímpicos de 1984, em Los Angeles, tratou sempre de apresentar as práticas esportivas independentes dos poderes públicos, como produto da iniciativa individual e do associacionismo voluntário.

O ATLETA, O AMADORISMO E A TRANSIÇÃO

Enquanto ideal olímpico o amadorismo constituía um imperativo de igualdade de circunstâncias entre os atletas. Ainda que desde cedo não tenha tido eficácia prática, Marivoet (1998) afirma que o princípio que lhe subsiste tem sido remetido para a diferenciação dos quadros competitivos, de acordo com as especificidades dos atletas e das suas competências, de modo a garantir uma posição mais igualitária, assim como um maior equilíbrio na dimensão competitiva.

O modelo de participação esportiva criado a partir dos Jogos Olímpicos da Era Moderna em 1896 previa o atleta como um ser deslocado de práticas produtivas e dedicado ao treinamento e aprimoramento de seu fazer esportivo.

O que se observa ao longo da primeira metade do século XX é que isso gerou uma representação social do atleta ou como um sujeito excêntrico, caso pertencesse à aristocracia, ou um vagabundo, caso sua origem estivesse relacionada às classes populares. A via alternativa para esses dois modelos eram os militares, que, por força do ofício, eram obrigados a praticar esporte, o que levou muitos deles a chegar aos Jogos Olímpicos, inclusive às medalhas, como é o caso de Guilherme Paraense, em 1920, e João do Pulo, em 1976 e 1980.

O que se observa no período compreendido por Rubio (2010) que se inicia na Fase de estabelecimento (de Atenas 1896 a Estocolmo 1912), passando pela Fase de afirmação (de Antuérpia 1920 a Berlim 1936) e finalizando na Fase de conflito (de Londres 1948 a Los Angeles 1984) é que o atleta olímpico tinha como parte de seu projeto de vida a condição de amador. Isso implicava em dedicação exclusiva à prática esportiva, sem expectativas de ganhos financeiros e a consciência da necessidade de buscar uma atividade profissional para o final de sua carreira de atleta. Essa necessidade de buscar uma profissão e um projeto de vida para depois de carreira de atleta levou muitos esportistas a se aproximar dos estudos ou de uma profissão, associada ou não ao esporte. Tomado como um sonho por atletas e suas famílias, o período de dedicação aos treinos e competições representava uma concessão para muitos e seu final era quase sempre decretado quando do retorno de uma edição olímpica.

Essa condição pode ser observada na carreira de vários atletas medalhistas olímpicos da geração de 1950 e 1960.

Três bons exemplos são Tetsuo Okamoto, nadador dos 1.500 m nos Jogos Olímpicos de Helsinque, em 1952; Manoel dos Santos, nadador dos 100 m, nos Jogos Olímpicos de Roma, em 1960; e Antônio Salvador Succar, jogador de basquetebol nos Jogos Olímpicos de Tóquio, em 1964.

Manoel dos Santos foi um dos principais velocistas da natação de seu tempo. Apesar do pouco conhecido no Brasil, era respeitado por seus adversários no exterior e desejado em competições internacionais. Treinava em uma época em que não havia piscinas aquecidas em São Paulo, o que o levava a deslocamentos em busca de temperaturas mais amenas.

Primeiro medalhista da natação brasileira, Tetsuo dedicou a primeira parte de sua vida a treinar para ganhar uma medalha olímpica. Do empirismo dos treinamentos à falta de condições materiais para a conquista de um resultado histórico, o nadador sintetizou a sensação vivida no momento maior de um atleta que é a conquista da medalha:

Quando eu subi ao pódio para receber a medalha, senti... de repente, vendo a bandeira, aquela satisfação, parecia que o corpo estava cheio e de repente senti um vazio. Acho que deve ter sido o sonho que tinha acabado.

O apoio que Tetsuo recebera até aquele momento tanto de sua família como da cidade em que morava objetivava a conquista de uma medalha, projeto cumprido a rigor. Embora jovem, a carreira de uma atleta, naquele momento, não era longeva para que se alimentasse o sonho de mais uma conquista. A honra dada a todos que o ajudaram, depois de realizado o sonho olímpico, deveria ser deslocada para o campo profissional onde a vida, efetivamente, se formalizaria.

Chegou uma época que meu pai falou: 'Bem, agora você já se tornou campeão, você me deu muita honra, muita satisfação, agradeço muito, mas é hora de cuidar da vida.

Ao participar de um campeonato sul-americano foi informado por outro nadador que, com as marcas e conquistas obtidas até aquele momento, seria possível cursar uma faculdade norte-americana, com bolsa de estudo, o que representaria uma nova carreira sem nenhum custo. Ou seja, a mesma estrutura esportiva que não permitia que ele ganhasse qualquer valor em dinheiro ou bem material. Tinha também outros caminhos que lhe abriam as portas para construir o futuro. E assim foi a transferência para o Agriculture Mechanic College, no Texas, onde cursou Geologia, carreira escolhida por seu pai que acompanhava a criação da Petrobras e entendia que aquela seria uma profissão do futuro (Rubio, 2004; 2007).

Foram poucas as vezes que Manoel teve a oportunidade de enfrentar seus adversários estrangeiros. Considerado um dos nadadores mais rápidos de sua geração, ele era cotado para ser medalha de ouro em uma prova historicamente dominada por norte-americanos e australianos, e, naquela época, por japoneses. Por um erro na virada, Manoel ficou com a medalha de bronze.

Perdi por dois décimos de segundo. Foi uma virada infeliz porque eu estava muito bem. Estava tão bem, tão na frente que não acreditava. Quando vi já tinha chegado. Então errei a virada, mas é uma oportunidade que a gente tem. Perdeu, perdeu. Não tem jeito.

Um ano após a conquista da medalha olímpica, Manoel dedicou-se a quebrar o recorde mundial. Seu currículo o habilitava a isso. Apesar do pouco intercâmbio com outros nadadores e dos poucos campeonatos internacionais de que participava, ele sabia que tinha condições pessoais para tal, necessitando apenas das condições materiais, proporcionadas pelo Clube Guanabara, no Rio de Janeiro.

Essa piscina do Guanabara era uma piscina de água salgada. Se você visse a cor da água, não dava pra ver a faixa embaixo, completamente escura. E eu tive a felicidade de bater o recorde mundial... na época foi muito comemorado porque o Brasil não tinha expressão nenhuma em esporte.

Batido o recorde aos 21 anos, Manoel considerou que seu objetivo na natação estava cumprido. Preocupado com o futuro que envolvia uma profissão e casamento, optou por se dedicar aos negócios da família, entrou para o ramo madeireiro e nele ficou até o ano de 1984, quando resolveu retomar seu caminho inicial, a natação, e montar uma academia (Rubio, 2004; 2007).

O basquete oferece outro grande exemplo para a transição na era do amadorismo. A Seleção Brasileira foi campeã mundial em 1959 e 1963 e três vezes medalhista de bronze: em 1948, 1960 e 1964. Succar participou desse processo.

Nascido na Argentina, aos 7 anos mudou-se com a família para o bairro das Perdizes, em São Paulo, e no colégio começou a dar os primeiros arremessos. Quando chegou próximo dos 2 metros de altura, os irmãos mais velhos atentaram para sua potencialidade e convidando-no a jogar no Clube Sírio, onde eram sócios. Seu pai queria que trabalhasse em sua empresa de contabilidade, mas Succar preferira a proposta dos irmãos, ingressando assim na recém-criada equipe juvenil do clube.

Na condição de jogador mais alto das quadras de São Paulo e titular absoluto da equipe principal, foi convocado para a Seleção Brasileira adulta pela primeira vez em 1959, porém, por ainda deter a nacionalidade argentina, não pode participar da disputa. Quando enfim foi naturalizado brasileiro, disputou, em 1960, seu primeiro campeonato internacional, um sul-americano, com a Seleção Brasileira. Vieram então os Jogos Olímpicos de Roma, onde a delegação conquistou a medalha de bronze, uma das duas únicas conquistas da delegação brasileira naqueles jogos, seguido do bronze do nadador Manoel dos Santos.

Nos Jogos Olímpicos de Tóquio, em 1964, a Seleção Brasileira ficou novamente com a medalha de bronze, esta que seria a terceira do basquetebol masculino e, na ocasião, a única da delegação brasileira nos jogos. Nos Jogos Olímpicos do México, em 1968, um honroso quarto colocaria a equipe de Succar dentre as mais importantes do mundo, na época o esporte mais apreciado no Brasil, depois do futebol. Mas também marcaria o fim de uma vitoriosa participação na Seleção.

O basquete é um esporte muito difícil e o Brasil, na minha geração, sempre participou das Olimpíadas. Com a medalha de bronze, conseguimos classificação para os Jogos de Tóquio. Também éramos campeões mundiais, sul-americanos, vice-pan-americanos. E da mesma forma nos classificamos para os Jogos do México.

Com uma trajetória de tantos triunfos, seguida de três experiências olímpicas, duas delas terminadas no pódio, Succar escreveu seu nome na história do basquete nacional. Realizado, decidiu ausentar-se da Seleção Brasileira, mas ainda dedicaria os últimos anos da carreira de atleta ao Sírio, onde participaria da campanha que resultou no vice-campeonato do mundial de clubes, em 1973, seu último ano no esporte.

Já estava realizado, joguei dezoito anos, não dava pra almejar mais coisas. Acho que foi no tempo certo. Já tinha 33/34 anos, não tinha mais motivação. São tantos campeonatos, campanhas, tem a responsabilidade de você defender um time, exige muita dedicação. Chega uma hora que cansa.

Succar cursou Direito na Universidade Presbiteriana Mackenzie. Sabendo que não podia esperar reconhecimento financeiro pelo que fazia, sua motivação vinha do prazer que sentia em jogar e poder representar o país nos torneios internacionais. Por isso, conseguiu conciliar a carreira de atleta e de advogado. Isso era possível porque nessa época o volume de treinamento era bem menor se comparado aos dias atuais.

Sempre fui amador, não recebia nem um centavo pra jogar, mas graças a Deus sempre trabalhei. Estudava, trabalhava e jogava, não era fácil. Mas foi muito divertido, aproveitei muito. O dinheiro do esporte não me fazia falta. Meu trabalho era suficiente.

Findada a carreira esportiva, Succar deu continuidade à vida profissional, a qual já havia se preparado enquanto atleta. Aos 24 anos formou-se em direito e após a aposentadoria do esporte voltou-se exclusivamente ao trabalho no mercado imobiliário, tarefa que também está às vésperas de encerrá-la.

Obviamente, as origens sociais também influenciam no processo de transição de carreira dos atletas. Aqueles cujas famílias possuíam recursos materiais para a prática esportiva dos filhos se, de um lado, lhes davam as condições para a dedicação à carreira e, do outro, também punham fim ao sonho, por entender a necessidade de desenvolvimento de uma atividade profissional duradoura. Isso talvez tenha distinguido os três medalhistas mencionados anteriormente: Adhemar Ferreira da Silva, bicampeão olímpico no salto triplo (Helsinque, 1952, e Melbourne, 1956); Carmo de Souza, conhecido como Rosa Branca, bicampeão mundial de basquetebol e duas medalhas de bronze olímpicas (Roma, 1960, e Tóquio, 1964); e Aída dos Santos, saltadora, pentatleta e a única representante feminina e do atletismo da delegação brasileira nas Olimpíadas de Tóquio.

Adhemar era filho único de um ferroviário e uma lavadeira. Começou no atletismo ao ser escolhido por um técnico com olho clínico que identificou em seu tipo físico as condições para ser um atleta. Nessa época, conciliava o trabalho, com os estudos e os treinos. O trabalho lhe tomava todo o dia, os estudos à noite e os treinos eram realizados na hora do almoço. Os minutos que excediam o horário eram compensados no final do expediente. Apesar dessa conduta exemplar, o funcionário público Adhemar não recebia qualquer reconhecimento pelas suas realizações. Já campeão olímpico, foi a um campeonato sul-americano no Chile e no seu retorno quando recebeu o contracheque observou que havia sido descontado pelos dias de ausência. Questionado sobre o ocorrido, o então prefeito de São Paulo, Jânio Quadros, declarou que a prefeitura era lugar para funcionários e não de esportistas vagabundos.

Adhemar foi a quatro edições dos Jogos Olímpicos e conquistou duas medalhas de ouro, reverenciado como um dos grandes atletas olímpicos do século XX. A primeira delas, em 1952, foi um marco para o esporte olímpico que só havia conquistado esse feito em 1920, com Guilherme Paraense. Por causa disso, o jornal *A Gazeta Esportiva* fez uma campanha para doar uma casa para Adhemar, cuja família vivia em casa alugada. Sabendo que ao aceitar aquela doação isso se configuraria um ganho sobre seu feito atlético, Adhemar recusou a oferta para poder continuar a competir, conta Adiel, filha de Adhemar, o que isso significou para ele e sua família:

Minha avó estava toda feliz porque a população aderiu, houve muitas assinaturas, estavam já comprando a casa. Eu imagino como deve ter sido duro para o meu pai desfazer esse sonho da cabeça da minha avó... Então com o coração partido ele teve que chamar os pais e falar: 'Olha, eu quero continuar e a condição é não aceitar essa casa, porque senão eu viro profissional. Primeiro eles virão aqui e vão tomar as minhas medalhas, os meus troféus e acabou. Eu não posso'. Deve ter sido muito difícil para ele, mas não tinha jeito.

Embora de origem humilde, o esporte proporcionou a Adhemar a possibilidade de estudar e ele se tornou bacharel em Artes Plásticas, Educação Física, Direito, Relações Públicas; e tinha o registro de jornalista, obtido antes da regulamentação da profissão por ter exercido a função de repórter de atletismo, ao longo de doze anos, no jornal Última Hora, na época, do editor Samuel Wainer. Foi também adido cultural brasileiro na Nigéria por três anos. Ao retornar ao país, foi convidado pela Secretaria da Promoção Social, do então governo Abreu Sodré, a ocupar a função de representante em eventos internacionais (Rubio 2004; 2007).

Rosa Branca tem uma origem parecida. Nascido no interior de São Paulo, filho de família muito humilde, desde cedo trabalhou para ajudar a. Foi sapateiro, vendedor de banana na feira, carregador de água. Dentre suas obrigações, a escola tinha a mesma importância que o trabalho. Estudou na Escola Industrial de Araraquara que possuía forte departamento de Educação Física e condições materiais para a prática de várias modalidades esportivas. Começou fazendo atletismo, e pelas mãos de Julio Mazzei chegou ao basquetebol onde se tornaria um ídolo da segunda modalidade do país na época. Do interior veio para a Cidade de São Paulo jogar no Palmeiras, uma das potências da modalidade na época. Nesse período, foi convocado pela primeira vez para a Seleção Brasileira adulta e esteve cotado entre os três melhores jogadores do Estado de São Paulo. Em 1959 e 1963, esteve na equipe que disputou o campeonato mundial conquistando a condição de melhor do mundo e também as medalhas de bronze nos Jogos Olímpicos de 1960 e 1964.

No ano de 1967 o empresário dos Harley Globetrotters, uma equipe norte-americana de basquete de exibição, tentou levar Rosa Branca para os Estados Unidos. Um convite irrecusável para qualquer jogador de basquete, tanto pela projeção para os que participavam dessa equipe como também pelos valores que envolviam o contrato dessas estrelas.

Naquela época tinha o Mundial do Uruguai. Eles precisavam de mim naquele momento... Na época, era dinheiro que não acabava mais. 40 mil dólares... Eu teria que me profissionalizar e perderia todos os meus títulos também... Apesar de já ter feito o serviço militar aqui eu teria que ir para os Estados Unidos e fazer o serviço militar lá também... Aí eu pensei bem e falei: 'Eu vou deixar esses 40 mil dólares pra lá, não vou fazer esse serviço militar. Mas esses títulos... ficariam todos no Brasil. Não seria justo.

Depois de assistir ao fechamento de dois de seus clubes, Rosa Branca decidiu encerrar a carreira como atleta. Era hora de dar um novo rumo para a sua vida. Não quis jogo de despedida nem comemorações. As conquistas e realizações eram lembranças suficientes para toda uma vida. Formado em Educação Física, dedicou-se ao magistério e às atividades como técnico esportivo. Foi professor contratado do Sesc por 32 anos (Rubio, 2004; 2007).

Mas, nem sempre planejamento e a escolha prematura da modalidade são garantias de sucesso olímpico. A história de Aída dos Santos nos mostra isso.

Natural de Niterói, Rio de Janeiro, todos os domingos Aída dos Santos pegava carona na bicicleta de sua colega e ia até o Clube Caio Martins jogar voleibol. Não raras as vezes em que o número de participantes não era insuficiente, o atletismo aparecia como segunda opção. Em uma dessas ocasiões, sem ter outra opção de atividade, aceitou a contra gosto e por insistência da colega participou do salto em altura.

No atletismo, comecei por um acaso, porque eu gostava mesmo era de voleibol.

Logo no primeiro salto quase alcançou a marca mais expressiva da prova, por volta de 1,45 metro, o que a levou a ser convidada a treinar regularmente, muito embora o pai não o desejasse.

Ganhei de todas as competidoras que estavam lá. Saí até nos jornais! Feliz da vida mostrei a medalha para o meu pai: 'Você recebeu algum dinheiro? Medalha não enche barriga de ninguém não. Pobre tem é que trabalhar pra dar sustento à família'. E me bateu!

E para não pôr fim a seu sonho encontrou uma alternativa:

Dizia para o meu pai que ia assistir minha colega treinar, e treinava escondida dele.

Tomada a decisão, seguiu seu caminho. Aos 19 anos foi encaminhada para o Vasco da Gama, onde firmaria seu primeiro vínculo institucional. Representar um clube significava ter de participar regularmente de treinamentos e competições. Adicione-se a isso o fato de não receber respaldo da família e a necessidade de conciliar profissão, esporte e família.

Me alimentava mal, mas tinha que treinar, num dava pra pegar o dinheiro e não ir. Então, às vezes ia treinar, mas não podia, porque eu desmaiava de fome.

Para chegar aos Jogos Olímpicos de Tóquio ela foi obrigada a repetir o índice olímpico por cinco vezes, embora já tivesse conquistado a marca durante um Troféu Brasil, em São Paulo. A indiferença e a discriminação daqueles tempos não pararam por aí. Aída foi a única mulher da delegação brasileira que foi a Tóquio. Às vésperas da viagem apresentou-se à comissão responsável pela delegação brasileira e ali perceberam que seu uniforme não havia sido providenciado. Então, a única representante feminina da delegação brasileira teve de reaproveitar o uniforme que usara nos Jogos Pan-Americanos para poder participar do desfile de abertura.

Invisível aos olhos da delegação brasileira, sem uniforme, sem equipamento para treinar e competir, sem apoio técnico e perdida pela Vila Olímpica, ficou à sombra das outras delegações para reaproveitar a estrutura de treinamento.

Eu esperava todo mundo treinar, depois eu ia, por mímica, pedir o material japonês, que era o sarrafo, o poste e o colchão.

Ainda assim, Aída chegou à final olímpica com o sarrafo posto na altura de 1,70 metro. Porém, uma torção no tornozelo na finalização do salto a deixou na quarta colocação. Esse resultado de uma mulher brasileira só foi superado com as medalhas femininas em 1996. No atletismo, a melhor marca de Aída ocorreu em 2008, em Pequim.

Embora tenha sido tratado como heroína quando do retorno ao Brasil, aquela sequência de desilusões e descasos a fizeram pensar no seu futuro sem o esporte. Voltou a se dedicar aos estudos e concluiu o curso de contabilidade da Escola Técnica. Também iniciou a faculdade de Geografia, mas não a concluiu. Mas, antes de encerrar por completo a carreira de atleta, Aída escolheu a Educação Física e a Pedagogia como formação superior, passando a trabalhar como técnica de atletismo na Universidade Gama Filho.

Nos Jogos Olímpicos da Cidade do México, por um equívoco do técnico que pedira uma demonstração de suas habilidades para um grupo de jornalistas presentes no evento, lesionou-se antes de iniciar a competição. Inconformada, desobedeceu à ordem do médico e do técnico e foi para a pista competir. Às vésperas dos Jogos de Munique, ela teria expressado em um programa de televisão sua opinião acerca do processo de qualificação para os Jogos. Entendendo aquilo como indisciplina, cortaram-na da relação de convocados. Cansada da luta, decidiu então parar e dedicar-se à família e à carreira como técnica de atletismo.

Considerações finais

As quatro histórias aqui relatadas apontam para a construção de uma identidade desenvolvida a partir de um contexto específico: o amadorismo. Se tomadas nessa dimensão, pode-se observar que mais que se pautar em escolhas futuras que envolvessem uma vida relacionada com o esporte, os atletas dessa geração não tinham opções. A vida de treinos e competições ficava circunscrita a um cenário juvenil, no qual as responsabilidades estavam voltadas para os estudos e as competições. À medida que os anos se passaram e outros interesses começaram a surgir, como o desejo de constituir família ou desenvolver uma carreira profissional, houve uma readequação de prioridades e o tempo dispendido para treinos e competições tornaram-se necessários em outras atividades.

Observa-se na narrativa destes e de outros atletas olímpicos que a transição é um processo natural, mas não indolor. Eles relatam entender a necessidade de parar e iniciar uma nova jornada em outra carreira e ressaltam que essa decisão ocorreu e forma consciente, cognitiva. Entretanto, a falta da cena competitiva, do contato com o desafio e da emoção gerada por essa situação são tão mais difíceis de administrar quanto à perda de controle sobre o corpo pela falta de treinamento físico. Vários atletas relataram sonhos com as cenas da competição, com o cheiro do local ou com o som gerado pelo público. Essas sensações marcam a vida desses ex-atletas nas novas identidades desenvolvidas como profissionais em outras atividades.

Apesar de gratificante e prazerosa, a carreira esportiva era uma atividade com reconhecida data de validade e que, embora proporcionasse muito prazer, não garantia futuro nem estabilidade, mesmo a medalhistas e campeões olímpicos.

O mundo do amadorismo girava em torno de um apelo moral conferido aos atletas reconhecido como *timé*, termo originário do grego que significa "a honra", assim como a *areté,* que representava "hombridade", valor que não era aprendido tanto pela transmissão de normas de conduta, como pela prática da vida de pessoas valorosas (Rubio e Carvalho, 2007).

Nesse sentido, a busca de um atleta se dava basicamente pelo resultado possível dentro da prática de sua modalidade, fosse um marca, um tempo ou um resultado positivo diante de um adversário. O corpo do atleta, dentro dessa perspectiva, e os resultados em si, eram os sinalizadores da longevidade da carreira atlética e a impossibilidade de continuar a alcançar as marcas desejadas eram os indicadores do limite de produção possível. E assim, a transição de carreira, mais que um evento dramático, era parte de um processo natural que, entre outras coisas, envolvia a continuidade de uma carreira acadêmica iniciada concomitantemente à carreira de atleta. Não desejamos afirmar que o processo aqui fosse intenso ou dramático como é o fim em qualquer situação compulsória, inexorável. Mas, de qualquer forma, o que se observa é a continuidade da vida produtiva e a busca de novas realizações e sonhos.

REFERÊNCIAS BIBLIOGRÁFICAS

BASTOS, J. P. *Desporto profissional*. Lisboa: MEC/Desporto, 1987.

BOURDIEU, P. Deporte y clase social. In: *Materiales de Sociologia del Deporte*. Madri: Las Ediciones de La Piqueta, 1993.

BROHM, J. M. Las funciones ideológicas del deporte capitalista. In: *Materiales de Sociologia del Deporte*. Madri: Las Ediciones de La Piqueta, 1993.

CARDOSO, M. *O arquivo das Olimpíadas*. São Paulo: Panda Books, 2000.

COUBERTIN, P. *Memorias olímpicas*. Lausanne: International Olympic Committee, 1989.

LOPEZ, A. A. *La aventura olímpica*. Madri: Campamones, 1992.

MÜLLER, N. (Ed.). *Olympism Selected Writings*. Pierre de Coubertin 1863-1937. Lausanne: Comitê Olímpico Internacional, 2000.

RUBIO, K. Jogos Olímpicos da Era Moderna: uma proposta de periodização. *Revista Brasileira de Educação Física e Esporte* (Impresso), v. 24, p. 55-68, 2010.

RUBIO, K. *Medalhistas olímpicos brasileiros*: histórias, memórias e imaginário. São Paulo: Casa do Psicólogo, 2007.

RUBIO, K.; CARVALHO, A. L. Areté, fair play e movimento olímpico contemporâneo. *Revista Portuguesa de Ciências do Desporto*, v. 3, p. 350-357, 2005.

RUBIO, K. *Heróis Olímpicos brasileiros*. São Paulo: Zouk, 2004.

RUBIO, K. *The professionalism legacy*: the impact of amadorism transformation among brazilian olympic medalists. In: MORAGAS, M.; KENNETT, C.; PUIG, N. (Eds.). The legacy of the Olympic Games 1984-2000. Barcelona/Lausanne: Olympic Studies Centre of the Autonomous University of Barcelona/Olympic Studies Centre of the International Olympic Committee, 2003.

SALLES, J. G. C.; SOARES, A. J. Evolução da concepção do amadorismo no Movimento Olímpico Internacional: uma aproximação conceitual. In: TURINI, M.; DaCOSTA, L. (Orgs.). *Coletânea de textos em estudos olímpicos*. Rio de Janeiro: Editora Gama Filho, 2002.

» O profissionalismo e os novos desafios para a transição de carreira

Katia Rubio

Introdução

Defendido arduamente por nobres e aristocratas, o amadorismo foi enfrentado ainda no século XIX, justamente na modalidade que sintetiza a organização do esporte moderno.

Dunning e Sheard (1976) analisaram a cisão do esporte inglês em 1895 quando dissidentes da Rugby Football Union (RFU) fundaram a Rugby League Professional (RLP). O conflito imediato surgiu por causa do rígido senso de amadorismo da RFU, a qual não admitia qualquer tipo de pagamento para seus atletas e clubes por treinos e jogos, exceto medalhas. A questão central desse procedimento era a natureza social do esporte como instituição. O centro dessa controvérsia era o receio de nobres, aristocratas e alta burguesia ver a prática esportiva cair nas mãos da classe operária, principalmente na região industrial inglesa, ao norte. Em outras palavras, ainda que a elite das *public schools* tendesse a racionalizar seu *ethos* no esporte *stricto senso*, grande parte deles desejava preservar as características originais do esporte carregadas das hostilidades regionais e de classe. A condição amadora era um instrumento de estado de guerra de classes.

A exclusividade e a apropriação da prática esportiva deixaram de existir na medida em que ela se tornou uma manifestação cultural maior que a expressão de um valor social.

Guttmann (1992) lembra que uma forma dos *players* (como eram chamados os profissionais) se distinguirem dos *gentlemen* (amadores sem qualquer atividade remunerada) foi a apropriação lenta e sistemática de atividades esportivas competitivas que culminaram nos Jogos dos Trabalhadores no ano de 1920. Organizado pelos socialistas europeus, esses Jogos tinham por finalidade democratizar o esporte, uma vez que a busca de bons resultados e índices estavam levando os atletas a se especializarem e se dedicaram com exclusividade à prática esportiva, impedindo o trabalhador de participar de forma igualitária do processo. Esses Jogos viriam a se repetir nos anos de 1929, 1933 e 1937 com grande sucesso de público e de participantes, tendo sido interrompidos em função da guerra.

A atividade esportiva como profissão é um fenômeno recente, embora a profissionalização no esporte, exceto para o futebol onde isso já ocorria, só tenha se tornado realidade a partir do início da década de 1980. O marco desse evento coincide com os Jogos Olímpicos de Los Angeles e os procedimentos que marcaram essa prática nas nações ricas do planeta, com fortes investimentos privados e públicos, diferem em muito dos países pobres ou em desenvolvimento onde o esporte ainda se estrutura em bases amadoras e/ou familiares.

O ESPORTE DE UNS E DE OUTROS

O esporte é entendido por Guttmann (1978) como uma forma genuína de adaptação à vida moderna e pode ser entendido como um tipo de trabalho disfarçado e desmoralizante. Apresenta, ainda, características como disciplina, autoridade, iniciativa, perfeição, destreza, racionalidade, organização e burocracia, provas do mimetismo e da dependência existentes entre o esporte e o capitalismo industrial.

Bourdieu (1993) salienta que algumas chaves constitutivas do dispositivo esportivo esboçadas no século XIX não se transformaram plenamente até meados do presente século. A crescente intervenção do Estado é apontada pelo autor como uma das mudanças mais significativas nesse processo. Além disso, a filosofia do amadorismo, que dominou o Olimpismo praticamente até a chegada de Juan Samaranch à presidência do Comitê Olímpico Internacional, tratou sempre de apresentar as práticas esportivas independentes dos poderes públicos, como produto da iniciativa individual e do associacionismo voluntário.

A outra leitura possível, complementar e paralela a essa considera que, desde as suas origens, toda atividade esportiva de alguma envergadura supõe uma atividade comercial paralela, que indica que o fenômeno esportivo foi transformado em um setor da vida econômica contemporânea.

O esporte como instituição é, no entender de Brohm (1993), produto de uma ruptura histórica, que surge no "espaço clássico" do modo de produção capitalista, na Inglaterra, não como uma instituição homogênea, mas como uma prática de classes. Se, por um lado, a burguesia concebia o esporte como ócio, como uma forma de passatempo, o proletariado prescindia-o como um meio de recuperação física. Assim se pode explicar que o movimento sindical, desde o seu início, reivindicasse o direito ao tempo livre junto com a redução da jornada laboral. Dentro dessa mesma perspectiva o esporte é visto como consequência do desenvolvimento das forças produtivas capitalistas, produto da diminuição da jornada de trabalho, da urbanização e da modernização dos transportes. Sua existência transforma o corpo em instrumento e o integra dentro do complexo sistema de forças produtivas.

O atleta profissional é um novo tipo de trabalhador que vende sua força de trabalho (capaz de produzir um espetáculo que atrai multidões); é valor de troca regulado pelas leis da oferta e da procura do mercado. O amadorismo deixou de existir desde que o atleta profissional se tornou um profissional do espetáculo muscular.

O esporte contemporâneo nasceu, cresceu e tem se desenvolvido no seio da sociedade urbana e industrial sujeito às adaptações particulares da vida política, econômica e social moderna. Sua prática atual surge pela primeira vez na Inglaterra, no mesmo momento, e não por casualidade, em que se inicia a Revolução Industrial. Essa caracterização tem implicações importantes tanto naquilo que se refere à prática esportiva como com a organização do esporte em geral.

Vale destacar que a configuração do espaço esportivo implicava uma concepção diferente do âmbito da recreação. Acrescenta González (1993) que a crescente transformação da educação das classes ascendentes, realizada nas *Public Schools* inglesas, ao longo do século XIX chamou a atenção sobre a necessidade de uma reforma dessas instituições. O esporte surgiu, então, como uma parte da estratégia de controle do tempo livre dos adolescentes das classes dominantes e, em um período muito curto, acabou por converter-se em um elemento central, no conteúdo formativo mais importante, dos currículos dessas escolas. Em pouco tempo, campos e quadras foram convertidos em um meio educativo e o esporte ganhou importância sobre disciplinas como línguas ou cultura clássica. Esse procedimento era defendido com o argumento de que o esporte formava o caráter dos futuros dirigentes sociais. Os homens que levariam adiante o liberalismo precisavam ser solidários na ação e ter iniciativa dentro das regras que regia o mercado. O esporte passou a ser uma metáfora do jogo capitalista.

Mas o privilégio esportivo não estava destinado a todos. A partir do Ato de Educação de 1870, foi estabelecido um acordo entre o Departamento de Educação e o Gabinete Militar para que sargentos ministrassem educação física nas escolas primárias. O modelo seguido foi o da ginástica sueca, gerando dualidade de sistemas na educação física inglesa: jogos organizados nas escolas públicas frequentadas pela aristocracia e burguesia e ginástica nas escolas primárias, frequentadas pelos filhos dos trabalhadores. Ou seja, nas primeiras, tem-se a formação de líderes empreendedores e bons oficiais, e, nas segundas, bons operários e soldados, talhados na disciplina e nos efeitos fisiológicos do exercício sistemático (Rubio, 2001).

Junto com a indústria têxtil, as ferrovias, as companhias de energia elétrica e tudo o que a Inglaterra pôde exportar estavam o esporte, sua organização e regras. E assim o modelo inglês converteu-se no paradigma do esporte moderno.

Apresentado e defendido como uma prática de tempo livre, o esporte moderno teve até a década de 1970 o amadorismo como um de seus principais pilares. Essa condição pode ser justificada pela origem aristocrática do esporte e pela necessidade de sua classe dirigente, não menos aristocrática, manter o controle de sua organização e institucionalização. As restrições à prática esportiva a todos aqueles que exerciam algum tipo de atividade remunerada não se baseavam apenas na nobreza do esporte e de seus praticantes simplesmente.

Cardoso (1996) aponta para a questão latente posta na prática popularizada do esporte:

> Os inventores do amadorismo queriam, em primeiro lugar, afastar da arena os trabalhadores. O esporte estava reservado a quem pudesse se dedicar a ele em tempo integral e desinteressadamente, enquanto o comum dos mortais suava para garantir o pão de cada dia. Este era o motivo oculto. Abertamente se temia que o dinheiro transformasse a competição esportiva em espetáculo de 'show-business'. (p. 06)

O ideal do amadorismo é para Donnely (apud Gomes e Tavares, 1999) a base do Olimpismo. Seu desenvolvimento se deu dentro de um contexto bastante específico que era a moral vitoriana e veio a sofrer verdadeira mutação com o estabelecimento de uma relação causal entre dinheiro e desempenho esportivo. Por isso, o Olimpismo é, para esse autor, uma atitude em extinção no mundo olímpico. Mais que solidariedade e respeito mútuo, o principal referencial para a realização do esporte de alta competição atualmente é a capacidade de gerar remuneração financeira para todos os envolvidos nela, direta ou indiretamente.

Como consequência desse processo e do esforço de muitos, o amadorismo foi sendo esquecido como um dos elementos fundantes e fundamentais do Olimpismo no final da década de 1970, emergindo um movimento de disfarce de atletas em funcionários de empresas para que escapassem à condição de profissionais do esporte. Esse esforço foi substituído definitivamente e com sucesso pelos contratos com patrocinadores e empresas interessadas em investir no esporte.

A profissionalização acabou por desencadear uma grande transformação na organização do esporte tanto do ponto de vista institucional como na atividade competitiva em si, levando o esporte a se tornar uma carreira profissional cobiçada e uma opção de vida para jovens habilidosos e talentosos. Este é o esporte do século XXI.

O MUNDO DO ESPORTE PROFISSIONAL

Os Jogos Olímpicos da Era Moderna atravessaram o século XX e sobreviveram a duas grandes guerras, dois boicotes declarados e alguns disfarçados, mas não suportou a força do poder financeiro que prevaleceu sobre o espírito do amadorismo após os Jogos de Los Angeles-1984.

Entre os vários motivos que favoreceram essa abertura está a falta de entendimento generalizado do que seja a condição amadora.

Guttmann (1976) profetizou o que ocorreria com o esporte a partir do entendimento que países capitalistas e socialistas tinham sobre o papel desempenhado por seus atletas no cenário olímpico.

> As nações do bloco capitalista devem abolir a distinção entre amadorismo-profissionalismo na presente forma porque ela é tão antiga quanto anacrônica e também porque ela tem sido corroída pela hipocrisia e falsidade da prática das nações comunistas nas quais os 'amadores' têm mais tempo para o esporte do que nossos 'profissionais'. (p. 32)

A disparidade provocada em algumas modalidades pela utilização de atletas do bloco socialista em disputas olímpicas levou à alteração da regra do futebol nos Jogos de Los Angeles-1984 quando, poucos meses antes da competição, a Fifa proibiu a participação nos Jogos Olímpicos de atletas que já haviam disputado alguma Copa de Mundo independentemente da idade. A questão não era complexa. As seleções que disputavam a competição olímpica dispunham de atletas jovens, talentosos, mas com pouca experiência. Quando em disputa com as seleções dos países do bloco socialista a disparidade física ficava evidente, bem como os vários anos a mais de vida e de carreira. O argumento da falta de paridade prevaleceu. Isso levou, no caso do Brasil, à dissolução da equipe que já se preparava para a competição, com vários atletas ainda jovens, porém com experiência profissional em Copa e o convite primeiro ao Fluminense e posteriormente ao Internacional de Porto Alegre para representar a Seleção Nacional.

A transmissão televisiva das competições olímpicas a partir dos Jogos de Roma é mais um elemento a ser considerado na transformação dos valores do amadorismo. Uma cadeia transnacional de televisão transmitiu os jogos ao vivo para 200 milhões de espectadores em dezenove países da Europa ocidental. Estados Unidos e Japão também puderam assistir às imagens das competições por videoteipe, o que rendeu ao COI na época a quantia de 50 mil dólares. Nos Jogos de Tóquio-1964, a transmissão seria via satélite, ao vivo e em cores e abrangeria os Estados Unidos, a Europa e o Japão, e o valor pago ao COI foi de 65 mil dólares. Nas edições subsequentes dos Jogos Olímpicos, os valores não pararam de crescer, superando a marca do bilhão nos Jogos de Pequim-2008. A televisão passaria a incorporar o espetáculo olímpico tanto quanto os próprios atletas.

Uma nova ordem comercial se estabeleceu com a entrada da televisão no mundo olímpico. A visibilidade que os atletas ganharam estimularam empresas comerciais a terem suas marcas associadas àqueles seres sobre-humanos capazes de realizações incomuns. Diante do risco que a celebração de contratos podia representar para a carreira dos atletas, o caminho era burlar as normas por meio de atitudes inusitadas como fez Mark Spitz nos Jogos de Munique-1972 que subiu ao pódio com um par de tênis pendurado no pescoço. Foi a maneira encontrada para dar visibilidade a seu patrocinador, um fabricante de material esportivo.

Outro fato que levou à busca da profissionalização não apenas entre os atletas, mas à estrutura do Comitê Olímpico Internacional como um todo, foi o crescente gigantismo dos Jogos Olímpicos. A necessidade de uma ampla infraestrutura para realização das competições, bem como a acomodação de milhares de atletas, turistas e técnicos de apoio atrelaram a realização dos Jogos à boa vontade governamental dos países no qual eles ocorressem. Essa dinâmica foi mantida até os Jogos de Montreal-1976. Montreal, capital da província de Quebec, apresentava a particularidade de ser uma cidade representativa da porção francófona canadense e, portanto, minoritária dentro da República canadense. As diferenças entre as comunidades e as rivalidades políticas levaram o governo a advertir os organizadores dos Jogos que nenhum centavo seria destinado a obras para essa finalidade. Embora recebesse 34,5 milhões de dólares pelos direitos de transmissão pela televisão, o governo local amargou um prejuízo de aproximadamente 1,7 bilhão de dólares, transformado em impostos que a comunidade quebecois pagou até o ano 2000 (López, 1992; Cardoso, 2000).

Depois dessa experiência, era certa a necessidade de buscar novas estratégias para o futuro dos Jogos Olímpicos, que começavam a ganhar novos contornos com os boicotes promovidos pelos Estados Unidos e seus aliados em 1980 e, posteriormente, pela União Soviética e países do bloco socialista em 1984 e com a eleição de Juan Antonio Samaranch para a presidência do COI em 1980.

A entrada de grandes empresas no financiamento dos Jogos parecia inevitável diante das necessidades impostas à cidade-sede. Los Angeles-1984 serviu como um laboratório para essa experiência. Naquela ocasião, apesar do boicote, o governo norte-americano não retirou um único centavo dos cofres públicos para a realização de obras. Por sua vez o marketing esportivo mostrava sua razão de existir promovendo a captação de recursos suficientes para cobrir todas as despesas e ainda render lucro a seus organizadores. Abrira-se o caminho para novos rumos olímpicos que não haveria de ter volta.

Nos Jogos de Seul-1998, atletas e equipes experimentaram ousar sua capacidade de fazer brilhar a marca de seus patrocinadores, mas foram os Jogos Olímpicos de Barcelona-1992 que apresentaram o símbolo da profissionalização do esporte: o time de basquete norte-americano, denominado *dream team*. Originários de um país com uma instituição chamada NBA (National Basketball Association) que promovia um campeonato com 27 times e pagava os mais altos salários do planeta para atletas, Michael Jordan, Magic Johnson e Larry Bird entre outros participaram dos Jogos Olímpicos não para ganhar uma medalha de ouro, que ninguém duvidava que fosse deles, mas para divulgar a todo o planeta um grande campeão de vendas, o campeonato norte-americano de basquetebol. Embora tido como o símbolo da profissionalização dos Jogos Olímpicos outras modalidades associadas ao mundo do esporte profissional também foram admitidas pela primeira vez em Barcelona. Foi o caso de ciclistas envolvidos em provas como a volta da França, dona do maior prêmio em dinheiro da modalidade, e dos tenistas melhores colocados no *ranking* mundial, que deixaram de se hospedar em hotéis luxuosos para se hospedar na Vila Olímpica.

Vale lembrar que Pierre de Coubertin, no Congresso Olímpico de Praga, em 1925, buscou sintetizar as questões relacionadas ao amadorismo ressaltando que profissionalismo não era apenas o ato de ter seu desempenho esportivo pago com dinheiro, mas também receber benefícios, como hospedagem em locais por demais luxuosos.

O trabalho esportivo

As dificuldades crescentes por alcançar êxito esportivo em um contexto social cada vez mais competitivo têm forçado uma iniciação esportiva cada vez mais precoce nas diversas modalidades.

De acordo com Ferrando (1996), esse recrutamento precoce é mais evidente nas modalidades coletivas que nas individuais, e diferentemente de outros períodos em que a iniciação à prática esportiva era feita em espaços públicos, hoje há também uma institucionalização precoce, na medida em que as áreas livres são cada vez mais escassas. A maneira como hoje se produz a iniciação aponta para um modelo cada vez mais institucionalizado de esporte competitivo que vai sendo implantado, condicionando de maneira poderosa a trajetória pessoal até a excelência esportiva.

Em um estudo realizado com atletas espanhóis de elite, Ferrando (1979) destaca que a conversão da prática esportiva recreativa em uma competição de alto nível técnico e de especialização vem denunciar uma das maiores contradições do esporte olímpico: o amadorismo. Recorda o autor que é definido como atleta amador aquele que nunca tenha tido treinadores nem treinamento em sua atuação esportiva. A ênfase dada à prática esportiva não remunerada da burguesia europeia de fins do século XIX e início do século XX foi mantida pela maioria dos dirigentes do movimento olímpico contemporâneo, quase todos eles membros de grupos sociais privilegiados socioeconômica e politicamente. Entretanto, o esporte de alto rendimento se converteu em algo tão qualificado do ponto de vista técnico que seus praticantes mais destacados e dedicados estão mais próximos, por sua extração social, da classe trabalhadora, que se pretendia manter alijada do esporte, que a burguesia dirigente.

Daí a denominação de Ferrando aos atletas de alto rendimento de "trabalhadores do esporte", por ter como contrapartida à sua prática profissional, contratos publicitários generosos, exigência de segurança profissional, médica e social, e um distanciamento do chamado ideal olímpico. Os atletas com esse perfil, apesar de apresentarem uma variada extração social, são quase sempre originários de classes sociais médio-baixas, e apontam o esporte como um impedimento ao exercício de outra ocupação, o que os faz buscar a profissionalização.

Se a profissionalização representa a possibilidade de uma carreira no esporte como em qualquer outra profissão, é necessário considerar que em outras especialidades a aposentadoria ocorre por tempo de serviço, seguindo leis do trabalho que garantem rendimentos pelo sistema previdenciário. No caso do atleta, a transição de carreira, ou seja a aposentadoria, ocorre dentro do ciclo vital do atleta, quase sempre na casa dos 30 anos, ou antes a depender da modalidade praticada, sem garantias previdenciárias. Isso representa ter de se iniciar uma preparação para o enfrentamento de desafios desconhecidos e que já não depende apenas de aptidão e habilidade física. E diferentemente do período do amadorismo em que esse final era claro e esperado e os atletas estudavam e se preparavam para novas carreiras, no período do profissionalismo essa regra é outra.

A TRANSIÇÃO ENTRE ATLETAS OLÍMPICOS BRASILEIROS

A seguir serão discutidos alguns casos de atletas olímpicos brasileiros que viveram sob a vigência do profissionalismo, que foram considerados profissionais do esporte e já realizaram sua transição de carreira. Considerando que esse fenômeno no Brasil tem um pouco mais de vinte anos, há ainda muito o que se observar e aprender com aqueles que passam por esse processo.

Gustavo Borges foi um dos atletas que iniciou sua trajetória esportiva. Com 17 anos foi convocado pela primeira vez para compor a Seleção Brasileira de natação. Era o ano de 1989 e Gustavo havia sido classificado para um Campeonato Sul-Americano e para uma Copa Latina, dando início à sua participação no time nacional e também à sua vida como profissional da natação.

Naquela ocasião estava com 16 para 17 anos... eu estava sendo remunerado, mesmo que pouco... acho que naquele momento eu estava começando a minha vida profissional.

Cada meta conquistada era sempre uma boa oportunidade para avaliação e para estabelecimento de novos objetivos. O planejamento passou a ser um companheiro inseparável. Medalha de ouro nos Jogos Pan-Americanos de Havana, Gustavo passou a ser observado com cuidado por seus adversários e pelos técnicos do mundo da natação. Barcelona, 1992, seria seu ano de estreia em Jogos Olímpicos. Gustavo conquistou a medalha de prata nos 100 metros, após um problema com o sensor de sua raia que não registrou seu tempo, tendo sido definido seu resultado com o cronômetro manual e as imagens feitas pelas câmeras das emissoras de TV.

Depois de Barcelona, Gustavo passou a ser um nome respeitado na natação mundial. Respeito também representava trabalhado redobrado para manter e melhorar posições. Nos Jogos Olímpicos de Atlanta, o objetivo era permanecer no pódio, disputando as primeiras posições. Em Atlanta, Gustavo voltou ao pódio nos 100 m depois de conquistar a medalha de bronze, e conseguiu, desta feita, a medalha de prata nos 200 m livre.

Com a experiência adquirida ao longo dos anos e a manutenção entre os principais atletas do mundo, era hora de começar a usufruir um pouco mais dos bons momentos que o esporte pode proporcionar à vida do atleta. Com o mesmo espírito profissional e dedicação, Gustavo começou a buscar mais que medalhas. Foi quem esse espírito que participou da equipe de revezamento 4x100m em Sydney.

Nas provas individuais eu tava sentindo que ia ser bem difícil conseguir uma medalha... Entrei naquele revezamento e a hora que ganhei aquela medalha foi uma vitória muito gostosa... Eu curti muito aquele 4x100 livre... Eu gostaria de voltar o tempo, curtir um pouquinho de novo tudo aquilo que aconteceu.

Quatro Jogos Olímpicos, quatro medalhas. Gustavo Borges, junto com Torben Grael, tornava-se o maior medalhista brasileiro até então.

Ao longo de sua carreira, Gustavo treinou e estudou nos Estados Unidos, primeiro em Jackson Ville, na Flórida, e, em seguida, na Universidade de Michigan, onde cursou Economia. Depois de competir nos jogos Olímpicos de Atenas, em 2004, Gustavo encerrou sua carreira e envolveu-se com um projeto social "Nadando com Gustavo Borges", que durou de 2000 a 2007, criou o Troféu Gustavo Borges de Natação, que durou de 1999 a 2009, e é também proprietário de uma rede de academias de natação nas cidades de Curitiba, São Paulo e Londrina. Desenvolveu a Metodologia

Gustavo Borges de Natação, voltada para a capacitação de profissionais de escolas e academias de natação do Brasil. A trajetória de Gustavo aponta para uma vinculação com o esporte, mesmo com formação acadêmica para outra área. O que se observa é que o conhecimento adquirido nos bancos escolares contribui para os projetos que desenvolve no presente.

Outra história que se desenvolveu ao longo do período do profissionalismo é a de Giovane Gávio. Um dos integrantes da geração de ouro do voleibol brasileiro, Giovani foi atleta de uma das modalidades que mais experimentou sucesso com a profissionalização do esporte no país.

Iniciou sua trajetória de atleta em Juiz de Fora, MG. Começou lutando judô e chegou a ser bicampeão mineiro. Foi incentivado pelo professor de Educação Física a vivenciar e experimentar muitas modalidades esportivas. Praticou atletismo, futebol, voleibol. Aos 12 anos começou a treinar voleibol, muito influenciado pela geração que viria a ser medalha de prata nos Jogos Olímpicos de Los Angeles em 1984. Era um dos mais altos e com maior envergadura no time. Com 16 anos, foi convidado para jogar na equipe juvenil de voleibol do Banespa em São Paulo. Como tantos outros migrantes do esporte, morou em São Paulo em uma casa com outros atletas da equipe juvenil.

Em 1989, chegou à Seleção Brasileira adulta e foi campeão sul-americano e quarto lugar no Campeonato Mundial. Em 1990, Giovane recebeu convite para jogar na Itália. Jogou lá por quatro anos, sendo dois anos em Padova e dois anos em Ravena. Considera esses quatro anos como um período de muita aprendizagem, como se tivesse ido à universidade. Era considerado o melhor jogador da equipe, o que recebia o maior salário. Assim as bolas decisivas, as mais importantes, eram sempre para ele.

Giovane participou da equipe formada por José Roberto Guimarães que viria a ser chamada geração de ouro. Foi um dos titulares daquela equipe invicta nos Jogos de Barcelona e eleito o melhor jogador do mundo. Essa equipe foi também campeã da Liga Mundial em 1993.

Em 1996, com a derrota sofrida em Atlanta, Giovani chegou a pensar em parar de jogar. Considerando que ainda era um atleta novo, optou por jogar vôlei de praia. Na praia, fez dupla com Tande de 1997 até 2000. Em 2000, Giovane recebeu um convite para voltar para Seleção Brasileira de quadra e disputar os Jogos Olímpicos em Sydney. Foi um período difícil também, pois aquele grupo de jogadores da seleção refutou a presença tanto de

Giovane como de Tande. E quando tudo parecia terminado, Bernardinho o chamou dando-lhe uma nova chance na Seleção Brasileira, em 2001. Esse período de sua carreira foi marcado pelo exercício de novas funções, uma vez que agora ele era o veterano do grupo, o mais experiente, quase um tutor da nova geração. Sua atuação extraquadra começou a ter um significado muito grande. Observava, via erros, discutia, enfim passou a ter atuação maior na condução do grupo. Começou a compreender que isso também tinha importância dentro do contexto geral. Talvez aí tenha se iniciado sua carreira como treinador. Foi bem recebido por essa nova geração e passou a sentir-se parte realmente daquela seleção.

Em 2002, foi campeão mundial pela Seleção Brasileira. Era um momento decisivo, Giovane não era titular e vinha atuando pouco em quadra, mas desempenhava papel de liderança para o grupo. Em 2003, foi considerado o melhor atacante do mundo e, em 2004, foi campeão olímpico novamente.

Entre 2005 e 2006, trabalhou como gestor em um projeto no sul do país. Após esse período resolveu ser treinador de voleibol. Relata a dificuldade que é ser treinador e da necessidade de planejar os treinamentos, o jogo em si, as estratégias a serem usadas. Coloca que seu objetivo é chegar a ser, um dia, técnico da Seleção Brasileira de Vôlei.

Eu acho que a vida tem que ser assim. Coloca-se um objetivo e se trabalha muito para que este objetivo aconteça.

Atualmente, é o técnico da equipe do Sesi-SP de vôlei.

A carreira de Giovani é um exemplo de sucesso em muitos sentidos. Além de ter sido um atleta destacado tanto nos clubes em que jogou como na Seleção Brasileira, acabaram por conferir-lhe uma marca de seriedade. Isso lhe rendeu muitos patrocínios ao longo de seu período ativo e também credibilidade pela postura profissional que adotou. Não é de estranhar o sucesso que obteve após a transição, já no papel de treinador, para onde transfere a imagem construída ao longo dos anos de carreira como atleta.

Tanto Gustavo como Giovani são exemplos de atletas que mantêm vínculo com o esporte na fase pós-atleta.

Outro exemplo que usarei será o de um atleta que viveu o período de profissionalismo: Joilto Santos Brasil, nascido em Brasília, onde iniciou a prática do atletismo. Reconhecido na escola como um talento, foi convidado a treinar, uma vez que o irmão também era atleta. Em 1981, participou dos Jogos Estudantis Brasileiros, destacando-se, e foi para o Mundial Estudantil na França, em 1982. Embora não se enxergasse como atlético de alto rendimento nem tampouco em uma edição Olímpica, sua técnica Téia apostou no potencial do garoto que estava ali treinando, mas não levava as coisas muito a sério.

Em 1987, foi treinar no Rio Grande do Norte, visando os Jogos de 1988, quando seus tempos melhoraram consideravelmente, mas não o suficiente para chegar aos Jogos Olímpicos. Passou a frequentar o circuito mundial de atletismo e a considerar a possibilidade de ir a Barcelona. Chegou aos Jogos com o objetivo de ir à semifinal, porém uma virose contraída dentro da Vila Olímpica o distanciou de seu objetivo.

Já no período dos Jogos de Barcelona a precariedade das condições de treinamento começou a pôr em xeque sua disposição de continuar com o atletismo. Quando do retorno ao país, decidiu diminuir o ritmo das competições internacionais e passou a se dedicar aos estudos. Iniciou a Faculdade de Engenharia prevendo a necessidade de finalizar sua carreira como atleta, muito embora continuasse a defender a equipe da Funilense, de Presidente Prudente, onde competia. Conquistou o índice para ir aos Jogos de Atlanta, em 1996, mas na última seletiva um incidente na largada o fez perder a chance de chegar aos Jogos Olímpicos, reafirmando sua disposição em parar com o atletismo, ainda que o esporte fosse sua profissão e de onde ganhava seu sustento.

Embora tivesse vivido na fase do profissionalismo, Joilto é um exemplo de atleta que não teve as condições profissionais nem para se manter entre os melhores nem para se preparar para o pós-carreira. Dedicou-se ao atletismo competitivo por dezoito anos. Foi várias vezes campeão brasileiro de sua modalidade e chegou aos Jogos Olímpicos de Barcelona, em 1992. Seu projeto de transição se inicia quando do retorno dos Jogos de Barcelona e teve clareza de que era preciso construir outro projeto para sua vida além do esporte. E a via para se chegar a isso seria estudando e construindo uma nova carreira profissional.

Em 2008, passou em um concurso público e hoje é engenheiro civil nos Correios, em Brasília.

O que se observa a partir das histórias narradas neste capítulo é que a transição de carreira na fase do profissionalismo está associada a um modelo de gestão, da própria carreira, e a estrutura que a modalidade recebe como um todo. A decisão por encerrar a trajetória como atleta e iniciar um novo momento profissional requer sobriedade e maturidade, uma vez que a prática esportiva não é vista apenas como uma decisão fria e concreta, mas envolve emoção, pois todos os atletas ouvidos falam sobre o prazer de treinar, jogar e competir. E talvez aí resida a grande dificuldade em se projetar e parar a carreira como atleta: poucas atividades profissionais podem oferecer esse grau de emoção.

CONSIDERAÇÕES FINAIS

Os atletas olímpicos da fase da profissionalização apresentam um cenário cheio de desafios para gestores e dirigentes.

Filhos de uma geração midiática, os atletas dessa fase construíram suas identidades referenciadas no reconhecimento do público por seus feitos. Claro que isso se deu com as modalidades que puderam se profissionalizar e ganhar esse espaço. No caso do esporte brasileiro, isso ocorreu basicamente com o voleibol, a natação, o atletismo, alguns atletas do basquetebol e mais recentemente com alguns atletas do iatismo e do judô.

Diferentemente das gerações do amadorismo, a prática profissional do esporte passou a representar uma oportunidade de ascensão social, entendida como acumulação de riquezas, antes conquistada apenas com a herança familiar ou com o estudo em boas universidades. Sendo assim, as famílias que antes desestimulavam seus filhos ao esporte por entenderem que aquilo era atividade de desocupados ou para quem não tinha expectativa em relação à vida passaram a estimular os filhos a entrar e alargar essa fenda social que se abria diante dos olhos de todos.

Os anos 1980 marcaram essa transformação da identidade do atleta olímpico brasileiro de forma indelével.

Alguns atletas bem-sucedidos despontaram nos meios de comunicação emprestando sua imagem vitoriosa a muitas empresas e produtos, projetando ainda mais seus feitos e reforçando um imaginário heroico relacionado com o esporte. No Brasil, essa situação se amplifica em função da convivência com um quadro de precariedade enfrentado por atletas de alto rendimento, tornando cada medalha uma referência de esforço acima da média, resiliência e superação pessoal e social. Embora não se configurem como a regra no cenário nacional, seus feitos passam a representar o devir daqueles que sonham com a superação da exclusão social.

Se a fase produtiva para esses atletas representa a síntese do sucesso, da visibilidade e das conquistas de todas as ordens, a aposentadoria é algo sobre o qual demonstram pouco interesse em refletir ou negam como se o fim nunca fosse lhes ocorrer. Essa dificuldade leva a um retardamento da construção de novas identidades, desencadeando, por vezes, patologias de ordem física e emocional.

Poucos são aqueles que antevendo o futuro se preparam material e emocionalmente para o momento da transição que inevitavelmente chegará.

Referências Bibliográficas

BOURDIEU, P. Deporte y classes sociales. In: GONZALEZ, J. I. B. *Materiales de Sociologia del Deporte*. Madri: Las Ediciones de La Piqueta, 1993.

BROHM, J. M. 20 tesis sobre el deporte. In: GONZALEZ, J. I. B. *Materiales de Sociologia del Deporte*. Madri: Las Ediciones de La Piqueta, 1993.

CARDOSO, M. *100 anos de Olimpíadas*. São Paulo: Scritta, 1996.

DUNNING, E. Reflexiones sociologicas sobre el deporte, la violencia y la civilizacion. In: GONZALEZ, J. I. B. *Materiales de Sociologia del Deporte*. Madri: Las Ediciones de La Piqueta, 1993.

FERRANDO, M. G. Problemas sociales del trabajo deportivo: el caso de los atletas españoles de elite. *Revista Española de Investigaciones Sociologicas*, v. 8, p. 33-88, 1979.

_____. *Los deportistas olímpicos españoles: um perfil sociológico*. Madri: Consejo Superior de Deportes, 1996.

FOUCAULT, M. *Microfísica do poder*. Rio de Janeiro: Graal, 1993.

GONZÁLEZ, J. I. B. Introdução. In: GONZALEZ, J. I. B. *Materiales de Sociologia del Deporte*. Madri: Las Ediciones de La Piqueta, 1993.

GUTTMANN, A. *From ritual to record*. Nova York: Columbia University Press, 1978.

RUBIO, K. *O atleta e o mito do herói*. O imaginário esportivo contemporâneo. São Paulo: Casa do Psicólogo, 2001.

» Reflexões teóricas e práticas sobre a transição entre a iniciação esportiva e a profissionalização: um enfoque psicoprofilático

Simone Meyer Sanches
Universidade Paulista

Introdução

Sabe-se que o esporte pode ser considerado na atualidade um fenômeno de grande relevância social, econômica e política e que, segundo Puig e Vilanova (2006), ganhou ainda mais visibilidade a partir da aproximação com os meios de comunicação. Nesse cenário, o ator principal é o atleta, que se torna o foco da atenção de todos desse entorno e se tornando o elemento que, a partir dos seus resultados e *performances* excepcionais, move todo esse contexto. Esse desempenho acima da média de grande parte da população muitas vezes (e principalmente, dependendo da modalidade pela qual compete) faz que esse atleta se torne um ídolo admirado por todos e um exemplo a ser seguido.

Porém, e quando esses resultados já não chamam mais a atenção da mídia e da sociedade em geral? E quando o espaço dentro do mundo competitivo se torna escasso para esses atletas e as equipes e clubes os substituem por outros esportistas mais jovens e com mais perspectivas de resultados em longo prazo? Ou, quando as necessidades e demandas de vida do próprio atleta já não mais abarcam como prioridade a carreira esportiva e outros interesses passam a ocupar o lugar principal nos planos de vida deste? Chega o momento de iniciar a efetivação do processo de retirada de carreira esportiva. No entanto, esse processo já deveria ter sido iniciado há muito tempo, muito antes de o atleta pensar em parar com a prática esportiva. No momento que ele se insere nesse contexto, já deve ter consciência de que o corpo é o instrumento de trabalho do esportista e que possui limitações que devem ser respeitadas. Dessa forma, haverá um momento que inevitavelmente esse corpo (ou a mente do atleta) já não mais atenderá às expectativas e exigências intrínsecas ao esporte de alto rendimento, e chegará a hora de parar.

A retirada de carreira vem se tornando um dos grandes problemas que o universo esportivo tem se deparado, devido às inúmeras dificuldades que muitos desses atletas encontram nesse processo. Mateos, Torregrosa e Cruz (2006; 2007) destacam inúmeros estudos empíricos que mostram essas dificuldades de adaptação enfrentadas por atletas de elite após a retirada da carreira esportiva. Os autores apontam para uma pesquisa realizada por McInally, Cavin-Stice e Knoth (1992) que identificou que 88% dos atletas profissionais avaliaram o processo de retirada esportiva como muito difícil. Mais especificamente, 31% passaram por dificuldades de ordem financeira e ocupacional, 26% tiveram problemas emocionais e 23% experimentaram problemas de ajuste no âmbito social.

Puig e Vilanova (2006) destacam que um dos principais paradoxos que encontramos ao lidar com esse tema é a fragilidade em que se encontram esses atletas. As autoras apontam para os resultados encontrados por Lüschen (1985), que evidencia que, quando estes estão no ápice de seu desempenho, são o centro das atenções, porém, quando já não estão mais rendendo de forma considerada satisfatória pela comunidade esportiva, deixam de ter importância e começam a enfrentar uma nova etapa, que demanda a busca por uma nova identidade, bem como por novos relacionamentos (já que o esporte e seu entorno eram os principais espaços de socialização aos quais esse atleta pertencia) e uma nova função social (Heinemann, 1998, apud Puig e Vilanova, 2006).

Assim, a transição *de* e *na* carreira esportiva vem se tornando um dos tópicos de interesse da Psicologia do Esporte no Brasil e no mundo, destacando-se diversas iniciativas e programas de intervenção que objetivam auxiliar nesse processo e contribuir para que o atleta possa passar por essa etapa da forma mais satisfatória possível. Segundo Stambulova (1994, apud

Barros, 2008), a *transição na carreira esportiva* pode ser compreendida como as fases de desenvolvimento do atleta no esporte, definidas pela idade ou pelo grau de especialização esportiva.

A fase que será abordada no presente capítulo refere-se à fase de transição do esporte amador para o profissional, que, segundo a autora, corresponde ao período relacionado à adaptação a demandas específicas do esporte profissional (competidores no mesmo nível, necessidade de não somente ganhar, mas de realizar uma apresentação atrativa e emocionante aos espectadores e necessidade de treinamento independente). A a autora cita ainda que, quando o atleta é contratado por equipes de outros países (e no nosso país podemos incluir também as mudanças de estados e regiões, já que se sabe que as mudanças também podem ser muito significativas), a proficiência no idioma do país de destino e as adaptações culturais e sociais tornam-se fatores que devem ser considerados (Stambulova, 1994, *apud* Barros, 2008).

Barros (2008) evidencia a necessidade de os profissionais da psicologia do esporte conhecerem essa realidade e as demandas intrínsecas a ela, buscando atuar com os atletas e demais protagonistas desse contexto desde as primeiras transições vivenciadas pelo mesmo em sua carreira, contribuindo para que estes possam identificar seus sentimentos relacionados à situação, compreender suas possibilidades de atuação e desenvolver estratégias de enfrentamento saudáveis.

Portanto quando se fala de transição, não podemos nos restringir somente ao processo de retirada de carreira. Mateos, Torregrosa e Cruz (2006; 2007) afirmam que nos últimos anos, temos observado a ampliação desse enfoque, e o foco agora não está mais somente direcionado à etapa final do encerramento da carreira do esportista, mas há uma preocupação por todas as diversas transições que ele passa ao longo de sua carreira. Dessa forma, observa-se a mudança da concepção da retirada esportiva como "um momento", para que esta passe a ser vista e cuidada "como um processo". Os autores evidenciam que os modelos teóricos que subsidiam essas reflexões também evoluíram para concepções de natureza transicional, e dentro dessa vertente destacam a abordagem desenvolvida por Wylleman e Lavallee (2004), que representa as diversas etapas que um atleta passa ao longo de sua carreira esportiva. Esse modelo evidencia que as transições em contextos não esportivos podem influenciar nas transições esportivas e vice-versa, considerando o atleta na sua globalidade como pessoa.

A abordagem proposta por Wylleman e Lavallee (2004, apud Mateos, Torregrosa e Cruz, 2006; 2007) analisa quatro níveis (com suas respectivas etapas), que representam as transições que ocorrem entre uma fase e outra, sendo eles:

a) o *esportivo,* que inclui a iniciação, o desenvolvimento, o ensino e a retirada;
b) o *psicológico,* que inclui a infância, a adolescência e a juventude/idade adulta;
c) o *psicossocial,* considerando-se a importância das pessoas pertencentes aos diversos contextos que o atleta está inserido, sendo os pais os mais significantes nas primeiras etapas, os amigos e técnicos nas fases posteriores, e o(a) companheiro(a) e familiares na idade adulta.
d) o *desenvolvimento acadêmico e vocacional,* que inclui a educação primária, secundária e superior, a formação profissional, e a inserção no mundo laboral.

Figura 1. Modelo de desenvolvimento da carreira esportiva (Traduzida de Wylleman e Lavallee, 2004, *apud* Mateos, Torregrosa e Cruz, 2006; 2007)

Idade	10	15	20 25	30	35
Carreira Esportiva	Iniciação	Desenvolvimento	Ensino		Retirada
Desenvolvimento Individual	Infância	Puberdade Adolescência	Juventude	Idade Adulta	
Evolução dos Outros Significativos	Pais Irmãos Amigos	Amigos Técnico Pais	Companheiro(a) Técnico	Família Técnico	
Desenvolvimento Acadêmico e Educacional	Educação Primária	Educação Secundária	Ensino Superior	Formação Vocacional Ocupação Profissional	

Ao abordar os benefícios da prática esportiva ao longo da vida do praticante, Gonzáles de la Torre, González e Lozano (2002) destacam que, se a participação esportiva for adequada às necessidades formativas e de desenvolvimento integral da criança/jovem, essa inserção vai oferecer diversas vantagens para ela(e).

Ao iniciar o contato com a atividade esportiva, um dos fatores que devem ser enfocados é a definição do objetivo que se busca alcançar com a prática esportiva. Como pode ser comprovado no modelo de Wylleman e Lavallee, 2004 (*apud* Mateos, Torregrosa e Cruz, 2006; 2007), quando os praticantes são crianças ou jovens em processo de maturação e de autoconhecimento, e que provavelmente ainda estão buscando definir seus desejos, preferências e objetivos de vida, as pessoas que compõem sua rede de apoio social e afetivo são de fundamental importância. Segundo Brito e Koller (1999), esse conceito se refere ao sistema de pessoas que são significativas na vida dessas crianças, com as quais elas mantêm uma relação de reciprocidade, afeto, estabilidade e equilíbrio de poder.

Para Bronfenbrenner (1979; 1996), essa rede pode ser uma entidade real, ou seja, que se refere a pessoas com as quais a criança convive ou que são conhecidas dela, podendo ser constituída também por indivíduos que já faleceram, que nunca existiram ou que nunca foram vistas. Dessa forma, percebe-se que tanto a história das experiências de vida da criança quanto das pessoas com as quais ela estabeleceu vínculo afetivo vão influenciar de forma significativa no seu desenvolvimento.

Ao aplicarmos esses conceitos ao contexto da iniciação esportiva, evidencia-se a necessidade de identificarmos, em primeira instância, quais foram os motivos que levaram essa criança a ingressar em determinado esporte/dada modalidade e quais são suas expectativas em relação àquela atividade. Dosil (2004) salienta que esse diagnóstico é de fundamental importância para a promoção de programas de adesão e da prevenção do abandono esportivo, bem como seguramente será uma ferramenta de grande utilidade para aumentar a motivação pela atividade realizada.

Segundo Weiss e Chaumeton (1992), os principais motivos que levam os jovens a praticar atividades esportivas são a afiliação com outros, a formação de novas amizades e a oportunidade de manter relações positivas no contexto esportivo. A revisão dos estudos sobre os motivos de participação esportiva realizada por Cruz (1997; 1999) aponta as principais motivações: divertir-se, melhorar as próprias habilidades e aprender outras novas, demonstrar habilidade esportiva ao se comparar com outras pessoas, a emoções e os desafios intrínsecos ao esporte, ganhar e estar em forma, bem como estar com os amigos e fazer novas amizades.

Marrero, Martín-Albo e Núnez (1999) investigaram esses aspectos mais especificamente no âmbito do atletismo, modalidade que será enfocada neste capítulo, e os resultados indicam que, no início do contato do praticante com a prática esportiva, os principais motivos são: divertir-se, manter-se em forma, ocupar o tempo livre, buscar um ambiente saudável, conseguir certas metas, e relacionar-se com outras pessoas. Já os principais fatores motivacionais para a manutenção na atividade esportiva foram: "praticando esporte me sinto mais são", "busco a intensidade e o esforço no treinamento; "o esporte me serve de válvula de escape"; "mesmo que os resultados sejam adversos, gosto de continuar treinando"; "quando treino me esqueço dos problemas diários"; "meu esporte é meu "hobbie" preferido", sendo o menos importante o item correspondente a: "pratico esporte por dinheiro". A mesma pesquisa buscou identificar também os principais motivos que levam ao abandono, mas não obteve resultados muito significativos. O único item que os pesquisadores destacaram foi o que correspondia a: "lesões que me impedem de treinar".

Assim, a inserção na prática do contexto esportivo mostra que em muitas situações o trabalho com as pessoas que constituem a rede de apoio social e afetivo de uma criança se torna mais necessário que a intervenção com o próprio atleta. Percebe-se que grande parte dos problemas apresentados por esses jovens ao longo do processo de inserção e desenvolvimento no âmbito esportivo acontece devido à tentativa de corresponder a expectativas e desejos dessas pessoas tão significativos para eles. Os pais normalmente são as pessoas que exercem maior influência, mas sabe-se que hoje o conceito de família tem se modificado de forma considerável, fazendo que existam outras pessoas que também ocuparão um espaço de grande importância na rede de apoio desses jovens. Podemos citar aqui outros membros da família que participam ativamente na formação desses atletas, como tios, avós, irmãos mais velhos, ou qualquer outra pessoa que seja significativa para esse jovem, como amigo ou amiga que também praticam algum esporte e o incentivam nessa prática, ou algum menino ou menina que o(a) jovem deseja impressionar ou conhecer melhor (e utiliza da atividade esportiva como oportunidade de aproximação), ou um professor da escola que o incentiva a desenvolver seu potencial, ou muitas outras pessoas, que não necessariamente estão presentes na vida desse jovem nesse momento importante, mas que de alguma forma marcaram seu desenvolvimento e deixaram sua marca na história de vida deste.

Sobre essa questão, Brito e Koller (1999) destacam que a família é considerada um sistema de extrema importância na rede de apoio social de qualquer pessoa, especialmente das crianças e dos jovens, podendo se configurar como o primeiro espaço onde eles estabelecerão suas primeiras relações estáveis e de confiança, e onde aprenderão sobre grande parte do sistema de crenças e de valores que norteará sua vida.

A experiência prática nos indica que muitas vezes a opção por aquele determinado esporte não foi uma opção da criança, mas sim dos seus pais, que normalmente encaminham e introduzem o filho em determinado esporte que tenha relação com as histórias de vida deles. É comum nos depararmos, por exemplo, com situações em que os pais tinham o sonho de ser grandes atletas, e por não terem tido o sucesso almejado esperam que seus filhos consigam realizá-lo ou, em muitos casos, os pais visualizam o esporte como uma escada para o sucesso e para a fama.

Por isso, um dos focos de intervenção do psicólogo do esporte no contexto da iniciação esportiva deve ser a realização de um trabalho para prevenir que não se crie um clima de muita pressão sobre essa criança desde pequena. A respeito dessa questão, Gordillo (2000) destaca que esse contexto de constante avaliação pode resultar em uma pressão por conseguir resultados de um modo imediato, o que levaria à fomentação de um clima de muita exigência e orientado somente para o resultado. A iniciação esportiva deve sempre ser vista como algo agradável, e o modo como as pessoas pertencentes à rede de apoio social e afetivo do praticante compreendem essa prática terá grande influência no processo de introdução e de permanência (ou não) desse jovem no esporte. Gill (1988) também destaca a influencia do contexto social nesse processo de inserção do indivíduo em determinada atividade esportiva.

Percebe-se também que normalmente essa exigência por resultados não costuma vir somente por parte dos pais e/ou familiares, mas também deve ser algo enfocado no trabalho do psicólogo como os técnicos. De acordo com Brito e Koller (1999), nossa sociedade está vivenciando uma mudança que está resultando em uma nova forma de organização das relações sociais, sendo cada vez mais comum nos depararmos com país que não possuem tempo para estar com seus filhos, fazendo que as crianças busquem outras atividades onde possam trabalhar sua independência e autonomia.

De acordo com essa perspectiva, evidencia-se a ampliação do leque de pessoas que exercem grande influência no desenvolvimento desses jovens. Segundo Bowlby (1984; 1990), a existência de vínculos afetivos entre um cuidador e a criança é essencial para o desenvolvimento desta. Normalmente, espera-se que esse lugar e essa função sejam assumidos pelos pais, mas no caso de estes não assumirem essa tarefa ou não a executarem de modo satisfatório, esse jovem necessitará buscar outra figura de identificação que a assuma. Um dos meios que segundo a pesquisa realizada por Sanches (2007) tem se mostrado muito eficaz como uma possibilidade de ampliação da rede de apoio social e afetivo de uma pessoa é por meio da inserção em atividades esportivas.

REFLETINDO SOBRE A PRÁTICA PROFISSIONAL DO PSICÓLOGO NO PROCESSO DE TRANSIÇÃO DE CARREIRA

Contexto de intervenção

Apresentaremos, a seguir, um trabalho realizado em uma equipe de atletismo localizada em uma cidade do interior de São Paulo, que trabalha com atletas a partir de 11 para 12 anos, até a idade adulta. Esse projeto inicia com um trabalho enfocado na inserção psicossocial dos participantes e na educação por meio do esporte, buscando desenvolver valores e atitudes saudáveis que possam ser transpostas para outros contextos de sua vida. Quando os atletas começam a se aproximar da idade de 14 para 15 anos, o projeto oferece a eles a oportunidade de ingressarem nos diversos grupos de treinamento, que caracterizam uma equipe de alto rendimento no atletismo.

Dessa forma, o projeto a que nos referimos prioriza o enfoque social, sendo patrocinado por uma grande companhia de seguros de saúde brasileira e sendo incluído na área de responsabilidade social desta. Porém a equipe também visa investir no treinamento objetivando aumentar o rendimento esportivo dos participantes. Portanto, nesse contexto é dada grande importância ao desenvolvimento físico, social e afetivo das crianças e jovens inseridos no projeto, que na sua maioria possuem entre 12 e 18 anos.

Percebe-se que nesse contexto muitos dos participantes do projeto possuem famílias muito desestruturadas ou que passam por grandes dificuldades financeiras e de relacionamento entre seus membros, fazendo que a figura do técnico ganhe importância ainda maior para eles. Assim, os atletas buscam continuamente uma avaliação positiva por parte desses profissionais, bem como procuram ganhar seu afeto e atenção.

Em uma pesquisa realizada neste mesmo projeto (Sanches, 2007), foi identificado que a inserção dessas crianças e jovens nessa equipe de atletismo contribuiu significativamente para a ampliação da rede de apoio social e afetiva dos participantes. Os resultados apontaram que os atletas estabelecem vínculos significativos tanto entre eles mesmos como com os técnicos, e os últimos acabam se tornando muitas vezes também seus amigos, educadores, conselheiros e exemplos de vida a serem seguidos. Os resultados dessa pesquisa indicam que os técnicos representam figuras de poder, exitosas, que possuem amplo conhecimento tanto técnico como da vida em geral, que lhes permite ter uma capacidade superior para transmitir experiências significativas por terem por terem passado por situações semelhantes às que os atletas enfrentam. Percebe-se dessa forma que os participantes muitas vezes se identificam com esses técnicos, contribuindo para que a avaliação desses profissionais tenha uma relevância ainda maior para os mesmos.

Apresenta-se aqui, portanto, algumas possibilidades e propostas de intervenção do psicólogo do esporte nesse contexto de transição entre a iniciação esportiva e a profissionalização, objetivando trabalhar com todos os fatores envolvidos nesse processo de mudança.

É preciso considerar que essa transição não implica somente em uma mudança de grupo de treinamento e de técnico, mas é necessário trabalhar também com as diferenças atreladas às diferentes concepções, exigências e pressões intrínsecas em cada um desses contextos: a iniciação com sua vertente mais social e lúdica (apesar de ser evidente que algumas instituições conduzem suas escolinhas considerando que estão lidando com "atletas em miniatura", pulando etapas e exigindo que essas crianças treinem como adultos e tenham as mesmas obrigações e responsabilidades de um atleta profissional – o que seria caso para mais uma longa discussão), contrapondo-se ao foco no rendimento esportivo adotado pelos grupos de treinamento e à necessidade de se alcançar os resultados e marcas pertencentes ao esporte de alto nível.

As distintas frentes de intervenção psicológica no contexto de transição esportiva

Quando pensamos na intervenção do psicólogo ao longo do processo de transição esportiva, devemos considerar que esse atleta está inserido dentro de um contexto em que ele se relaciona com diversos atores que exercerão influência direta na sua relação com a prática esportiva. Smoll (1991) representou essa dinâmica a partir do seu "triângulo esportivo", uma referência ainda hoje adotada no âmbito da iniciação esportiva. O triângulo aponta para os três principais elementos que devem ser considerados nesse contexto: os pais, o técnico e o atleta, que logicamente configuram as três frentes de intervenção do psicólogo que trabalha com jovens que estão iniciando sua trajetória no esporte. Um dos pontos que devem ser enfatizados, caso haja a intenção de se trabalhar em uma linha psicoprofilática, objetivando investir para que esse atleta inicie sua experiência com a prática esportiva de um modo saudável (o que contribuirá para que ele permaneça nela por muito mais tempo), é buscar realizar essa intervenção durante o período inicial do contato desse atleta com a modalidade praticada. Dessa maneira, estaremos trabalhando para prevenir futuros problemas de desajustamento de expectativas e frustrações decorrentes das cobranças do ambiente e do próprio atleta, facilitando também que intervenções mais rápidas e eficazes em outros momentos de sua carreira esportiva.

a) Intervindo com os pais dos atletas

Para compreendermos melhor essa intervenção, acredita-se que seja pertinente explicarmos aqui como funciona o processo de inserção da criança dentro do referido projeto: a partir do momento que a criança começa a frequentar o projeto, os pais têm livre acesso para conhecer os profissionais, o espaço físico e as atividades desenvolvidas. Nesse contato inicial, o psicólogo deve enfatizar que o enfoque principal do trabalho ali desenvolvido é o de socialização da criança, buscando favorecer que ela possa estar em contato com um grupo que esteja em um estágio evolutivo próximo ao dela e que tenha interesses semelhantes, aprendendo a conviver em grupo, trabalhar em equipe, desenvolver ao máximo suas capacidades motoras e trabalhar com a dimensão educacional da prática esportiva. Enfatiza-se também que um dos objetivos propostos é o de ensinar algumas habilidades psicológicas que auxiliaram como que essa criança aprenda a manter a atenção e a concentração, a motivação, a autoconfiança, bem como o controle do estresse (Dosil, 1999).

Nesse momento, é fundamental que os pais sejam orientados em relação à importância do papel deles no processo de inserção e desenvolvimento da criança no contexto esportivo, para que estes não criem um ambiente repleto de cobranças e orientado para o resultado, o que provavelmente afetará negativamente a relação da criança com a prática dessa modalidade ou até do esporte de forma geral. Os pais devem ser orientados a valorizar os progressos que o jovem vai alcançando gradualmente e o esforço que o mesmo realiza nas atividades, bem como as melhoras de desempenho consequentes.

Sabe-se que o papel dos pais é de extrema importância nesse processo, e estes devem assumir algumas responsabilidades desde o momento em que seu filho(a) ingressa em uma atividade esportiva. Smoll (2001) mostra que alguns pais não percebem isso a principio e posteriormente se assustam com o que se espera deles, assim como existem alguns pais que nunca assumem essa função e perdem a oportunidade de participar e contribuir para o desenvolvimento saudável de seus filhos por meio do esporte. Dessa forma, destaca-se a importância de os pais estimularem seus filhos a participar das atividades esportivas, porém sempre tomando o cuidado para não exercer demasiada pressão sobre os mesmos, o que poderá levar a uma intimidação e consequente desistência.

O autor afirma que os pais devem sempre respeitar as decisões do praticante, inclusive se ele optar por não participar da atividade esportiva e preferir direcionar suas energias para outra atividade. Alguns pais enfrentam dificuldades em aceitar isso, pois acreditam que os filhos são quase "uma extensão" deles mesmos e projetam no jovem seus desejos, suas frustrações e seus sonhos não realizados, muitas vezes sem considerar se estes também fazem parte do plano de vida da criança ou não (Smoll, 2001).

Se os pais tiveram uma experiência positiva com a prática esportiva, a tendência é que eles incentivem a inserção da criança nesse contexto e participem mais ativamente (de acordo com a disponibilidade de tempo – alguns até gostariam de participar, mas devido às exigências do mundo trabalhista não conseguem estar presentes com a frequência que desejariam). Porém, se a experiência foi negativa ou eles jamais tiveram contato ou oportunidade de praticar algum esporte, é possível que não compreendam muito bem o funcionamento desse mundo esportivo e não participem tão ativamente. Alguns pais até tentam participar, no entanto, por não terem conhecimento sobre essa realidade, acabam intervindo de forma incorreta, ou exercendo demasiada pressão ou valorizando qualquer coisa que a criança faça sem estimulá-la a progredir. Evidencia-se aqui a necessidade da orientação do psicólogo de esporte para que esses pais possam auxiliar seus filhos da forma correta e contribuir para o desenvolvimento integral destes.

Para que os pais possam participar de forma mais adequada desse contexto, é importante também que eles conheçam um pouco sobre a modalidade esportiva que seu filho está praticando (Smoll, 2001), por exemplo, as regras mais importantes e seu funcionamento, bem como os principais adversários e competições. Essas informações podem ser fornecidas tanto pelos técnicos e professores como pelo psicólogo do esporte, e contribuirão para que os pais estejam cientes dos acontecimentos mais significativos e possam interagir melhor com seus filhos. O esporte pode ser tornar aqui uma grande oportunidade de aproximação entre pais e filhos, convertendo-se em uma das atividades que eles realizam de forma conjunta (mesmo os pais não praticando, mas só a presença ou participação deles já será de grande importância para a criança).

Segundo a Abordagem Ecológica do Desenvolvimento Humano, de Urie Bronfenbrenner (1979; 1996), os eventos que mais influenciam no desenvolvimento de um indivíduo são as atividades que outras pessoas realizam com ele ou na sua presença. Bronfenbrenner e White ([s.d.]) apontaram também para alguns elementos que podem influenciar positivamente a vida de uma criança. Os autores destacam que, para que ela se desenvolva de forma adequada, é preciso que haja adultos com os quais ela tenha um vínculo afetivo forte. Para que esse vínculo se desenvolva, deve haver algum tipo de atividade assumida em conjunto pela criança com esses adultos. Essa atividade deve ser significativa e recíproca, em que cada parte será responsável pela ação do outro. Além disso, ela deve se tornar cada vez mais complexa, para promover o desenvolvimento por meio de desafios propostos à criança. É fundamental que a atividade ocorra com regularidade durante extenso período. Portanto, a prática esportiva pode se tornar uma atividade que contribua para a vinculação entre pais e filhos, favorecendo ainda mais o desenvolvimento social e afetivo (além do físico) dessa criança.

b) Intervindo com os professores do grupo de iniciação esportiva

No projeto social e com a equipe de atletismo aqui apresentados, as crianças iniciam seu contato com a prática esportiva nos grupos de iniciação, denominado "escolinha", onde permanecem até aproximadamente 14-15 anos, momento em que se inicia a transição para os grupos de treinamentos.

Essa transição deve ser realizada gradualmente, começando no momento em que a criança ainda se encontra no grupo de iniciação, por meio dos profissionais atuantes nesse grupo. Esses profissionais devem ir avaliando a criança durante toda a sua inserção no projeto, acompanhando tanto seu desenvolvimento esportivo quanto sua dedicação, seu esforço e sua motivação para o esporte praticado e para evoluir como atleta.

O projeto possui diversos grupos de treinamento, e cada um trabalha com um grupo de provas do atletismo, sendo eles: (1) Grupo de velocidade; (2) Saltos, lançamentos e arremessos; (3) Provas combinadas; (4) Meio fundo; (5) Fundo. Portanto, os professores devem começar a investigar com as crianças, quando ainda se estão na escolinha, quais são as atividades que elas apresentam melhor desempenho e quais gostam mais, para definir, a partir dessas informações, para qual grupo de treinamento esse(essa) atleta pode ser encaminhado(a), em qual grupo de provas vai se adaptar de modo mais adequado e que, consequentemente, o conduzirá a apresentar melhores resultados no âmbito esportivo.

Nesse momento, a intervenção do psicólogo do esporte deve ser direcionada ao trabalho com esses profissionais, auxiliando-os na busca pela identificação do melhor grupo de treinamento para cada atleta, considerando-se suas capacidades físicas, a relação do jovem com o grupo e com o técnico responsável, bem como as preferências de atividades do atleta (pois se ele for encaminhado a uma prova que não goste de executar, a probabilidade de ele abandonar a prática esportiva aumenta consideravelmente).

É importante destacar que esse conjunto de fatores é considerado de forma que o objetivo principal sempre será a busca pela melhor adaptação possível do jovem ao grupo de treinamento. Porém, esse processo sempre deverá ser pensado e estudado de forma individual, analisando-se os objetivos adotados por integrante do projeto em relação à prática do atletismo, assim como suas habilidades e potencialidades.

A prática nos indica que alguns desses participantes não possuem planos e ambições de se converterem em grandes esportistas, ao mesmo tempo em que é frequente encontrarmos jovens que desejam isso, mas não possuem as habilidades físicas exigidas pelo mundo do esporte de alto rendimento. Nesse momento, os profissionais da equipe (e aqui nos referimos tanto aos professores da iniciação quanto ao psicólogo do esporte e aos técnicos dos grupos de treinamento) devem avaliar todos esses aspectos pertinentes a essa decisão, que pode afetar de forma significativa a vida desse atleta.

É preciso ponderar também se o jovem já está apto a passar para um grupo de treinamento, ou seja, se ele já se encontra em uma fase do seu desenvolvimento em que está preparado para aguentar essa carga de treino. Devem ser considerados aqui tanto os fatores fisiológicos (desenvolvimento corporal, grau de maturação etc.), como sua frequência no projeto e seu comprometimento e sua dedicação com o atletismo ao longo dos anos de inserção no grupo de iniciação. É fundamental que seja feita também uma avaliação se esse atleta está preparado emocionalmente para essa transição, se está pronto para se dedicar do modo que o esporte de alto nível exige e lidar com a pressão e estresse intrínsecos a esse contexto.

Sabe-se que o esporte de rendimento possui um funcionamento muito diferente das diretrizes adotadas nos grupos de iniciação, em que o enfoque estava direcionado para o desenvolvimento social, emocional, afetivo e das habilidades motoras básicas da criança. Já no contexto do treinamento, o objetivo principal está direcionado à busca de resultados e marcas e todos os esforços se concentram em trabalhar para que os atletas se destaquem nas competições e possam ter o melhor rendimento possível. Por isso, os profissionais devem avaliar se esse atleta está preparado emocionalmente para suportar essa pressão inerente ao mundo competitivo, onde muitas vezes os indivíduos são valorizados pelos resultados que conseguem atingir, e não pelo esforço e pela dedicação que despendem ao longo do processo. Os profissionais do âmbito do treinamento buscam sempre os melhores atletas, os esportistas que se destacarão perante os outros atletas (nos treinos e principalmente nas competições), pois somente assim eles conseguirão a projeção que desejam em suas carreiras enquanto treinadores.

Especialmente no caso dos jovens que não possuem muitas habilidades físicas (e que provavelmente encontrarão dificuldades em acompanhar os treinos e competir junto com os atletas do grupo de treinamento), devemos avaliar bem o momento e o modo como essa transição será realizada, buscando prevenir esses integrantes de passarem por uma experiência desagradável, em que o atleta se sinta incompetente, desvalorizado, podendo inclusive afetar sua autoconfiança e autoestima.

Os anos de experiência no projeto nos mostram que muitas vezes esse processo acaba acontecendo como uma "seleção natural", na qual se observa que os jovens da "escolinha" que não possuem muitas habilidades esportivas, ao se aproximarem dessa fase de transição e conhecerem as exigências do treinamento, acabam se desligando voluntariamente do projeto. Começam a faltar, a buscar motivos para não treinar (por exemplo, lesões e doenças que muitas vezes não existem – ou se existem, percebemos que frequentemente elas são psicossomáticas, possuindo assim um fundo de ordem emocional) e o que acontece com maior frequência é que eles começam a trabalhar ou a se engajar em outras atividades fora do projeto onde obtenham êxito maior (e sejam remunerados – fator determinante para muitos jovens que não desejam mais depender de seus pais para obter as coisas que desejam, ou que a família realmente necessita de ajuda financeira para se manter, muitas vezes pressionando esse indivíduo para desempenhar alguma função que ajude no orçamento familiar). Em muitos casos, esse processo se manifesta de modo inconsciente e o atleta acaba realmente se lesionando nos treinos ou realizando alguma outra atividade (por já não ter o mesmo cuidado e atenção com seu corpo – por exemplo, deixando de alongar corretamente ou fazendo uma técnica de barreira sem estar muito concentrado e acabar se machucando – ou por inconscientemente se colocar em uma situação de risco). Nesses casos, é comum que o jovem passe a ter outras prioridades em sua vida como namorar, estudar, realizar cursos profissionalizantes etc., que muitas vezes conflitarão com os horários de treinos e competições, forçando-o a fazer uma escolha entre essa atividade e o atletismo.

c) Intervindo com os técnicos dos grupos de treinamento

A intervenção com esses técnicos possui papel fundamental em todo processo, pois não adianta despendermos esforços para preparar esse jovem para chegar nesse grupo de treinamento e ele ser recebido de modo inadequado por esses profissionais. Por essa razão, a primeira intervenção do psicólogo do esporte, nesse contexto, deve ser a de se certificar de que esses técnicos possuem consciência da importância do seu lugar, da sua função e do modo como podem influenciar (positiva ou negativamente) a relação desse jovem com a modalidade esportiva, caso ajam de modo inadequado com ele, sem respeitar seus limites e o processo de adaptação que este estará passando. Segundo Smoll e Smith (2001), alguns técnicos subestimam sua influencia e não fazem ideia do quanto podem afetar, de diferentes modos, principalmente os atletas mais jovens.

Dessa forma, esses técnicos dos grupos de treinamento também são atores fundamentais nesse processo de decisão de direcionamento dos atletas para os distintos grupos de treinamento, porque, de acordo com a lógica do esporte de alto rendimento, eles terão sua preferência pelos atletas mais habilidosos fisicamente.

Nesse momento, podemos nos deparar com duas situações distintas: a primeira se refere aos jovens que apresentam um grande talento para a prática esportiva. Nesses casos, um dos problemas com os quais podemos nos deparar é quando mais de um técnico deseja ter aquele atleta no seu grupo de treinamento, e, nessa situação, normalmente quem toma a decisão são os professores do grupo de iniciação ou o coordenador da equipe. O psicólogo do esporte deve estar muito atento nesse momento para que não se crie um clima de competitividade entre o corpo técnico da equipe, e que os motivos da opção por direcionar o atleta para determinado grupo fiquem bem esclarecidos, para que não pareça uma situação de preferência pessoal (de quem tomou a decisão) por um técnico ou outro. Portanto, reforça-se aqui que o fator central a ser considerado deve ser em qual grupo esse indivíduo poderá ter mais êxito como atleta, desenvolver suas habilidades e encontrar satisfação pessoal por meio dessa atividade, favorecendo assim que ele permaneça por mais tempo no meio esportivo.

Como já foi apontado anteriormente, o referido projeto se inicia com uma vertente social, considerando que todos os integrantes devem ter a oportunidade de continuar praticando o atletismo, mesmo que não seja com a conotação de busca de resultados. Nos casos dos jovens que não possuem aptidão suficiente para serem atletas profissionais, trabalha-se para que eles possam se desenvolver pessoalmente, usufruírem dos benefícios físicos e mentais de se praticar uma atividade esportiva e pertencer a um grupo/equipe, oportunizando um ambiente de socialização e diversão. Muitos dos participantes ingressam ainda muito novos no projeto, e o fato de permanecerem tantos anos no mesmo faz que o esporte passe a fazer parte de sua identidade. Dessa forma, afirmar que *"Eu sou um atleta"* se torna algo tão importante quanto pertencer ao referido projeto, que se configura como um grupo com o qual ele se identifica e se sente acolhido.

As diversas teorias psicológicas que abordam a importância dos grupos comprovam os benefícios que essa inserção social pode trazer para o desenvolvimento social e afetivo de um indivíduo. Principalmente no período da adolescência, é muito importante que o jovem encontre um grupo com o qual se identifique e se sinta aceito, pois ainda está vivenciando o processo de descoberta de quem ele é, quem quer ser, do que gosta (e não gosta), enfim, da definição da sua identidade e do que deseja para a sua vida. López (2006) mostra que na idade escolar surge a necessidade de aprovação e de formação de vínculos, que responderão a duas necessidades básicas: a de segurança emocional (ter um vínculo de apego seguro) e a necessidade de pertencer a uma comunidade.

Desse modo, percebe-se que fazer parte de um grupo, ser aceito e valorizado pelas suas qualidades é algo que vai ganhando cada vez mais importância até a puberdade. Silva (2002) e Ayres (1998) apontam para a influência que o grupo de iguais exerce na formação da personalidade do adolescente. Levisky (1995) também destaca a busca do adolescente por sua identidade adulta, bem como de modelos de identificação ofertados de forma ilimitada em nossa sociedade. O autor cita os colegas de escola, os grupos aos quais esse jovem pertence, seus professores, o técnico esportivo, um artista, um ídolo político ou religioso como exemplos que podem se tornar referências para esse jovem.

A segunda situação que pode resultar em alguma dificuldade com os técnicos dos grupos de treinamento é quando o indivíduo que está em processo de transição não possui as habilidades esportivas suficientes exigidas no âmbito do esporte de alto rendimento. Porém, quando o atleta é muito dedicado e esforçado nas atividades, os professores provavelmente considerarão que ele poderá se beneficiar com a participação no grupo de treinamento, devendo ser inserido neste apesar de não apresentar muitas perspectivas de ser um grande atleta.

Nesse caso, é fundamental que os técnicos tenham clareza dos objetivos e valores do projeto, e das contribuições que poderá dar para a vida e para o desenvolvimento desse jovem. Smoll e Smith (2001) destacam a premissa intrínseca ao contexto esportivo de alto rendimento de que o sucesso está sempre relacionado com o alcance de resultados competitivos significativos e, portanto, vitoriosos.

Estamos falando aqui de uma mudança de paradigma, em que o foco deve se voltar à busca da melhora pessoal, e não necessariamente à necessidade de se destacar competitivamente. Smoll e Smith (2001) ainda ressaltam que, quando a vitória é o objetivo principal, os técnicos estarão tirando a oportunidade dos seus atletas desenvolverem suas habilidades, assim como de experienciarem a satisfação decorrente da participação esportiva e de crescerem como pessoas. Vargas Neto (2000) complementa essa linha de raciocínio destacando a importância de esses profissionais realizarem um trabalho que adote uma concepção de esporte que não busca somente o êxito pelo êxito, sendo ele almejado como um plano futuro ou imediato, mas que seja assumida uma visão de uma prática adaptada às necessidades, características e possibilidades reais de cada atleta.

Se esses profissionais não aceitarem essa abordagem e se não for feito um bom trabalho com eles para que possam vislumbrar as diversas possibilidades ofertadas pela prática esportiva, será grande a probabilidade de eles apresentarem resistência em aceitar esse atleta no seu grupo. Pode acontecer também de eles até aceitarem o ingresso desse participante, mas, mesmo que inconscientemente (portanto, de modo não proposital), deixar esse jovem à parte do grupo e não dedicar a mesma atenção para ele que faz que os atletas apresentam mais aptidão esportiva. Podem pensar que estão "perdendo seu tempo" com um adolescente que nunca será um atleta de alto rendimento, e que nunca dará o retorno em termos de resultados esportivos que o técnico deseja e necessita para sua projeção dentro do meio esportivo.

Nessa situação, a intervenção do psicólogo do esporte torna-se de grande importância para buscar desenvolver com esses técnicos seu papel de educadores, e não somente o de formador de atletas de alto rendimento. Segundo Smoll e Smith (2001), eles devem ter clareza do potencial educativo do esporte, no qual os atletas têm a oportunidade de aprender tanto com a vitória como quanto com a derrota.

Desse modo, é fundamental que o psicólogo do esporte trabalhe com esses profissionais as possibilidades de utilização do esporte como una ferramenta educativa, que pode ofertar muitos benefícios para esses jovens, como os citados por González de la Torre, González e Lozano (2002):

1. Por meio do esporte, é possível otimizar o desenvolvimento físico das crianças, que se praticada de modo controlado, vai desenvolver e fortalecer a musculatura.
2. O esporte pode estimular que as crianças adquiram hábitos de vida saudáveis, como a prática de exercícios regular, prevenindo os malefícios do sedentarismo e estimulando que eles mantenham uma alimentação equilibrada, bem como sua higiene e cuidados pessoais.
3. A prática esportiva se constitui também como uma ótima maneira de ocupar o tempo livre dessas crianças.

Na intervenção com os técnicos, é necessário trabalhar também com as expectativas e projetos pessoais desses profissionais, que no meio do esporte profissional costumam ser valorizados somente se tiverem grandes atletas no seu grupo de treinamento. É assim que eles conseguirão participar de competições nacionais e internacionais importantes, terão a oportunidade de viajar e conhecer distintos lugares do mundo, receberão material das seleções esportivas do seu país e das confederações da referida modalidade, poderão receber salários melhores e serão procurados tanto pela mídia como por outras equipes menores (para encaminhar seus melhores atletas, quando não possuem as condições necessárias para trabalhar para que este possa se desenvolver) e por atletas de ponta.

Para que eles possam "abdicar" dos atrativos do mundo do esporte de alto rendimento, devem ter clareza do seu valor como professores e educadores, e das importantes contribuições que podem ofertar para os jovens que estiverem sobre sua orientação.

Intervindo com os atletas em período de transição

A outra vertente de trabalho do psicólogo do esporte deve ser direcionada à intervenção e acompanhamento dos próprios atletas que estão passando pela transição do grupo da iniciação para o treinamento. Essa intervenção normalmente pode ser realizada em um âmbito grupal, e quando for necessário deve ser aprofundada com um trabalho individual.

O trabalho em grupo pode ser de grande riqueza nesse momento para que estes jovens possam compartilhar seus sentimentos em relação a essa transição, seus medos, seus desejos e suas expectativas. O psicólogo do esporte deve criar um contexto em que se sintam à vontade para falar livremente e possam identificar que outros atletas provavelmente estejam pensando e sentindo as mesmas coisas que eles. As sensações mais comuns nessa fase são: o medo de não ter o desempenho que desejam nos treinos e não ter capacidade para acompanhar os outros atletas do grupo, o sentimento de solidão ao chegar em um grupo que não conhecem bem nem o técnico responsável nem os outros atletas, a necessidade de se sentir aceitos, bem como o medo do desconhecido, já que estão saindo de uma situação e um grupo que conhecem bem (a iniciação) e chegando em outra que não dominam, o que costuma resultar em uma nova necessidade de adaptação. Além disso, temos de considerar que eles estarão iniciando uma relação com um novo técnico, que também não os conhece, que os atletas não sabem como esse profissional trabalha nem quais serão as expectativas deste em relação a eles.

Outra questão que deve ser trabalhada nessa intervenção é a situação na qual os atletas não estão satisfeitos com os grupos para os quais foram encaminhados. Isso pode acontecer por eles não desejarem treinar a modalidade do atletismo desenvolvida naquele grupo e por aquele técnico (por exemplo, no caso de o atleta não gostar de fazer provas de lançamento e preferir correr) ou por não gostar do técnico ou dos atletas do grupo.

Nessa situação, o psicólogo do esporte deve trabalhar para que o atleta tenha clareza dos motivos que direcionam o encaminhamento para aquele grupo, que normalmente corresponde àquele que oferece mais possibilidades dele fazer melhores resultados, apesar de não ser sua atividade preferida. Nesse caso, torna-se necessário enfatizar o funcionamento do esporte profissional, e como muitas vezes é preciso que buscar a modalidade que se domina melhor e que consequentemente oferecerá maiores possibilidades da concretização de resultados mais significativos. Esta pode ser uma atividade que ofereça satisfação ou não (como nos próprios treinos, nos quais é necessário que façam exercícios que eles não gostam de executar, mas que vão auxiliá-los a melhorar seus resultados), e é por isso que tudo dependerá dos objetivos do praticante: bem-estar, qualidade de vida, satisfação pessoal, socialização, estética etc. *versus* o desejo de ser um grande atleta e alcançar o máximo rendimento possível? Os dois objetivos são válidos, somente temos de trabalhar para que os diversos atores desse cenário estejam cientes das metas a serem alcançadas e, dessa forma, todos possam trabalhar na mesma direção.

Considerações finais

A partir de todas essas premissas e reflexões, visamos nortear o trabalho efetuado no referido projeto de modo com que essa transição seja realizada do forma mais gradual possível, na qual o atleta começará a treinar alguns dias com os grupos de treinamento, mesmo antes da transição e da mudança de grupos serem efetivadas. Os professores da iniciação devem buscar que esses adolescentes passem pelos distintos grupos, fazendo que possam realizar o treinamento com professores e com atletas diferentes, porém permanecendo ainda no grupo da "escolinha" (por exemplo: treina uma vez por semana com um grupo de treinamento e duas vezes com o grupo da iniciação). É fundamental que o participante tenha essa oportunidade de passar pelos distintos grupos de treinamento antes da decisão sobre em qual ele permanecerá ser tomada. Dessa forma, ele poderá experimentar e vivenciar um pouco da prática das diversas modalidades (já vivenciadas na iniciação, mas de modo introdutório e mais lúdico, não tão aprofundado e com o nível de exigência do treinamento), bem como poderá conhecer as diversas formas de condução de uma atividade e os diversos tipos e estilos dos técnicos pertencentes à equipe. Esse "período de experiência" é de grande utilidade também para os professores, tanto da iniciação quanto do treinamento, para que possam conhecer o desempenho daquele atleta nos diversos contextos e grupos, tenham mais elementos para escolher para quais provas o jovem será encaminhado e possam assim buscar a melhor alternativa.

Assim, conclui-se que esse momento envolve muitas variáveis, mas se estas forem bem avaliadas e trabalhadas por todos os profissionais da equipe, certamente estaremos contribuindo para que esses atletas tenham uma transição mais tranquila e eficaz. A partir desse direcionamento estaremos trabalhando também para o aumento da probabilidade do atleta permanecer no grupo de treinamento definido, evitando-se grandes desgastes emocionais, como um possível abandono da prática esportiva, prejuízos na sua autoestima e autoconfiança, ou a solicitação de mudança de grupo, que também pode se tornar uma situação constrangedora e desagradável para ambos, técnico e atleta. O atleta pode não querer criar conflitos na equipe e não se sentir no direito de manifestar sua insatisfação (principalmente quando lidamos com uma população socialmente excluída e que não tem costume de reivindicar seus direitos e expor suas opiniões, itens fundamentais da prática da cidadania). Dessa maneira, todos saem ganhando: os atletas porque estarão nos grupos que são mais adequados para eles, e os profissionais que estarão trabalhando para terem, em alguns casos, grandes atletas de elite e em outros, melhores cidadãos e grandes pessoas.

REFERÊNCIAS BIBLIOGRÁFICAS

AYRES, M. P. O grupo como espaço transicional no processo adolescente – Abordagem a partir de um caso clínico. In: OUTEIRAL, J. (Org). *Clínica psicanalítica de crianças e adolescentes* – Desenvolvimento, Psicopatologia e Tratamento. Rio de Janeiro: Editora Revinter, 1998. p. 342-350.

BARROS, K. S. Recortes da transição na carreira esportiva. *Rev. Bras. Psicol. Esporte* [online], v. 2, n. 1, p. 01-27, jun. 2008. Disponível em: <http://pepsic.bvs-psi.org.br/scielo.php?script=sci_arttextepid=S1981--91452008000100002elng=enenrm=iso>. Acesso em: 27 jan. 2009.

BOWLBY, J. *Apego e perda*. São Paulo: Ed. Martins Fontes, 1984/1990.

BRITO, R. C.; KOLLER, S. H. Rede de apoio social e afetivo e o desenvolvimento. In: CARVALHO, A. M.. *Mundo social da criança:* natureza e cultura em ação. São Paulo: Casa do Psicólogo, 1999. p. 115-126.

BRONFENBRENNER, U. *A ecologia do desenvolvimento humano:* experimentos naturais e planejados. Porto Alegre: Artmed Editora, 1979; 1996.

BRONFENBRENNER, U.; WHITE, T. L. *Youth and Nationhood: Internacional Challenge* [on line], [s.d.]. Disponível em: <http://smhp.psych.ucla.edu/pdfdocs/Newsletter/fall99.pdf>. Acesso em: 22 out. 2003.

CRUZ, J. Papel del contexto social en la práctica deportiva y en el desarrolo psicosocial de los deportistas jóvenes. VII Congreso Nacional de Psicologia de la Actividad Física y del Deporte. Murcia, Octubre 1999. Sociedad Murciana de Psicologia de la Actividad Física y el Deporte, 1999.

_____. Factores motivacionales em el deporte infantil. In: CRUZ, J. (Ed.). *Psicología del deporte*. Madri: Síntesis Psicología, 1997. p. 147-174.

DOSIL, J. *A formación do deportista* – preparacion psicolóxica do atleta. Santiago de Compostela: Edicións Lea, 1999.

_____. *Psicología de la actividad física y del deporte*. Madri: McGraw-Hill, 2004.

GILL, D. L. Gender differences in competitive orientation and sport participation. *Journal of Sport Psychology*, v. 19, p. 145-159, 1988.

GONZÁLES DE LA TORRE, L. E.; GONZÁLEZ, J.; LOZANO, F. J. Papel de la psicología de la actividad física y deporte en edades tempranas: cuestiones fundamentals. In: OLMEDILLA, A.; GARCÉS DE LOS FAYOS RUIZ, E. J.; NIETO, G. (Coords.) *Manual de Psicología del Deporte*. Murcia: Diego Marin, 2002.

GORDILLO, A. Intervenção com os pais. In: BECKER JR., B. (Org). *Psicologia aplicada à criança no esporte*. Novo Hamburgo: FEEVALE, 2000. p. 119-132

LEVISKY, D. L. *Adolescência:* reflexões psicanalíticas. Porto Alegre: Artes Médicas, 1995.

LÓPEZ, M. J. C. Desarollo socioafectivo. In: IÑESTA, A. I. C. e cols. (Coords.). *Psicología del desarollo em la edad escolar*. Madri: Psicología Pirámide, 2006. p. 157-180

MARRERO, G.; MARTÍN-ALBO, J. ; NÚNEZ, J. L. *Motivos, motivación y deporte*. Salamanca: Tesitex, 1999.

MATEOS, M.; TORREGROSA, M.; CRUZ, J. La retirada e inserción en el mercado laboral de los deportistas olímpicos. In: MORAGAS, M.; COSTA, L. (Orgs.). *Seminários Espanha-Brasil 2006*. Universitat Autonoma de Barcelona/ Ed. Gama Filho. 2006-2007. p. 369-380. Disponível em: <http://olympicstudies.uab.es/brasil/pdf/44.pdf>. Acesso em: 15 jan. 2009.

PUIG, N.; VILANOVA, A. Deportistas olímpicos y estrategias de inserción laboral – propuesta teórica, método y avance de resultados. *Revista Internacional de Sociología*, v. LXIV, n. 44, p. 63-83, maio-ago. 2006.

SANCHES, S. M. A prática esportiva como uma atividade potencialmente promotora de resiliência. *Revista Brasileira de Psicologia do Esporte*, v. 1, p. 1, 2007.

SILVA, R. C. *Metodologias participativas para trabalhos de promoção de saúde e cidadania*. São Paulo: Vetor, 2002.

SMOLL, F. L. Relaciones padres-entrenador: mejorar La calidad de La experiência deportiva. In: WILLIAMS, J. M. (Ed.). *Psicología aplicada al deporte*. Madri: Biblioteca Nueva, 1991. p. 92-110

SMOLL, F. L. Coach-parent relationships in youth sports: increasing harmony and minimizing hassle. In: WILLIAMS, J. M. (Ed.). *Apllied sport psychology:* personal growth to peak performance. 4. ed. Mountain View, Califórnia: Mayfield, 2001.

SMOLL, F. L.; SMITH, R. E. Conducting sport psychology training programs for coaches. In: WILLIAMS, J. M. (Ed.). *Apllied sport psychology:* personal growth to peak performance. 4. ed. Mountain View, CA: Mayfield, 2001. p. 378-400.

VARGAS NETO, F. X. A iniciação e a especialização esportiva de crianças. In: BECKER JR, B. (Org.). *Psicologia aplicada à criança no esporte.* Novo Hamburgo, Brasil: FEEVALE.

WEISS, M. R.; CHAUMETON, N. Motivacional orientations in Sport. In: HORN, T. S. (Ed.). *Advances in Sport psychology.* Champaign, IL. Human Kinetics, 1992. p. 61-99.

» De la iniciación deportiva al alto rendimiento

Dr. Francisco Enrique García Ucha
ISCF "Manuel Fajardo". La Habana Cuba

La iniciación deportiva es una etapa de singular importancia para el desarrollo en el deporte en este periodo se crean las bases del alto rendimiento. Es un proceso cronológico en el transcurso del cual un sujeto toma contacto con nuevas experiencias regladas sobre una actividad física deportiva. Martin, R. Carl, D. y Lehnertz, J. (1995), García Ucha, F. (2000a).

En la iniciación deportiva se establecen los hábitos y destrezas en el deportista que resultan significativos para lograr una elevada eficiencia en las ejecuciones y tareas deportivas.

Los posibles errores pedagógicos en la formación de los estereotipos dinámicos del movimiento son trascendentes a todo el desarrollo posterior del deportista, por ejemplo la altura de los brazos en el remero requiere de un ángulo adecuado. En los corredores la salida de la arrancada tiene toda una secuencia biomecánica donde la posición de la cabeza, el cuello resulta de importancia que se levante de forma armónica con la trayectoria de todo el cuerpo y se pueden citar acciones en cada deporte que requieren la mayor pericia y economía del esfuerzo. Así, es de vital importancia una correcta formación de los hábitos y destrezas para lo cual la pericia del entrenador resulta fundamental.

En esta etapa las preguntas que se realizan los especialistas en el deporte acerca de cómo y cuándo se deben entrenar a niños y especializarlos en un deporte precozmente, por muestra es:

1. ¿Cómo se puede aplicar el entrenamiento para no alterar el desarrollo del niño?
2. ¿Cómo afecta la salud psicológica del niño la especialización y las altas dedicaciones que requiere el entrenamiento moderno?
3. ¿Se contrapone la Educación Física a la especialización deportiva?
4. ¿Qué ejercicios son los más adecuados para cada edad?
5. ¿Puede perjudicar la alta competición en edades tempranas el equilibrio socio-emocional del niño?
6. ¿Qué parámetros psicológicos se deben de tomar en cuenta para la selección de talentos en cada deporte?

Algunas de estas alternativas serán tratadas en esta exposición.

El entrenamiento deportivo con niños debe de considerar los aspectos siguientes:

1. Desarrollar y mantener la alegría.
2. Los contenidos del entrenamiento se deben de adaptar al niño y no a la inversa.
3. Los entrenadores y padres deben de considerar que el niño es un organismo en desarrollo y por tanto "no acabado". Por esto no se deben de llegar a conclusiones definitivas en relación a la valoración de la carrera deportiva de un niño. García Ucha, F. (2007)
4. Una tarea pierde sentido para el niño cuando éste no entiende su necesidad.
5. Dividir los modelos motores complejos en partes reconocibles para el niño.
6. Revalorización de los objetivos motores parciales y rudimentarios, respecto a objetivos motores detallados y finos.
7. Revalorización de competencias y pruebas preparatorias a la participación en competencias oficiales.

Si en el deporte de alto rendimiento todo esta dirigido a la búsqueda del éxito, por medio de esfuerzos extraordinarios en el entrenamiento y competencias, que conllevan altos riesgos entre ellos posibles lesiones y sobre cargas que pone en compromiso, con frecuencia, la salud del deportista. En la iniciación deportiva el éxito en competencias no es el objetivo fundamental sino la formación de las capacidades deportivas y psicológicas para el posterior transito al deporte de alto rendimiento.

Por esta razón se deben de considerar todas las medidas que garanticen la salud del niño, entre ellas:
a) Un incremento proporcional de los estímulos de cargas en consonancia con las condiciones del niño, tanto físicas como psicológicas.
b) La dosificación de las cargas de entrenamiento se optimiza mediante una planificación a largo plazo.
c) Una variedad motora lo más amplia posible que permita el desarrollo multilateral de las capacidades motrices del niño.

Para garantizar la participación en la iniciación deportiva la Psicología del Deporte tiene como tareas esenciales:
1. Resolver conflictos entre entrenadores y niños. Entre padres, entrenadores y niños y en ocasiones hasta con la dirección de los clubes deportivos, los entrenadores, padres y niños.
2. Asegurar el desarrollo psico-social del niño.
3. Habilitarlo en el manejo del estrés derivado de los entrenamientos intensos y las competencias.
4. Contribuir al desarrollo de la personalidad, de manera especial la voluntad y el control de las emociones negativas, el sentido de la responsabilidad y la disciplina.
5. Estimular la investigación en el área de la iniciación deportiva.
6. Garantizar una filosofía de salud por parte del niño, los padres y entrenadores.

Las líneas de investigación en esta área de la iniciación deportiva abarcan:
- Establecer las actitudes que disponen al individuo a incorporarse en el deporte.
- Tipificar las razones de su abandono por parte del niño o los familiares.
- Aplicar y desarrollar métodos para incentivar la motivación por el deporte.
- Fijar las edades más idóneas para iniciarse en una actividad deportiva específica.

- Consolidar las relaciones entre el desarrollo psicomotor y cognitivo-afectivo del niño y el joven y las exigencias que se deben establecer en el entrenamientos.
- Regular las acciones de los entrenadores, padres, árbitros, espectadores, medios de divulgación, directivos, y otros agentes sobre el niño y el joven.
- Identificar la repercusión sobre la psiquis de los participantes en las competencias.
- Encontrar las formas más adecuadas de seleccionar a los posibles talentos para una modalidad deportiva.
- Establecer las intervenciones psicológicas para desarrollar habilidades, en niños y jóvenes, de enfrentamiento al estrés y con ello garantizar los resultados y estabilidad del deportista.

Estas líneas de investigación transitan con frecuencia en resultados de carácter polémico y no se llega a conclusiones definitivas, por ejemplo aun se discute sobre:
1. El papel socializador del deporte. García Ucha, F. (2000b)
2. Si la personalidad de los niños y jóvenes se desarrolla y modifica por medio de la práctica sistemática del deporte competitivo. Roberts, G. (1992), y Cantón, E. y colaboradores (1995).

Una pesquisa importante en el área fue realizada por M. R. Weiss y N. Chaumeton, (1992) quienes en una revisión de casi una década de investigaciones encontraron tres aspectos comunes a todas ellas.
1. La presencia de motivos vinculados a las necesidades de movimiento. En suma se analizan dos motivos básicos: el placer y diversión que se obtiene por la práctica en si y la obtención de resultados.
2. Las investigaciones corroboran que no existen motivos aislados que compulsen al deporte sino que existe una diversidad de motivos, que forman una configuración cuya resultante promueve a participar en el deporte.
3. La tendencia de estos resultados no varia por la edad, sexo, deporte practicado o experiencia alcanzada en el deporte.

Tomando en consideración como se analiza más arriba que la motivación es una formación dinámica, activa y cambiante, se examinan las modificaciones de los motivos de quienes se inician en la participación del deporte.

Los motivos más frecuentemente identificados en las investigaciones, Valdés, H. (1996) sobre niños y jóvenes que se inician en el deporte son:
1. Satisfacción con la actividad.
2. Aspiración de rendimiento.
3. Status social y/o deportivo.
4. Salud y preparación física.
5. Motivos cognoscitivos.
6. Transmisión de conocimientos
7. Razones económicas.
8. Tiempo Libre/relajación/descanso.
9. Relaciones sociales.
10. Realización personal.

García Ucha, F. (2007) argumenta que hay riesgos que se corren en relación con la motivación en la iniciación deportiva, encontrándose así:

Aparición de nuevas motivaciones o intensificación de motivos no vinculados al deporte que a menudo entran en conflicto con la propia participación en el deporte y que dan lugar al abandono de la actividad.

La ausencia de la satisfacción de las necesidades lúdicas del niño.

Las medidas para amortiguar o despejar los riesgos consisten en:

Velar la diversidad de motivos vinculados a otras áreas de la vida del deportista, analizando los posibles conflictos con los relacionados con el deporte, considerar las aspiraciones del participante en el deporte y garantizar su satisfacción.

Evitar lesiones, perdida de la diversión, falta de incremento de las habilidades, disgustos con el entrenador, presión competitiva y demasiado consumo de tiempo que entra en contradicción con al recuperación del deportista o con tareas relacionadas con el estudio y otras actividades no deportivas.

Las fases de desarrollo de la motivación hacia la actividad deportiva son estudiadas desde hace años, por ejemplo Puni, A. Z. (1984) destaco tres fases en el transito d e la vida deportiva desde la iniciación hasta la fase de mayor rendimiento.

1. Fase Inicial de la práctica deportiva. 1.1 Atracción emocional del ejercicio físico. 1.2 Cumplimiento de las obligaciones. 1.3 Necesidad de la actividad condicionada por la forma de vida.	2. Fase de especialización y elección del deporte. Se caracteriza por el surgimiento y desarrollo del interés por el deporte. Revelación de facultades para el mismo y la aspiración a desarrollarlas Emociones. Desarrollo de la técnica.	3. Fase de maestría deportiva. 3.1 Aspiración a mantener la maestría adquirida y mayores éxitos. 3.2 Aspiración a representar al país con los éxitos deportivos. 3.3 Contribuir al desarrollo del deporte y trasmitir la experiencia.

De los posibles beneficios que alcanza el niño mediante su participación en el deporte, se reportan:
1. Reforzamiento de conceptos como orden y disciplina.
2. Desarrollo de las relaciones colaboración al trabajar en equipo e interiorizar reglas.
3. Perfeccionamiento de la perspectiva temporal gracias a la postergación de gratificaciones inmediatas en pos de un objetivo.
4. Formación de una auto imagen más favorable.

Resulta de importancia destacar que un conjunto de mecanismos psicológicos son mediadores del interés de los niños por el deporte.

Las actitudes hacia la práctica del deporte se adquieren, fundamentalmente, por cuatro mecanismos socios psicológicos, García Ucha, F. (1985) denominados:

Imitación, (53%)
Identificación, (23%)
Instrucción (15%) y
Enseñanza (9%).

La imitación la realiza el niño de forma automática, su forma consciente, puntualizan, es la identificación, de manera que el niño adopta patrones de conducta de otros. García Ucha, F. (1985) Sin embargo, el 80% de todos los niños abandonan el deporte competitivo a partir de los 12 años, sin diferencias de sexo, involucrándose en ello como causa responsable a los grados percibidos de estrés. Un 60% lo hace por relaciones conflictivas con los entrenadores.Esta cifra, habla del rol que deben desempeñar el entrenador, los padres y las organizaciones deportivas para mantener el interés del niño y el adolescente en la práctica del deporte.

Las causas más comunes de deserción en el deporte son:
- Ausencia de disfrute.
- Poco tiempo para jugar.
- Poco éxito.
- Falta de motivación.
- Problemas con los entrenadores.
- Demasiado énfasis en la competencia.
- Entrenamientos muy duros.
- Aburrimiento.
- Presión de los padres por participar.

López Abascal, J. y García Ucha, F. (1994) en una pesquisa en escuelas de iniciación deportiva encontraron que cinco de cada 10 varones y cuatro de cada 10 hembras abandonan el deporte por dificultades en las relaciones con los entrenadores. De manera, que se hace necesario enfatizar la formación de los entrenadores.

La práctica deportiva no es socializadora *per se*, sólo el reconocimiento por parte de los entrenadores que es preciso privilegiar siempre lo formativo por sobre la búsqueda del logro deportivo hace de esta una actividad favorecedora del desarrollo personal de niños y jóvenes a la vez que forma deportistas con mejores posibilidades de éxito en el tiempo. Cruz Feliu, J. (1996).

No son las carreras, las "planchas" u otros ejercicios, lo que desarrolla la personalidad del niño, es la orientación educativa del entrenador y cuantos rodean al deportistas infundándole la importancia de emplear sus esfuerzos volitivos, cumplir con las normas del deporte, el juego limpio y otros valores que acompañan la practica deportiva la que juega un papel fundamental en la educación del deportista.

En el deporte como en pocas actividades el participante es sujeto y a la vez objeto de sus logros. Los resultados fruto de la actividad creadora del deportista modifica al participante junto al intercambio de experiencia con su entrenador y compañeros de equipo los que dan lugar a la formación de su subjetividad.

Lo anterior expresa la necesidad de crear un clima psicológico centrado en la educación. Orlick T. (1973) y Cruz Feliu, J. (1996) y otros autores quienes señalan que este constituido por medio de:

A. Desarrollar la colaboración y fomentar entre los niños estrategias de razonamiento moral en las clases de Educación Física.
B. Mejorar la formación y asesoramiento sobre las competencias educativa de entrenadores de niños de edad escolar.
C. Formar y asesorar a los árbitros.
D. Promoción de la Educación Deportiva de la población mediante campañas nacionales e internacionales sobre el juego limpio.

El juego limpio *"Fairplay"* que es un principio fundamental del movimiento Olímpico debe llevar a los entrenadores a conocer las causas de su posible deterioro, entre las Cruz, J. (1992) argumenta se encuentran:

1. Aumento de las recompensas económicas por el éxito en el deporte infantil y juvenil.
2. Valores, actitudes y conducta de entrenadores orientados al éxito "a toda costa" en las competencias.
3. Actitudes y conductas de padres y espectadores durante los partidos mostrando presión por ganar a cualquier precio.
4. Sistemas de sanciones de algunos reglamentos que benefician al infractor.

Un estudio realizado por López Abascal J. L. y García Ucha, F. (1994) investigando tres variables: capacidad cognitiva, respuesta emocional y comportamiento en 168 deportistas sobre los entrenadores halló:

- Los entrenadores valorados por los deportistas de forma positiva en las tres variables dirigían equipos que tenían mayor estabilidad en los rendimientos y menor abandono.
- Las valoraciones bajas, asignadas por los deportistas, en la variable: Emocional influían en una valoración baja en el resto de las variables,

aun cuando no se correspondía realmente con la pericia del entrenador y su conducta.

De las mayores dificultades psicológicas de esos entrenadores se encontró:
- Afectaciones en las demandas a la atención de los deportistas en las tareas a realizar.
- Limitaciones en los procesos de la comunicación.
- Insuficiente desarrollo en el pensamiento táctico para las exigencias en deportes colectivos.
- Deficiencias en la organización del régimen de vida y la autodisciplina de sus deportistas.
- Dificultades en la actitud para sistematizar las tareas del entrenamiento mental.

Se recomienda para mejorar la iniciación deportiva desde el punto de vista de la Psicología del Deporte la puesta en práctica por todos los que atienden al niño y adolescente en el deporte:

El reforzamiento del esfuerzo.
Menos competencias por rivalidad.
Instrucciones individuales.
Más reforzamiento positivo.
Más desarrollo de la autoestima por más sentimientos positivos.
Locus de control interno. (el éxito contra si mismo, no contra otros.).
Educación de los padres.
Capacitar a los entrenadores en el manejo psicopedagógico del deportista escolar.
Desarrollar programas para el aprendizaje de habilidades que optimicen el funcionamiento de las propiedades de la atención.
Utilizar las técnicas de participación para el desarrollo de los procesos psico-sociales y la formación de valores.
Programar el desarrollo de las Escuelas de Padres.
Orientar la utilización de las técnicas del auto reporte.

El niño en la etapa de iniciación puede padecer de intensas tensiones emocionales.

Las investigaciones de Scanlan, T. K. y **Passer**, M. W. (1976) señalan que la percepción de estrés competitivo de los niños presenta como tendencia que:
1. Los niños que puntúan alto en ansiedad-rasgo competitiva perciben un mayor estado de ansiedad en los ambientes deportivos.
2. Los niños que poseen una baja autoestima experimentan un estrés superior al de los que poseen una autoestima elevada.
3. Los niños con expectativas mas bajas de hacerlo bien experimentan un estrés competitivo mayor que los niños cuyas expectativas de hacerlo bien son más elevadas.
4. Los niños que tienen miedo a la evaluación del entrenador o de sus padres experimentan más estrés.
5. Los que notan una mayor presión para competir por parte de los padres experimentan niveles más elevados de estrés.
6. Los niños que pierden experimentan un estrés subsiguiente superior a los niños que ganan.

Los padres deben de tener un papel activo ayudando al niño a desarrollar la honradez en el deporte. Para ayudar a su hijo a lograr el máximo de los deportes, es necesario que usted tome parte activa. Esto incluye:
- Proveerle apoyo emocional y realimentación positiva,
- Asistir a algunos juegos y comentar con él sobre ellos después,
- Tener expectativas realistas sobre su hijo,
- Aprender sobre el deporte y apoyar el que su hijo esté envuelto,
- Estimular a su hijo para que hable con usted sobre sus experiencias con el entrenador y con otros miembros del equipo,
- Ayudar a su hijo a aprender a manejar las decepciones y a perder, y
- Comportarse como espectador modelo y respetuoso.

El rol principal del padre de un deportista en formación principalmente será, el de que su pupilo encuentre y disfrute el placer del deporte que práctica.
- Los entrenadores llegan a interactuar con cuatro tipos de padres:
- El padre fanático.
- El padre entrenador.
- El padre manager que busca recompensas.

- El padre indiferente.
- El padre sobre-protector.
- De igual modo, hay cuatro tipos de niños practicantes:
- Los que acceden a practicar un deporte y disfrutan de él porque están dotados para la práctica.
- Los que acceden a un deporte pero tienen peores condiciones motrices que los del grupo anterior, por que paulatinamente van dejando de practicarlo o lo hacen en menor medida que sus compañeros más capacitados.
- Los que acceden a un deporte pero lo abandonan en poco tiempo, ya que son descartados por sus escasas condiciones motrices para esa especialidad deportiva.
- Los que no acceden a ningún deporte.

De la iniciación deportiva se pasa a otros momentos de la vida deportiva que abarcan las fases siguientes:
- Fase inicial de la práctica del deporte
- Fase intermedia en que el participante elige el de deporte a practicar y la necesidad de obtener resultados elevados
- Fase de la especialización deportiva en Alto Rendimiento.
- Fase de transito al retiro del deporte.

Los grados de tensión psíquica aparecen en los diferentes momentos de competencia teniendo que los mismos depende de la etapa de la competencia así en la precompetencia de:
- tipo de deporte
- momento de la iniciación
- importancia del encuentro competitivos
- importancia de la competición
- cometido del deportista
- grado de protagonismo del mismo

En plena competencia de:
- Dinámica de los resultados.
- Calidad del contrario.

Comportamiento del entrenador, árbitros, padre y espectadores.
Poscompetencia.
- el resultado conseguido.

La fase de iniciación deportiva culmina en el momento en que el deportista establece la orientación personal hacia el deporte de alto rendimiento de carácter competitivo y se traza metas relacionadas con competencias en este grado de rendimiento.

La etapa del deporte de alto rendimiento es fruto de la interacción de un grupo de factores que estan determinado por la calidad de las cargas de entrenamiento y competencia, la recuperación del deportista ante las mismas, su nutrición y las funciones de su sistema nervioso. Aquí la unidad mente cuerpo ocupa un lugar preeminente para poder satisfacer la interacción del participante con las exigencias de la actividad deportiva. Como todo organismo en evolución el deportista se encontrará en un periodo de desarrollo progresivo durante los primeros años en el deporte pero posteriormente este se torna regresivo dada la perdida de las capacidades obtenidas.

En este momento comienza el transito hacia el retiro del deportista.

A pesar de que todos estamos concientes de una forma u otra de que existen en nuestra vida cambios críticos en diferentes periodos y es conocido que casi las tres cuartas partes de la vida vamos perdiendo nuestras capacidades físicas y psíquicas el deseo de no renunciar y tratar de desconocer estos procesos regresivos pueden ser una tendencia para muchas personas. Esto ocurre con muchos deportistas quienes, además por las situaciones propias del deporte como lo es el reconocimiento obtenido por su participación, la fama y la interacción con los medios y los fanáticos de su actividad, las posibles ganancias materiales y espirituales, costumbre y pocas habilidades de preparación previa para el retiro de la vida deportiva, ocasionan trastornos en la salud del deportista. Crook, J. M.; e Roberston, S. E.; (1991).

Desde hace más de una década se viene prestando una gran atención en países del primer mundo a los efectos que ejerce sobre el deportista su retiro de la actividad deportiva, y solo hace un breve periodo de tiempo se brinda atención a los deportista en transito al retiro en el tercer mundo.

El transito de la carrera deportiva al retiro, García Ucha, F. (1997) abarca una serie de aspectos relacionados a continuación:
- Las diferentes causas que ocasiona el retiro de un deportista.
- Las reacciones de adaptación que pueden presentarse.
- Las recomendaciones necesarias para que el proceso de inserción en la vida más allá del deporte de alto rendimiento.

Las investigaciones sobre el transito del retiro de los deportistas se relacionan con los diferentes efectos del mismo, de acuerdo con:
1. La edad.
2. El sexo.
3. Tipo de deporte.
4. Causas del retiro.
5. Grado de escolaridad.
6. Grado de rendimiento en el deporte.

Los diferentes sistemas de intervención en salud para garantizar el bienestar de estos ex deportistas y sus familiares. Son diversas las causas por las que un deportista puede pasar a retiro. Este es un riesgo que debe tenerse en cuenta desde la iniciación en el deporte. En términos concretos un deportista debe de pasar a retiro cuando sus resultados comienzan a decrecer o no se incrementan fruto de que no se logra aumentar la intensidad, el volumen y la frecuencia de las cargas en entrenamiento. Podemos considerar que esta seria la causa normal por la que un deportista debe de pasar a ocupar otras actividades fuera de la práctica sistemática del deporte de alto rendimiento.

Sin embargo, existen otras causas por las que un deportista puede interrumpir su participación en el deporte de alto rendimiento, y que a nuestro modo de ver, alcanzan un matiz dramático, ya que interrumpe el curso normal de su desarrollo en la actividad. De ellas: las lesiones deportivas, los problemas relativos a la vida familiar que reclaman la presencia del deportista para otras actividades y no posibilitan la asistencia sistemática al entrenamiento y competencia, un acto de indisciplina que conlleva como sanción el abandono del deporte.

La aparición de motivos muy fuertes en otra esfera de la actividad del deportista; la no selección para continuar en el equipo deportivo; deficientes relaciones interpersonales con otros deportistas o el entrenador puede ser algunas una causa que también debemos incluir.

Los estudios en esta área de la adaptación de los deportistas retirados muestran que las reacciones emocionales pueden ser muy diversas al proceso de inserción en la vida más allá del deporte. Ocurren en el plano mental reacciones de ansiedad, depresión y hasta síntomas psicosomáticos, expresados con enfermedades de carácter orgánico, metabólico o funcional que afectan al ex deportista.

Se analizan en las investigaciones que las causas que conllevan la interrupción de la vida deportiva ocasionan mayores trastornos psicopatológicos que aquella que se relaciona con el retiro normal del deportista. Esta conclusión es muy importante porque nos permite predecir un posible problema y por tanto reclama nuestra atención. Correa, M. T. y García Ucha, F. (2001).

Todo ello, muestra la necesidad de la preparación psicológica del deportista para su retiro, tanto antes de que este ocurra como durante el mismo. Colaborar en la orientación profesional y amortiguar los efectos del cambio mediante el apoyo social, así como sustituir sentimientos de culpa, que resultan de la interpretación de algunas de las causas de retiro. Campos, A., Campos, Y. y González Carbonell, A. (2004) argumentan las principales alteraciones encontradas en atletas retirados y sus consecuencias en el desentrenamiento.

Grandes figuras del deporte carecen con frecuencia de este apoyo y luego de haber dado lo mejor de sus esfuerzos pueden encontrarse en condiciones verdaderamente desdichadas.

Desde 2001 se llevaron investigaciones con deportista retirados por el autor de este trabajo encaminadas a la búsqueda de los efectos negativos del retiro del deporte así con Correa Domínguez, M. T.; García Ucha, F. (2001).

Se estudió a 565 deportistas retirados desde finales de 1998-2000, de ellos 419 son hombres y 146 mujeres con un tiempo promedio de retiro de 10-21 años.

Las enfermedades crónicas no trasmisibles investigadas fueron la hipertensión arterial con 140 casos, el asma bronquial con 32 casos, la diabetes mellitus con 26 casos, la cardiopatía isquémica con 7 casos, los accidentes cerebro vascular con 4 casos; al comparar en por ciento nuestros datos con los que muestra la población cubana estos son superiores para la hipertensión arterial, los accidentes cerebro vascular y la diabetes mellitus. La hipertensión arterial resultó ser la patología más frecuente seguida del asma y diabetes mellitus. El hábito de fumar estuvo presente en el 27.4 % de la muestra.

El 52 % de los enfermos correspondieron a deportistas de atletismo, béisbol, basketball y voleibol. Como conclusiones del estudio se llego a plantear:

Los por cientos de afectación por enfermedades crónicas no trasmisibles encontrados en la muestra son superiores en relación con la población cubana, para la hipertensión arterial, los accidentes cerebro vasculares y diabetes mellitus y son inferiores para la cardiopatía isquémica y el asma bronquial.

La hipertensión arterial fue las enfermedades crónicas no trasmisibles más frecuente en esta población seguida del asma bronquial y diabetes mellitus.

La práctica sistemática del deporte de alto rendimiento no es una garantía permanente para la preservación de la salud, cuando la misma se abandona pasando a un estilo de vida sedentario.

Los cambios en el estilo de vida de los deportistas retirados pueden conllevar a un abandono total del ejercicio y el deporte, independientemente de los años de práctica en el deporte y de los logros obtenidos en el mismo.

Se propusieron como recomendaciones:

Captar el mayor número de deportistas retirados a nuestra consulta aumentando las acciones de promoción de salud.

Aumentar el pesquisar en la población de deportistas comprendida entre 10-21 de retiro, en la búsqueda de casos no diagnosticados.

Investigar el comportamiento de otros factores de riesgo, como hipercolesterolemia, obesidad y alcoholismo en dicha población.

Realizar acciones de salud encaminadas a disminuir el hábito de fumar en nuestra población.

Investigar si la influencia del desentrenamiento no controlado precipita la aparición de estas u otras enfermedades crónicas no trasmisibles en deportistas retirados.

Siguiendo esta línea de indagación se colaboro en la investigación: "Estado emocional y enfermedades crónicas no transmisibles en deportistas retirados". Dirigida por Tula Suárez, L y García Ucha, F. (2004) Se estudiaron 24 deportistas de alto rendimiento, retirados, que asistieron a la consulta de Medicina Interna de Instituto de Medicina del Deporte de La Habana. A estos se les practicó un examen clínico y pruebas de laboratorio. Al final de este estudio se exploro el estado de animo de los mismos, aplicando el test de Mc. Neir y col. (1971) (Perfil Mood Statet, POMS.). Determinando en el sujeto los niveles de este estado, mediante la respuesta a la aceptación o no de una serie de adjetivos sobre su situación emocional en la última semana, en una escala de valores de 0 a 4 que califican en él, seis situaciones de su estado mental; Tensión -Ansiedad, Depresión-Melancolía, Cólera-Hostilidad, Vigor-Actividad, Fatiga-Inercia y Confusión-Perplejidad, lo que se refleja en un gráfico según los valores alcanzado en cada uno de los estados de acuerdo con la respuesta. Este gráfico se compara con el patrón que representa al sujeto normal, obtenido por los creadores en el estudio original realizado en sujetos psíquicamente estables y donde los valores más altos se alcanza en la categoría Vigor-Actividad.

En el análisis del total de la muestra se obtuvo una curva diferente a la considerada como normal, predominando el estado de Cólera-Hostilidad y Depresión-Melancolía, así como bajos valores en Vigor-Actividad, lo que pudiera corresponder al patrón del deportista retirado.

En nuestros resultados no se comprobó diferencia entre los ex deportistas que al concluir el examen médico resultaron sanos con los que padecían enfermedades crónicas no transmisibles.

En suma:

Los deportistas retirados estudiados en la consulta presentan una curva atípica que muestra un discreto aumento de los factores Depresión-Melancolía y Cólera-Hostilidad y una disminución de Vigor-Actividad, lo que refleja un trastorno del estado emocional del grupo.

Se puede especular que estos resultados correspondan al patrón del deportista retirado. Este patrón de ser corroborado en investigaciones posteriores con una muestra más amplia puede constituir un factor de riesgo para el padecimiento de enfermedades crónicas no transmisibles sobre el que se pudiera trabajar para normalizarlo.

Se derivaron como recomendación:

Los resultados obtenidos arrojan una luz determinada sobre el problema de la transición del deportista a la vida fuera del deporte y por ello resulta de importancia profundizar las conclusiones aquí obtenidas.

Seguida a esta investigación y con la intención de profundizar se realizó la pesquisa del estado emocional y enfermedades crónicas no transmisibles en deportistas y no deportistas retirados, por Tula Suárez, L, García Ucha, F, e Iglesias Arteaga, A. (2008) Buscando relación entre el estado emocional y el padecimiento de enfermedades crónicas no trasmisibles en retirados, se estudiaron tres grupos; 25 deportistas de alto rendimiento, una parte de los cuales se mantienen laborando, 20 retirados sedentarios y 14 que se reincorporaron al trabajo. A todos se les realizó examen físico general y de laboratorio para determinar el padecimiento de enfermedades crónica no trasmisibles. Para calificar el estado de ánimo respondieron el test POMS. (Profile of Mood State). Los resultados fueron llevados a un grafico cuya curva se comparo con la obtenida por Morgan, W. P.; Brow, D. R.; Raglin, J. S.; Oconnor, P. J.; e Ellickson, K. A. (1987) al estudiar deportistas victoriosos en las competencias y que denomino Perfil Iceberg considerando esta como expresión de óptimo estado emocional. En el grafico obtenido con el grupo general de los retirados la curva fue similar al Iceberg de Morgan, W. P. (1980) pero el pico en lugar de estar en Vigor se obtuvo en Cólera, siendo altas las cifras también en Depresión, lo que expresa alteraciones en el estado de ánimo. Los deportistas retirados tuvieron las cifras mas bajas siguiéndoles los retirados reincorporados al trabajo. El número de retirados enfermos fue mayor en los dedicados sólo a las labores del hogar, siendo la Hipertensión Arterial la enfermedad más frecuentemente encontrada.

Se puede especular que el perfil obtenido con los resultados llevados al grafico, corresponden al retirado cubano y que el retorno al trabajo influye en la disminución de los valores cólera y depresión en la encuesta aplicada. Al coincidir las alteraciones de la curva del Iceberg con el padecimiento de Enfermedades Crónicas no Trasmisibles alerta sobre la posibilidad de que la alteración del estado de ánimo pudiera influir como factor de riesgo en el padecimiento de estas.

Conclusiones

Nuestros resultados nos llevan a la opinar que como tendencia, las personas retiradas presentan resultados más elevados en la escala Cólera y Depresión del perfil POMS como expresión de alteraciones en su estado de ánimo en relación al perfil de los deportistas triunfadores.

Tal parece que la actividad física tiene influencia en el estado de ánimo de los retirados estudiados.

En nuestra muestra, los retirados incorporados al trabajo son menos propensos a padecer enfermedades crónicas no trasmisibles.

La hipertensión arterial es la enfermedad más frecuentemente encontrada por lo que se requiere precisar si los valores elevados en Cólera y Depresión constituyen un factor de riesgo que predisponen al padecimiento

Se requiere corroborar si el perfil obtenido con nuestra muestra corresponde a la población de retirados, siendo necesario un estudio más amplio.

Recomendaciones surgidas de este trabajo fueron.

Ampliar el estudio a fin de confirmar el perfil del retirado cubano y si la practica de la actividad física puede amortiguar, modificar o prevenir en estas poblaciones las Enfermedades Crónicas no Trasmisibles.

En resume:

El deporte es una actividad compleja donde la atención a los participantes en el transcurso de toda su actividad práctica conlleva diferentes aristas en el plano de la investigación y las aplicaciones prácticas con el propósito de que la participación en el mismo sea motivo de satisfacción subjetiva y garantía de salud.

Referências Bibliográficas

CAMPOS, A.; CAMPOS, Y.; GONZÁLEZ CARBONELL, A. Principales alteraciones encontradas en atletas retirados y sus consecuencias en el desentrenamiento. *Memorias del 1er Taller Provincial de desentrenamiento deportivo*. Centro Provincial de Medicina del Deporte. Ciudad de La Habana, 2004.

CANTON, E.; MAYOR, L.; PALLARES, J. Factores motivacionales y afectivos en la iniciación deportiva. *Revista de Psicología General y Aplicada*, n. 48, p. 59-75, 1995.

CORREA, M. T.; GARCÍA UCHA, F. Caracterización de las enfermedades crónicas no transmisibles en deportistas retirados de <http://www.efdeportes.com/>. Revista Digital – Buenos Aires, ano 7, n. 37, jun. 2001.

CROOK, J. M.; ROBERSTON, S. E. (1991). Transition ret of elite sport. *International Journal of Sport Psycology*, Canadá, v. 22, n. 2, abr.-jun. 1991.

CRUZ FELIU; J. e cols. ¿Existe un deporte educativo?: papel de las competiciones deportivas en el proceso de socialización del niño. *Revista de Psicología Deportiva*, jun.-dez. 1996.

DUQUE INGUNZA, A.; González Suárez, A. M. Retirada deportiva del fútbol de alto rendimiento. Estudio descriptivo y comparativo de la transición de los ex jugadores y expectativas de los jugadores. In: MÁRQUEZ, Sara. (Coord.). Psicología de la actividad física y el deporte: *Perspectiva Latina*. León: Universidad de León, 2003. p. 511-519.

GARCIA UCHA, F. (1984) Consideraciones psicológicas sobre el deporte en edades tempranas. 2. ed. *Boletín Científico-Técnico del INDER*, v. 19, p. 35-39, dez. 1984.

GARCÍA UCHA, F. e colaboradores. (1985). Acerca de la formación de actitudes para la práctica sistemática del atletismo *Boletín Científico--Técnico del INDER*, ano 23, n. 2/2, p. 19-22, 1985.

GARCÍA UCHA, F. Problemas psicológicos en deportistas retirados Psicología. *Publicación Mensual Informática*. Facultad de Psicología de la Universidad de Buenos Aires Argentina, ano 7, n. 60, 1997.

_____. Psicología e Iniciación Deportiva. En su: Fundamentos de la Psicología del Deporte. Aspectos históricos, Metodológicos y Aplicativos. Editado por Escuela Profesional de Psicología. Universidad San Martín de Porres. Lima, 2000a. p. 219-235.

_____. (2000b) Consideraciones psicológicas sobre la especialización deportiva en edades tempranas. En su: Fundamentos de la Psicología del Deporte. Aspectos históricos, Metodológicos y Aplicativos. Editado por Escuela Profesional de Psicología. Universidad San Martín de Porres. Lima. 2000. p. 235-248.

_____. Deportistas retirados: Más allá del Deporte, 2007. <http://ucha.blogia.com/2007/010101-psicologia-del-deportista-retirado.php>.

_____. La Psicología del Deporte en el ámbito del Deporte Infantil, mar. 2007. <http://ucha.blogia.com/2007/032202-la-psicologia-del-deporte-en-el-ambito-del-deporte-infantil..php>.

_____. El rol del entrenador, nov. 2007. <http://apda.foramen.net/articulos/psicologia_deporte/El_rol_del_entrenador.pdf>.

LÓPEZ ABASCAL, J. L.; GRACIA UCHA, F. Relación de la motivación con otros factores de personalidad en un equipo infantil de natación. Presentado en 1er. *Conferencia Internacional de Deportes de Alto Rendimiento*. INDER. La Habana, Cuba, 1994.

MARTIN, R.; CARL, D.; LEHNERTZ, J. *La iniciación a los deportes desde su estructura y rendimiento*. Barcelona. INDE, 1995.

Mc.NAIR, D. M.; LOOR, M.; DOPPLEMAN, L. F. *Manual of Profile Mood State. Educational and Industrial Testing Service*. San Diego, Cal., USA, 1971.

MORGAN, W. P. Test of champions: the iceberg profile. Olympic athletes display a superior pattern of scores on tests of mental health. *Psychology today*, v. 14, n. 2, p. 92-93; 97-99; 102; 108, jul. 1980.

MORGAN, W. P. Et al. Psycologycal Monitoring of Overtraining and Stateness. *British Journal of Sport Medicine,* v. 21, n. 3, p. 107-114, 1987.

ORLICK, T. Childdre´s Sport: A revolution in coming. *Candian Association for Healt, Physical Education and Recreation Journal*, 1973. p. 12-14.

PEARSON, R. E.; PETITPAS, A. J. Transitions of athletes: developmental and preventive perspectives. *Journal of counseling and development* (Alexandria, Va.), v. 69, n. 1, p. 7-10, set./out. 1990.

PUNI, A. Z. *Cuestiones de Psicología del Deporte*. Leningrado: Editorial Mir., 1984.

ROBERTS, G. C. Los niños en el deporte: determinantes motivacionales del logro. Congreso Científico Olímpico. Deporte y Documentación. Sevilla. Andalucía, v. 24, n. 1, p. 202-220, 1992.

SCANLAN, T. K.; PASSER, M. W. Effects of competitive trait anxiety and game win-loss on perceived threat in a natural competitive setting. En; *Proceeding Conference North American Society for the Psychology of Sport and Physical Activity*. Austin. Champaing, IL: Human Kinetics, 1976.

TULA SUÁREZ, L.; GARCÍA UCHA. F. Estado emocional y enfermedades crónicas no transmisibles en deportistas, 2004. Retirados de: <http://www.inder.cu/portal/Servicios_Informativos/RevistaIMD/Volumen%201/Número%202/Estado%20emocional%20y%20enfermedades%20cronicas.htm>.

TULA SUAREZ, L, GARCÍA UCHA, F.; IGLESIAS ARTEAGA, A. Estado emocional y enfermedades crónicas no transmisibles en deportistas y no deportistas retirados. Presentado en Forum de Ciencia y Técnica. Instituto de Medicina del Deporte. La Habana, 2008.

VALDÉS, H. *Personalidad, actividad física y deporte*. Bogota: Editorial Kinesis, 1996.

WEISS, M. R.; CHAUMETON, N. Motivational orientations in sport. In: Horn, T. S. (Ed.). *Advanced in sport psychology*. Champaign III. Human Kinetics, 1992. p. 61-99.

» Os caminhos da criança e do jovem no esporte: o início de uma carreira

Keila Sgobi
Especialista em Psicologia do Esporte,
Psicóloga das categorias de Base do Programa Finasa Esportes

Lo peor del fútbol es tener que dejarlo. Esto lo sabe cualquier jugador profesional. No lo piensa ni le preocupa mientras juega.
Roberto Perfumo, jogador de futebol argentino

Introdução

O esporte ocupa um lugar na sociedade que vai além do divertimento, prática de lazer ou tempo livre. Com sua divulgação na mídia e valorização cultural e social de conquistas (medalhas, campeonatos) atrelada à possibilidade de transformar a prática esportiva em uma profissão rentável (a exemplo do futebol), o que significa ter a possibilidade de ascensão social, milhares de crianças ingressam no esporte prevendo conquistas na idade adulta.

A profissão de atleta tem um significado que supera a prática de esportes. Guarda em si, dentre tantas, uma importante função social: a identificação com a torcida a qual representa o exemplo moral e ético, ser representante de uma nação, a luta incessante pela vitória.

Quando iniciam a prática esportiva, as crianças não necessariamente estão interessadas na profissionalização. Segundo Ewing e Seefeldt (1989, *apud* Weinberg e Gould, 2001), as crianças praticam esportes principalmente para se divertir. Além disso, a prática esportiva as atrai por poder melhorar suas habilidades, fazer algo em que são boas, ficar em forma, estar com amigos, fazer novas amizades e competir, todas razões de natureza intrínseca. Entretanto, algumas razões para a prática esportiva – fora da escola – diferem entre meninos e meninas. As meninas interessam-se primeiro pelo caráter de manutenção da boa forma, do desenvolvimento de habilidades; os meninos são atraídos inicialmente pela possibilidade de desenvolvimento de suas habilidades e pelo caráter competitivo do esporte. Diferenças sutis que se apresentam claramente quando vemos grupos de crianças brincando, independentemente de gênero. Essas diferenças, incluindo os motivos que interferem na escolha de uma modalidade esportiva, são fruto não só da escolha da criança, mas da influência que ela recebe do meio em que vive (familiares, mídia, sociedade).

Pensando a cultura como constituinte da subjetividade, compreendemos que o esporte é visto não só como instrumento para manutenção da saúde, mas também como meio de preparação do sujeito para a vida e o mercado de trabalho competitivo (Valle e Guareschi, 2003), que solicitam a melhor *performance* em detrimento da saúde e das relações sociais. É esse discurso esportivo, reproduzido pela mídia, comissão técnica e principalmente pelos pais, que coloca o jovem atleta em contato a competição esportiva, com a necessidade de melhora do seu desempenho e de suas habilidades, físicas, técnicas e táticas para permanecer na prática competitiva. Assim, essas crianças e esses jovens, que brincavam de praticar esportes, começam a lidar com questões decorrentes de uma carreira que se inicia muito cedo e que pode se encerrar repentinamente. Além disso, outros interesses surgem durante a vida da criança ou do jovem: necessidade de fazer cursos, trabalho, interesse por outras modalidades, relações sociais, relacionamentos amorosos etc.

Nesse momento, em que tantas alterações acontecem na vida da criança/do jovem atleta e da própria família, que muda hábitos sociais e alimentares em prol do desenvolvimento de seu filho ou de sua filha no esporte, é importante o suporte de pais, comissão técnica, amigos e do psicólogo do esporte, pois a identificação dos sentimentos relacionados a essas mudanças e a compreensão de que tipo de apoio esta criança e jovem precisa pode auxiliar em sua continuidade saudável no esporte, podendo alcançar o esporte de rendimento.

"Caminhos" da prática esportiva: esporte-trabalho?

O início da prática da esportiva geralmente ocorre em escolas, academias ou em espaços de lazer. Essa prática só começa a ser chamada especializada quando inserida em espaços cujo objetivo do esporte seja o desenvolvimento das habilidades específicas da modalidade e a competição.

Se a criança começa a viver nesse novo espaço, tendo conhecido o esporte como mais um dos seus modos de brincar, ela precisará se adaptar a essa nova necessidade da prática e, no decorrer de seu caminho pelo esporte, essas solicitações alteram-se, modificando o modo como deve vivenciá-lo e significá-lo.

Essas mudanças e solicitações podem ser identificadas como diferentes fases que se definem pela idade ou pelo grau de especialização esportiva e são chamadas por Stambulova (1994) transições na carreira esportiva (*carreer transition*).

Essas situações de transição despertam na criança e nos jovem diversos sentimentos e muitas estratégias para seu enfrentamento que podem contribuir com melhor vivência de circunstâncias semelhantes ou um possível abandono da prática esportiva (Brandão et al. 2000).

Entretanto, poderíamos chamar esse caminho de carreira?

Para Stambulova (1994), isso seria possível, uma vez que a carreira esportiva estaria relacionada e uma multiplicidade de atividades esportivas do indivíduo que pretende aperfeiçoamento e reconhecimento no esporte. Ou seja, seria o caminho a ser trilhado pela criança ou pelo jovem atleta que pretende ter no esporte sua vida profissional, considerando como características importantes o nível de aperfeiçoamento e as exigências do esporte em suas diferentes fases. Logo mais, compreenderemos que aqueles que não pretendem fazer do esporte uma profissão acabam por abandoná-lo (ao menos em nível competitivo de alto rendimento), uma vez que as pressões, a necessidade de aperfeiçoamento e outras solicitações só aumentam no decorrer da especialização no esporte.

Falar sobre carreira e aspectos profissionais nos remete a esclarecer minimamente alguns conceitos. Nascimento (1995), em uma tentativa de diferir e definir os conceitos de profissão e vocação, afirma que a palavra profissão vem de *professio*, ocupação habitual, modo de viver e vocação de *vocare*, chamar, concluindo que o termo vocação é formado por um complexo formado de *necessidades a serem satisfeitas*. Teria esse chamado alguma relação com o *chamado do herói*, tão explorado por Rubio (2001)? Seria o esporte uma ocupação?

Já discutimos o que busca a criança quando inicia a prática esportiva. Mas a continuidade no esporte e o início da vivência do esporte de rendimento, que demandam lidar com a competitividade, a pressão social, o risco de lesões, o distanciamento de amigos e familiares, seriam uma escolha?

Para Bourdieu (1972, *apud* Silva, 1995) é pelo *habitus* que as exigências do atual sistema produtivo são interiorizadas e articuladas com o desejo do sujeito, gerando a escolha profissional. Entenda-se *habitus* como os mecanismos estruturados que subjazem o comportamento (Silva, 1995). Desse modo, ele se apresenta como social e individual, pois essa representação objetiva do exterior constitui-se também como estrutura do sujeito.

Com essa definição e a referência de que estratégias de reprodução constituem um sistema que procura a manutenção ou ascensão entre classes, Bourdieu (1972, apud Silva, 1995) nos mostra como a escolha pelo esporte pode estar direcionada à aquisição de bens materiais e simbólicos. Orientados pela mídia, jovens (de todas as classes sociais) vislumbram um futuro em que o esporte lhe proporcionará experiências nunca antes vividas (aquisição de bens materiais, participação e elaboração de grandes eventos, *status* social). Mas Silva (1995, p. 38) nos chama a atenção para o que pode significar o trabalho:

> No conteúdo significativo do trabalho em relação ao sujeito, entra a dificuldade prática da tarefa, a significação da tarefa acabada em relação a uma profissão (noção que contém ao mesmo tempo a ideia de evolução pessoal e de aperfeiçoamento) e o estatuto social implicitamente ligado ao posto de trabalho determinado.

O esporte caracteriza-se como um trabalho de grande significado social. O reconhecimento e a aprovação são dois importantes sentimentos relacionados a ele (salvo com a influência da mídia). Ser atleta, pertencente a um importante clube, conquistador de importantes títulos, é obter um posto de trabalho muito almejado.

Um jovem que faz parte de uma classe social menos favorecida econômica, cultural e socialmente, que viveu todas essas conquistas e foi afetado pela torcida, ao deixar o esporte terá de lidar com atividades profissionais de caráter rotineiro e sem tanta significação social. Junto com essa mudança, ele pode se sentir desprovido de significado, sem importância e vivenciar negativamente esse encerramento da carreira esportiva. Digo esportiva, pois ainda tem outras possibilidades, pode se desenvolver em outras carreiras.

De acordo com Valle e Guareschi (2003), o sujeito e sua vida social são constituídos pela cultura, compreendida como os variados sistemas que dão sentido a nossas ações, instituindo modos de viver, ser, compreender e de explicar a si mesmo e o mundo. Relacionada à constituição da subjetividade, entendida como um processo contínuo de vir a ser, a cultura estaria a serviço dessa produção de forma dinâmica, definindo o indefinido, em uma produção infinita de si.

Apesar de parecer, a partir da leitura de Bourdieu, uma escolha predeterminada, Valle e Guareschi (2003) e Bock (2005) nos possibilitam ampliar esse olhar. Bock (1995) nos indica que o sujeito tem sim possibilidades de escolha, entretanto não é ele o único responsável pela sua condição. A compreensão da sociedade em que vivemos, de suas características e de seu papel pode apontar caminhos que o auxiliem a direcionar minimamente sua trajetória de vida, consciente de seus limites e potenciais.

Desse modo, podemos visualizar alguns pontos em comum entre atletas (mesmo os iniciantes) e outros profissionais (incluindo aqueles que estão iniciando sua carreira – aprendizes e estagiários).

Dentre as semelhanças, em seus processos exercem uma função/profissão, têm um plano de carreira com perspectivas futuras, devem seguir um trajeto predeterminado e regras que contribuam para a sua manutenção, corroborando para a sua permanência no cargo e conquista de premiações correspondentes (Dejours, 1988). A criança ingressante na iniciação esportiva visando o desenvolvimento de uma carreira, paulatinamente toma contato com as necessidades e exigências do esporte e da modalidade praticada. Dejours (1988) nos instrumentaliza a realizar algumas reflexões importantes a respeito do esporte e sua condição.

Assim como no trabalho, qualquer deslize pode pôr em risco a carreira de um atleta. O jovem iniciante começa a perceber, a partir do discurso dos colegas de equipe, da comissão técnica, de outros atletas e de seus ídolos, quais são as regras para a sua permanência no esporte e qual sua trajetória para a "conquista" do profissionalismo.

Exemplos como os do atleta de futebol Ronaldo, durante a final da Copa do Mundo de 1994 e de Daiane dos Santos, ginasta brasileira que competiu nos Jogos Panamericanos do Rio de Janeiro, em 2007, nos indicam não só motivação, determinação, mas também superação. Desafiar o corpo exausto, doente ou em processo de recuperação de cirurgias é demonstrar que a prática, o "amor ao esporte" e ao país (no caso de atletas representantes das seleções nacionais) estão acima de tudo. Até mesmo de sua vida. Significa também que, no esporte, é preciso sempre enfrentar e superar todos os obstáculos que se interpõem em sua caminhada.

Vistos como heróis, são ovacionados pela nação. Como exemplos de prática, pressionam os jovens atletas a superar a dor e outros limites que têm a função, por exemplo, de manter a saúde e o bem-estar físico e emocional. Diante disso, negam-se quaisquer problemas e crianças e jovens desenvolvem maneiras de não reconhecer seus corpos, como funcionam, suas alterações, temerosos que tais manifestações os impeçam de treinar, jogar e/ou alcançar seus sonhos.

Apesar disso, essa dor o identifica como atleta. A dor do treinamento, o cansaço físico e mental nem sempre são reconhecidos. A dor que o classifica, o enaltece na família, que ele ultrapassa e vence a cada partida, a cada prova, é a mesma que ele precisa manter em um limiar e "desconhecer" para que a comissão técnica não a identifique e permaneça em seu lugar, ou alcance degraus mais altos. O reconhecimento de uma fraqueza, em um ambiente em que a vitória e a superação são parte do discurso corrente, pode ser considerado uma derrota (Villa e Guareschi, 2003).

Se em outras profissões o reconhecimento da doença e a ausência por esse motivo representam negligência e irresponsabilidade, características moralmente inaceitáveis no mundo do trabalho (Dejours, 1988), no esporte esse tipo de reação significa fracasso.

Nesse lugar, ignora-se a ansiedade que preocupa o jovem e pode prejudicar sua atenção, sua concentração, causando o que ele menos espera em sua carreira: uma lesão. E quanto a isso não há controle.

Obstáculos à vista

O atleta que pretende desenvolver uma carreira no esporte nem sempre pensa em como planejar esse desenvolvimento e como será o encerramento de sua carreira. O medo da passagem do tempo faz que pensem somente no presente, com que vivam o hoje para deixar uma marca para a posteridade (Villa e Guareschi, 2003)

Esse caminho do atleta no esporte é caracterizado por transições que não necessariamente são enfrentadas com dificuldade. Segundo Brandão e cols. (2000), elas podem ser *positivas*, quando existem precondições para a adaptação permitindo um rápido desenlace; ou *negativas*, quando há muito esforço para se adaptar com sucesso às novas exigências ou até mesmo falta de habilidade de adaptação, gerando sintomas e configurando uma situação de declínio no esporte (queda no rendimento, abandono da prática).

Como apontado por Stambulova (1994), a transição na carreira esportiva compreende diferentes fases. Bloom (1985) e Salmela (1994) as descrevem como iniciação, desenvolvimento das diferentes habilidades requisitadas no esporte, especialização e pós-carreira *(apud* Alfermann et al., 1999). Alfermann et al. (1999) consideram transições dentro da carreira esportiva, além das já citadas, a transição da especialização esportiva para treinamento intensivo, para o esporte de elite e para o fim da carreira esportiva de elite. Nessa última, o atleta precisa adaptar-se em nível social, físico e pessoal (Ogilvie, 1987; Sinclair e Orlick, 1994, *apud* Alfermann et al., 1999). Porém, os autores sinalizam que a falta de rigor metodológico na literatura esportiva relatada impede a afirmação da prevalência de dificuldades de enfrentamento em atletas pós-carreira esportiva (Curtis e Ennis, 1988; Greendorfer e Blinde, 1985, *apud* Alfermann et al., 1999).

Em pesquisa com 213 atletas russos de diferentes esportes, Stambulova (1994) apresentou sete categorias que representam as características gerais de crises na carreira esportiva:

1. *A origem da crise:* uma crise no esporte pode surgir com o aparecimento de novas contradições e problemas no desenvolvimento do atleta no esporte e atividades correlatas (escola, amigos). Essas contradições podem ocorrer em diversos níveis como a dúvida sobre

continuar a prática esportiva, suas condições de manter-se no esporte, como equilibrar esporte e estudos, dentre outras;
2. *Sintomas:* as características dos sintomas dependem do modo como o jovem atleta compreende e sente essas experiências contraditórias que podem se manifestar em baixa autoestima, dúvidas, ansiedade, medo, agressividade, culpa, desorientação para tomar decisões;
3. *Circunstâncias que podem reforçar a crise:* a rede de apoio do atleta (familiares, comissão técnica e demais envolvidos com o atleta) é extremamente importante em situações de crise. Chamamos Rede de Apoio todos os envolvidos com o atleta que, de alguma forma, proporcionam suporte emocional a ele. A pressão autoritária em detrimento do apoio social; a passividade em relação à situação que vive o atleta e o desenvolvimento de uma relação de dependência, em que o atleta se sente incapaz de resolver seus problemas, podem prejudicá-lo no enfrentamento de dificuldades durante seu trajeto no esporte;
4. *Modos de sair da crise*: dependem da modalidade esportiva, dos problemas em questão, do momento que vive o atleta, do gênero e de peculiaridades emocionais individuais;
5. *Influência da crise nas conquistas/rendimento*: o início de uma fase crítica está geralmente associado a uma estagnação ou declínio no rendimento e a saída da crise em sua melhora;
6. *Assistência psicológica ao atleta*: atletas têm solicitado técnico, psicólogo, familiares, amigos, médico, massagista para auxiliá-los em situações difíceis durante sua carreira. Dois tipos básicos de assistência são possíveis: assistência profilática (visando evitar problemas decorrentes de crises ou estimulando o desenvolvimento de habilidades nos atletas para o enfrentamento) e assistência corretiva (visando melhora dos sintomas e resolução do problema);
7. *Formas previsíveis de se "castigar" pela dificuldade para sair da crise*: por não conseguir resolver a crise tranquilamente, o atleta se sente culpado e termina por abandonar precocemente o esporte ou mudar de esporte ou sua função. Desse modo, não precisa lidar diretamente com o obstáculo surgido. Entretanto, lesões esportivas podem ocorrer, doenças somáticas e psicossomáticas e o abuso de drogas, visando o não enfrentamento da crise.

Essas crises não ocorrem em um momento determinado da carreira de um atleta. Podem acontecer diversas vezes ou nunca. Mas, para Stambulova (1994), cada fase vivida no esporte é um acontecimento crítico que deve ser enfrentado. Desse modo, propôs duas maneiras de descrever a carreira esportiva, por meio de um modelo sintético e de um modelo analítico.

- **Modelo de descrição sintético**: essa descrição da carreira, com características objetivas estreitamente ligadas às subjetivas do atleta, sua satisfação com a carreira esportiva e ao sucesso como marca da reputação conquistada, considera quatro conceitos: tempo, espaço, informação e energia, destacadas por:
    - *Período da carreira (tempo):* corresponde ao número de anos direcionados ao esporte, com diferentes influências no desenvolvimento do atleta devido às características diversas dentre os esportes;
    - *Generalização e especialização (espaço)*: espaço corresponde ao lugar que o esporte ocupa na vida do atleta; assim, são considerados o número de eventos esportivos dos quais os atletas participou (campeonatos regionais, estaduais, nacionais, internacionais, festivais etc.) e as funções que desempenhou no esporte (participação em seleções, atleta amador, profissional, outras funções). Resumidamente, refere-se ao envolvimento do atleta no esporte;
    - *Nível de conquistas (informação):* caracterizadas pelo resultado das atividades esportivas (qualificação esportiva, títulos, recordes etc.) e pelo resultado da atividade esportiva no desenvolvimento do atleta (experiência de vida e no esporte, amplitude das relações sociais, tudo o que adquiriu *com o esporte);*
    - *Custo da carreira (energia):* caracterizado pelo tempo que o atleta direcionou à prática esportiva e outras solicitações do esporte (tempo de treinamento e preparação, energia física e emocional, saúde e dinheiro, tempo que direcionou às relações sociais, estudo, atividades de lazer etc.).
- **Modelo de descrição analítico**: baseado na análise do curso da carreira esportiva como processo, que é expresso em estágios de desenvolvimento relacionados aos períodos de treinamento, da carreira e nível no esporte:

Tabela 1. Adaptado de Stambulova (1994).

Períodos de Treinamento	Períodos da Carreira	Nível no Esporte
Preparação Preliminar	Preparação	Esporte de Massa
Início da especialização	Início	Esporte amador de resultados expressivos
Treinamento especial para escolha do tipo de esporte	Ápice	Esporte profissional
Aperfeiçoamento: a) zona dos primeiros sucessos; b) Zona das possibilidades otimizadas; c) zona de manutenção de bons resultados	Finalização	

A partir desses modelos e da metodologia da abordagem de sistemas, que considera o objeto de pesquisa um sistema composto por elementos, estrutura, funções e desenvolvimento determinados (Stambulova, 1997a; 1997b; 1999, *apud* Brandão et al., 2000), Stambulova elabora o *modelo estrutural*, em que se considera a dinâmica dos resultados esportivos junto com a dinâmica da evolução do atleta durante a carreira. Para esse modelo, há direções no desenvolvimento do atleta (motivação, qualidade e estilo) e níveis de determinantes psicológicos (*nível operacional* – objetivos, processos psíquicos, operações motoras; *nível situacional* – motivos, estados psíquicos, atividades/comportamento; *nível cultural* – necessidades do atleta, qualidade, estilo de atividade individual).

Considerando todo esse sistema para a compreensão da carreira esportiva, a autora pontua as principais dificuldades enfrentadas por atletas em cada transição descrita:

1. Início da especialização esportiva: fase associada à adaptação às demandas de cada esporte, técnico, equipe e novo estilo de vida. Esta não é a fase de iniciação esportiva, quando o atleta tem seu primeiro contato com o esporte. As principais dificuldades são:
   a) Decepção dos jovens atletas em decorrência da diferença entre o que ele esperava do esporte e o que ele é;
   b) Necessidade de especializar-se rapidamente nas técnicas básicas, o que nem sempre corresponde às condições de desenvolvimento motor e cognitivo da criança;

c) Necessidade de ter boa apresentação ou rendimento nas primeiras competições, motivando-se para se manter no esporte.
2. Especialização na prática esportiva: nesse período se inicia o trabalho visando resultados. Os desafios básicos do atleta são:
   a) Necessidade de se adaptar à nova carga de treinamento, o que pode levar a lesões, doenças e *overtraining*;
   b) Reestruturação da técnica de exercícios e problemas na re-automatização e desenvolvimento de repertório motor;
   c) Crescimento da competitividade, exigindo preocupação maior com o rendimento esportivo;
   d) Necessidade de demonstrar alto nível de resultados (fator que influencia e é influenciado pela motivação, autoestima e autoconfiança);
   e) Necessidade de equilibrar atividade esportiva e estudo, treinamento e outros interesses do atleta (manutenção do foco, concentração).
3. Transição do esporte de massa para o esporte de alto rendimento: fase que pouco se diferencia da próxima, em que a luta por resultados é mais acirrada;
4. Transição da categoria Júnior para Adulto: assim como na fase anterior, para os atletas de elite, este é o auge da carreira, em que seu estilo de vida fica ainda mais subordinado ao esporte. Nesse momento, os atletas enfrentam:
   a) A necessidade de equilibrar a carreira esportiva e seus objetivos a outras áreas da vida (profissão, estudos, relações etc.), mudando seu estilo de vida com a introdução de algumas restrições;
   b) A necessidade de aprimorar seus conhecimentos sobre biomecânica, fisiologia, bioquímica e habilidades psicológicas aplicadas ao esporte que pratica;
   c) A constante pressão da seleção e a necessidade de criar diferentes estratégias para aprimorar sua performance;
   d) Necessidade de conquistar prestígio em sua equipe, torcida, no meio esportivo em geral, o que Stambulova chama de "experiência da glória".
   e) Crises nos relacionamentos interpessoais (com o técnico, colegas de equipe, iniciantes na carreira, veteranos e familiares), uma vez

que ele deve fazer escolhas, direcionando seu tempo mais a uma atividade do que a outra (por exemplo, treinamentos em detrimento das relações familiares).
5. Transição do esporte amador para o profissional: ligada à adaptação a demandas específicas do esporte profissional: competidores no mesmo nível; necessidade de não somente ganhar, mas de realizar uma apresentação atrativa e emocionante aos espectadores e necessidade de treinamento independente. Quando o atleta é contratado por equipes de outros países, soma-se a esses fatores a proficiência no idioma do país de destino e as adaptações culturais e sociais.
6. Transição do Auge para o final da Carreira Esportiva: isso ocorre geralmente após cinco a quinze anos de prática no esporte de elite, o que varia de acordo com a modalidade esportiva, quando os resultados começam a decair devido a diversas razões, dentre elas a fadiga crônica, lesões e doenças, oponentes jovens, problemas em outras áreas da vida. Os principais esforços são para:
    a) Encontrar força interna para realizar a manutenção dos resultados de alto nível, utilizando toda a sua experiência emocional e esportiva;
    b) Preparar-se para deixar o esporte, procurando novas possibilidades de carreira profissional.
7. Encerramento da Carreira Esportiva: relacionada à adaptação a um novo estilo de vida, em que o esporte deixa de ocupar o "espaço central" para se tornar sua "memória" e registro de sua "história". Os principais desafios são:
    a) Adaptar-se a um novo estilo de vida e de relacionamentos;
    b) Começar uma nova carreira profissional;
    c) Iniciar sua própria família ou procurar novos fundamentos para fortalecê-la.

Como dito anteriormente, esse modelo se baseia na realidade do esporte na Rússia, mas esse modelo pode ser usado cuidadosamente para a compreensão de nossa realidade. A principal diferença reside na questão do esporte amador e profissional, uma vez que essa questão não se mostra bem-definida na realidade esportiva brasileira e que não se leva em consideração a possibilidade de o atleta aliar estudos e esporte, tendo o segundo como possibilitador do primeiro.

Esporte, estudos e trabalho

A criança ou jovem atleta em algum momento de sua vida pode vir a praticar sua modalidade esportiva no colégio ou na universidade. E é possível que essa prática lhe proporcione uma bolsa de estudos. Desse modo, ele joga, nada, corre, salta para pagar seus estudos. Prazer (esporte) aliado à obrigação (estudo)?

Alfermann *et al* (1999) discutem a questão do atleta-estudante, situação comum no esporte colegial e universitário norte-americano. Apesar de não estar diretamente ligado ao esporte profissional, esse atleta vivencia situações como ter de escolher entre o esporte e os estudos, por exemplo, pelo fato de os técnicos não acreditarem que consiga se manter concentrado e motivado à carreira esportiva universitária ou colegial se estiver envolvido na carreira acadêmica. Essa situação induz a dificuldades no planejamento da utilização do tempo, restrição nos relacionamentos e falta de motivação tanto na vida acadêmica quanto na esportiva.

Sendo assim, esses atletas enfrentam as mesmas dificuldades que atletas de alta *performance* como problemas emocionais, lesões, *overtraining*, perturbações no desenvolvimento e relações da equipe.

No caso de jovens universitários e universitárias, a transição para a equipe inclui transições que ele vivencia em seu desenvolvimento. Assim, precisa enfrentar a transição da fase de adolescência para a adulta, os conflitos entre as tarefas de estudante e de atleta e, possivelmente, a transição da saída do esporte competitivo de alto rendimento (devido a lesões, novos objetivos, escolha do atleta). Esta é mais uma crise a ser enfrentada e o modo como enfrentará dependerá de como vivenciou todas as transições anteriores. O sucesso de um ex-atleta não está somente ligado a seu desempenho acadêmico e a uma formação profissional além da esportiva, mas ao modo como ele enfrenta o encerramento de sua carreira esportiva para o ingresso em uma nova área profissional e em uma nova fase de sua vida, como aponta Coakley (1983, *apud* Ogilvie e Taylor, 1993). O autor estabelece que

> a transição para a saída do esporte universitário parece estar lado a lado com a transição da universidade para o trabalho, novas amizades, casamento, paternidade e maternidade, e outras funções normalmente associadas à vida adulta.

E "O" FIM? É REALMENTE "O FIM"?

O encerramento da carreira esportiva não acontece de repente. Não necessariamente acontece após anos de prática esportiva e dificilmente ocorre deliberadamente. Os estudos a respeito do assunto surgiram há cerca de vinte anos, pois anteriormente os atletas não tinham todo o seu tempo direcionado ao esporte. Eles praticavam outras atividades profissionais e não estavam tão expostos à mídia (Chartland e Lent, 1987, *apud* Ogilvie e Taylor, 1993). Com a re-significação do ser atleta, a exposição na mídia e contratos publicitários (Newman, 1988, *apud* Ogilvie e Taylor, 1993), a carreira esportiva começa a se desenvolver de forma que toda a vida do sujeito estivesse voltada ao esporte, com toda a sua formação e identidade voltada à carreira esportiva. Nesse ritmo, torna-se pouco possível profissionalizar-se no esporte e estudar ao mesmo tempo, caracterizando o encerramento da carreira no esporte pela falta de perspectivas futuras (Oliveira et al., 2003).

Para Schlossberg (*apud* Alferman et al., 1999, p. 7), o encerramento da carreira esportiva (ou transição de carreira) corresponde a vivenciar algo que afeta diretamente questões de identidade, da visão que o atleta tem de si e do mundo, solicitando dele uma adaptação do modo de ser e de se relacionar. Segundo Brandão et al. (2000), resulta da combinação de inúmeros fatores individuais e influências sociais (idade, novos interesses, fadiga psicológica, dificuldades com a equipe técnica, resultados de *performance* em declínio, problemas físicos, entre outros).

Por que deixar o esporte?

Um atleta encerra sua carreira no esporte de maneira voluntária ou involuntária (Stambulova, 1994).

Voluntariamente, pode ocorrer por uma combinação de fatores **pessoais** (conquistou seus objetivos, vive problemas financeiros, busca alternativas de ocupação, vivenciou momentos ruins nas viagens realizadas em cumprimento do calendário esportivo), **sociais** (necessidade de melhorar seu relacionamento com familiares e amigos, mudança de valores, problemas de relacionamento com a comissão técnica ou organizações esportivas) ou **emocionais** (diminuição da satisfação com a vida como atleta, busca de satisfações pessoais) (Allison e Meyer, 1998; Baillie, 1993; Werthner e Orlick, 1986; Wylleman, De Knop, Menkehorst, Theebooom, Annerel, 1993, *apud* Alfermann et al., 1999).

O encerramento involuntário, segundo Ogilvie e Taylor (1993), Murphy (1995) e Roffé (2000) ocorre quando existe um declínio da *performance* devido ao avanço da idade, por influência de fatores fisiológicos e implicações psicológicas (desmotivação), devido a lesões que impedem a continuidade ou provocam *distress* manifestado em depressão, abuso de substâncias, ideação e tentativa de suicídio (Ogilvie e Howe, 1982, *apud* Ogilvie e Taylor, 1993), devido à maneira como ocorre o processo de seleção de atletas (aqueles que não têm condições de permanecer na prática em determinada organização são dispensados e nem sempre conseguem se alocar em outra instituição).

No Brasil, pesquisas de Agresta et al. (2000) e Hallal et al. (2004) indicam que as principais causas de encerramento de carreira entre jovens atletas de futsal são as lesões e relacionamentos com dirigentes e treinadores.

Martini (2003) ainda cita três importantes causas para o encerramento da carreira: o *Dropout* (desistência do esporte antes que tenha alcançado seu potencial máximo); o *Atrittion* (lento processo de exaustão física e psicológica); e o *Burnout* (sentimentos de exaustão emocional conduzindo o atleta à falta de habilidade em continuar no esporte).

E O QUE ACONTECE COM O ATLETA?

Existem alguns modelos teóricos que procuram compreender o que ocorre com aquele que encerrou sua carreira no esporte. Tradicionalmente, encontramos a *gerontologia social* (estudo do processo de envelhecimento, usado para compreender as adaptações do atleta fora do esporte) e da *tanatologia* (estudo da morte e dos processos de morrer, de Kübler-Ross, 1967), criticadas por Martini (2003) por considerarem este um evento único e inerentemente negativo, focado somente no desenvolvimento da vida dos atletas, e por não considerar o desenvolvimento de uma identidade fora do esporte.

Alfermann et al. (1999) apresentam modelos que se tornaram populares na década de 1980 e consideram a transição de carreira (ou encerramento) como **processo**. Citam o *modelo analítico* de Sussman (1972) e o *modelo de adaptação humana à transição*, de Schlossberg (1981), em que três fatores principais devem ser considerados: (a) características da experiência individual com transições similares; (b) percepção da transição; (c) características do ambiente pré e pós-transição esportiva.

Para Greendorfer e Blinde (1985, *apud* Martini 2003), seria importante que o atleta mantivesse o foco na continuidade de suas ações, na vivência da transição como um processo, re-priorizando seus interesses para melhor adaptação.

Helen Ebaugh (1977, 1988, *apud* Martini, 2003) tem uma proposta interessante (modelo de saída de papel), fundamentada na questão da identidade do atleta em que o papel de atleta fará sempre parte de sua identidade, inclusive como ex-atleta, tendo de conviver com o tratamento das pessoas direcionado ao antigo papel e com o fato de sua transição não se restringir a ele, mas a todos à sua volta. Após um período de dúvidas quanto a si, seu papel social e possibilidades, o atleta começa a elaborar alternativas de vida, identificando-se com novos grupos de referência, analisando os limites e potenciais do encerramento de sua carreira e decidindo pelo término do caminho no esporte com aquela determinada função.

No entanto, esta é uma descrição de transição de carreira saudável. O que faz Drahota e Eitzen (1998, *apud* Martini, 2003) sugerirem que se leve em conta a fase da carreira esportiva, o significado de um encerramento involuntário e como será o afastamento do esporte, levando-se em consideração a vida do atleta no esporte.

Por uma questão subjetiva, não é possível definir como cada atleta vive individualmente as transições no esporte nem mesmo como vivenciará o encerramento da carreira. Entretanto, alguns instrumentos conseguem avaliar como os atletas enfrentam o encerramento da carreira e suas causas. Alfermann et al. (1999) citam dois instrumentos interessantes: o *British Athletes Lifestyle Assessment Needs in Career and Education* (Balance) (Lavallee e Wylleman, 1999), que identifica atletas que possam vir a ter dificuldades na transição de carreira, e o *Athlete Retirement Questionnaire* (ARQ; Sinclair, 1990), que identifica estratégias de enfrentamento utilizadas pelos atletas para lidar com a transição de carreira.

Investigações com ex-atletas mostram que o fato de estes estarem fortemente identificados com esse papel de modo que o envolvimento no esporte os autodefinia fazia que experimentassem dificuldade de adaptação à condição de ex-atleta (Hinitz, 1988, *apud* Martini, 2003); desse modo, aqueles que possuíam uma atividade alternativa para se comprometerem e investirem energia vivenciaram encerramentos mais tranquilos (Werthner e Orlick, 1986, *apud* Martini, 2003). Infelizmente isso não garante que atletas não tenham dificuldades para ingressar em uma nova fase de suas vidas (Linville, 1985; Brewer et al., 2000, *apud* Martini, 2003).

Em estudo com ex-atletas universitários, Greendorfer e Blinde (1985, *apud* Ogilvie e Taylor, 1993) apontaram dificuldades de adaptação. Eles indicaram que 90% dos sujeitos projetaram sua vida após a faculdade e 55% estavam muito ou extremamente satisfeitos quando sua carreira de atleta terminou. Apesar disso, os autores pontuam que um terço dos atletas indicaram que estavam muito ou extremamente infelizes com o fim da carreira e 38% dos homens e 50% das mulheres responderam que sentiam muita ou extrema falta do envolvimento com o esporte.

Mas os próprios atletas indicam qual a melhor maneira de enfrentar o fim da carreira (Sinclair e Orlick, 2003): encontrar outro foco de interesse, manter-se ocupado e treinar, se exercitar, mantendo algum contato com atividades físicas.

Estratégia de enfrentamento – isto se aprende?

Não se discorreu sobre as transições na carreira à toa. A compreensão das fases da carreira, suas características e o que o atleta deverá enfrentar (independentemente de sua idade) nos possibilita inferir que a vivência de uma fase o instrumentaliza a enfrentar a próxima. Se o atleta enfrenta suas dificuldades de maneira saudável, a carreira esportiva será vivida e encerrada de modo menos trabalhoso emocionalmente.

E como isto é possível?

É nesse momento que a subjetividade, os recursos emocionais de cada atleta e a fase de desenvolvimento psicoemocional se mostram importantes. Diversos autores, dentre eles Sinclair e Orlick (1993) e Roffé (2000) evidenciam que atletas com dificuldades emocionais apresentam dificuldades financeiras, abuso de drogas, tentativas de suicídio, dentre outras. Isso ocorre por falta de habilidade em lidar com situações de crise. Essas dificuldades ocorrem em razão de o atleta ter a identidade voltada somente ao esporte, como já dito anteriormente, e essa perda é sentida como algo irrecuperável.

Baixa autoestima, sentimentos de onipotência, restrições no relacionamento social voltado somente ao ambiente esportivo e falta de flexibilidade são algumas características que dificultam a vivência das transições.

Ser atleta significa estar disposto a mudar, a ouvir o outro e respeitar sua opinião, ter autocrítica sem menosprezar seu trabalho, estar disposto a ampliar seus conhecimentos e experiências. A rigidez dificulta e, em algum momento, pode vir a impedir o desenvolvimento de uma carreira, independentemente de ser no esporte. Seu desenvolvimento psicossocial e identidade são primordiais (McPherson, 1980; Pearson e Petitpas, 1990; Taylor e Ogilvie, 1994, *apud* Alfermann et al., 1999).

Baillie (1992, *apud* Murphy, 1995), em estudo com atletas profissionais, propõe como variáveis para o enfrentamento da transição final o nível de dificuldades familiares, sentimento de perda, aceitação, valoração de novas atividades e autossatisfação com o processo de transição. Com esses

critérios, Baillie concluiu que os atletas tendem a *enfrentar melhor* a saída do esporte competitivo quando:
- Saíram por escolha;
- Atingiram seus objetivos (como proposto por Sinclair e Orlick em 1993 no estudo com ex-atletas canadenses);
- Estão prontos para continuar envolvidos no esporte enquanto desejarem;
- Possuem graduação/pós-graduação;
- Estão prontos para se desligar de seu esporte após o ápice de suas carreiras.

Para Brandão et al (2000), as estratégias que parecem melhor influenciar a adaptação ao encerramento da carreira – e adiciono ainda qualquer transição durante a carreira – são as **redes de apoio social** e as **estratégias de enfrentamento** (*coping*). No entanto, as duas podem estar fadadas ao fracasso, dependendo do modo como se desenvolvem.
- *Redes de apoio social:* inclui todos aqueles que podem, de alguma forma, dar suporte emocional, social e financeiro ao atleta (Sinclair e Orlick, 1993; Stambulova, 1994; Werthner e Orlick, 1986; Wylleman et al., 1998, apud Alfermann et al., 1999), incluem-se:
  - Familiares (sendo importante o apoio em oposição à cobrança);
  - Amigos;
  - Comissão técnica (auxiliando a vislumbrar novas possibilidades de atuação);
  - Amigos do ambiente esportivo (constituindo apoio efetivo e afetivo).

- *Estratégias de enfrentamento:* modo como o atleta enfrenta as dificuldades existentes em sua trajetória de vida (Koukouris, 1991; Mihovilovic, 1968; Baillie, 1992; Werthner e Orlick, 1986; Gorbett, 1985; Bardaxoglou, 1995, *apud* Alfermann et al., 1999):
  - Manter-se ocupado, treinando, exercitando-se ou com um novo foco mostram-se como boas estratégias de *coping* nos primeiros meses após o encerramento da carreira;
  - Planejamento do fim da carreira esportiva, preparando-se antecipadamente.

E QUEM PODE AJUDAR OS ATLETAS EM SUA LONGA CAMINHADA?

Todos os envolvidos com os atletas podem ajudá-lo de alguma forma durante sua carreira. Muitos atletas que não conseguem lidar com a transição, com novas dificuldades e problemas abandonam o esporte prematuramente. Consequentemente, este é um dos períodos em que o atleta pode precisar de assistência psicológica. O psicólogo do esporte atua em cada crise de acordo com as características, peculiaridades e reações específicas do atleta em questão. Se levarmos em consideração que as transições ocorrem durante o desenvolvimento emocional e cognitivo da criança é jovem, é impreterível que os profissionais envolvidos tenham conhecimento sobre essa temática, para saber como lidar melhor com a criança/o jovem adolescente.

Para Valle e Guareschi (2003), o papel do psicólogo do esporte é trabalhar com a formação e o desenvolvimento dos atletas considerando a contextualização de sua prática. Se o objetivo desta é a *performance*, não devemos nos esquecer de que a prioridade continua sendo sua **saúde mental** e **qualidade de vida**.

Stambulova (1994) sistematiza um modelo de suporte psicológico, um complexo de técnicas que proporcionam a resolução de diferentes problemas e dificuldades enfrentados pelos atletas em todos os períodos e crises da carreira. Esse sistema pode ser constituído por cinco fases:

Psicodiagnóstico: determinando os objetivos que orientam o esporte, o processo de seleção e individualização dos aspectos da preparação esportiva;

- *Psicoprofilaxia:* prevenção de estados emocionais negativos, barreiras emocionais, conflitos pessoais destrutivos, entre outros;
- *Trabalho especial de desenvolvimento de jovens atletas:* promoção da motivação, compreensão das características do esporte, estilo individual de atividades etc.;
- *Reestruturação cognitiva:* reformulação de aspectos que prejudicam o atleta como desmotivação, barreiras emocionais etc.;
- *Educação emocional e consultoria:* para atletas, técnicos e familiares.

Esse trabalho pode acontecer em sessões individuais ou em grupo, como propõe Chamalidis (1995, *apud* Alfermann et al., 1999), que ainda acrescenta em seu trabalho o psicodrama para a elaboração dos conflitos que se apresentam.

Murphy (1995) mostra que, para auxiliar atletas que estão deixando o esporte competitivo, é necessário entender o significado dessa transição para eles e o que sentem que perderam, a natureza desse processo, seus cenários e os fatores relacionados a uma transição ideal. Como mencionado, deixar o esporte competitivo significa se adaptar a se ver realizando outras atividades que não o identificam como atleta, havendo a necessidade de desenvolver em longo prazo a identidade de ex-atleta.

Wolff e Lester (1989, *apud* Ogilvie e Taylor, 1993) propõem três estágios terapêuticos: escuta e confrontação; terapia cognitiva; e orientação vocacional para auxiliar atletas no reconhecimento de sua identidade.

Entretanto, o apoio do psicólogo do esporte não é suficiente. O primeiro passo para otimizar esse processo é possibilitar que familiares e técnicos envolvidos compreendam que o desenvolvimento pessoal e social do atleta no longo prazo é mais importante que seu sucesso no curto prazo (Ogilvie, 1987, *apud* Ogilvie e Taylor, 1993). Atropelar as fases de desenvolvimento só terá como consequências estresse e possível abandono do esporte. Nem sempre bons resultados em curto prazo se prolongam e esses recursos não devem ser priorizados em detrimento da saúde física, social e emocional da criança ou jovem. É importante também que as habilidades desenvolvidas no esporte sejam transmitidas para a vida por meio da conscientização do processo pelo atleta e que seu desenvolvimento seja cuidado (Scanlan, Stein e Ravizza, 1989, *apud* Ogilvie e Taylor, 1993).

Aos atletas, é necessário participar de workshops e dedicar-se aos estudos. Emocionalmente, o psicólogo do esporte pode assistir o atleta na identificação de seus valores, interesses e objetivos, compreensão de sua identidade social, aumento de seu repertório e em experienciar sentimentos de valor e competência. Os atletas podem ser assistidos para trabalhar qualquer *distress* emocional que vivencie durante a carreira.

Todavia, para realizar esse trabalho é necessário que o suporte psicológico seja considerado importante no acompanhamento de atletas que se encontram em processo de transição em sua carreira esportiva. Para Ogilvie e Taylor (1993), ainda há muito espaço a ser conquistado nos Estados Unidos (realidade similar à brasileira).

A Europa oriental tem demonstrado maior interesse em preparar seus atletas nacionais para a vida após o esporte. Essa consciência é esperada, pois as equipes de psicólogos geralmente têm longos relacionamentos com os membros das equipes (Ogilvie e Howe, 1982, *apud* Ogilvie e Taylor, 1993). Além do acompanhamento e apoio em estratégias de enfrentamento das adversidades esportivas, aconselhamento educacional e vocacional são parte integrante do papel do psicólogo do esporte no desenvolvimento do atleta (Chatland e Lent, 1987, *apud* Ogilvie e Taylor, 1993).

Em 1989, o Comitê Olímpico dos Estados Unidos (USOC) desenvolveu um manual destinado a assistir atletas de elite na compreensão de questões importantes relacionadas ao fim da carreira esportiva e guiá-los na realização de um plano para sua carreira pós-competitiva (USOC, 1988, *apud* Ogilvie e Taylor, 1993). A Associação Nacional de Jogadores de Futebol e a Associação Nacional de Jogadores de Basquete norte-americanos têm desenvolvido um programa similar para atletas que encerraram sua carreira (Ogilvie e Howe, 1982, *apud* Ogilvie e Taylor, 1993).

Na Argentina, Roffé (2000) aponta a existência de quatro instituições do futebol que se ocupam minimamente dos ex-jogadores e outros profissionais de futebol. A Asociación del Fútbol Argentino (AFA), a Asociación de Técnicos del Fútbol Argentino (ATFA), Futbolistas Argentinos Agremiados (FAA), e Mutual del Futbolista (Casa del Futbolista). Segundo ele, a AFA investe financeiramente em parte dos ex-jogadores da Seleção Nacional que precisam desse tipo de apoio e a ATFA proporciona capacitação e formação a ex-jogadores de futebol para que se tornem treinadores. Contudo, estes acabam por enfrentar o problema da carência de mercado de trabalho. A FAA trabalha com os atuais jogadores de futebol, e a Casa del Futbolista, em 2000, não apresentava qualquer ação voltada para os ex-jogadores do referido esporte.

No Brasil, não existe um plano para lidar com carreira esportiva nem em seu percurso, muito menos em seu encerramento. Atletas lidam com essa situação da maneira como podem, sem contar com apoio institucional de federações, confederações ou de seus clubes.

O PAPEL DA REDE SOCIAL DE APOIO – PAIS, AMIGOS E COMISSÃO TÉCNICA

A prática esportiva não é necessariamente benéfica para a saúde física e mental. É o professor, técnico ou educador quem mediará a relação entre o esporte e a criança e direcionará esta prática (Weinberg e Gould, 2001). Sendo assim, possuem um importante papel na vida da criança ou jovem praticante de esporte, seja uma prática de lazer ou de rendimento. Além disso, a valorização individual da coragem, jovialidade e a superação de si mesmo muitas vezes recebem mais importância do que valores como a solidariedade (Lipovetsky *apud* Villa e Guareschi, 2003), o que nos faz refletir que aquele que media a relação entre o esporte e seu praticante pode influenciar em sua re-significação.

Para a manutenção da prática esportiva, é importante que o técnico esteja atento e perceba que a criança ou jovem tem sua capacidade de aprender e realizar habilidades esportivas (percepção de competência). Crianças com baixa percepção de sua capacidade esportiva geralmente abandonam ou nem praticam esportes (Weiss e Chaumeton, 1992, *apud* Weinberg e Gould, 2001). Para aumentar sua autopercepção, é possível ensiná-las a avaliar seus desempenhos pelos seus padrões, não em comparação com outros praticantes ou com os resultados de competições.

O mesmo é valido para os pais. Brustad (1993, *apud* Weinberg e Gould, 2001) destaca que o encorajamento dos pais pelo envolvimento dos filhos influencia a percepção de competência e participação real da criança. Entretanto, o encorajamento excessivo, também caracterizado por treinamento dos filhos, foco exclusivo na vitória em detrimento do desenvolvimento de habilidades da criança, mostra-se como negativo para a prática da atividade física, podendo resultar em seu abandono.

Como já apontado, é extremamente valorizado no atleta o enfrentamento e superação dos obstáculos encontrados durante a carreira esportiva. Entretanto situações como lesões e os chamados "cortes" se colocam como crises que solicitam do atleta autoconfiança, gerenciamento de estresse, reflexão sobre seu presente e futuro, sobre suas condições físicas, técnicas e emocionais e outras estratégias de enfrentamento.

Em pesquisa com ex-atletas brasileiros adolescentes de futsal, Hallal *et al.* (2004), indicaram as causas mais comuns de abandono desse esporte pelos entrevistados. As principais causas apontadas variam de acordo com a idade dos ex-atletas. Em geral, foram falta de apoio do técnico (31%), prejuízo nos estudos (36%), intensidade dos treinamentos/cansaço (22%), preferência do treinador por outros colegas (21%), dificuldade de relacionamento com o técnico (21%). A partir desses dados e com base na literatura internacional, os autores afirmam que

> *"treinadores têm papel decisivo na trajetória esportiva dos atletas"* e que os atletas *"estão expostos a cargas de treinamento mais intensas que nem sempre são compatíveis com suas possibilidades".*

A percepção do técnico em relação ao atleta e seu relacionamento são cruciais no desenvolvimento do atleta.

Sinclair e Orlick (1993) estudaram 199 ex-atletas de alto rendimento (41% desvinculados do esporte há pelo menos dois anos) com experiência competitiva internacional, membros da equipe canadense, com idades entre 15 e 59 anos, sendo 99 homens e cem mulheres de 31 esportes diferentes. Foi aplicado o ARQ – Questionário de Aposentadoria de Atletas (Sinclair, 1990), com questões direcionadas às experiências de transição de carreira de atletas de alto rendimento. Dentre outros dados, constataram que em geral, os atletas sentem falta dos aspectos sociais do esporte. Pressões do trabalho/escola e financeiras causaram problemas durante a transição. Dentre os atletas, 37% se reportaram à falta do suporte social do esporte, 32% de pessoas do trabalho/escola e 34% financeiro.

Preocupado com a transição de atletas juvenis à categoria profissional no tênis, Samulski (2006) sugere formas de agir para atletas, pois esta é uma fase em que muitos abandonam o esporte:
- Diálogo com a família, devido à importância do apoio familiar à carreira esportiva do atleta;
- Contato com técnicos do circuito profissional para conhecer os fatores envolvidos na preparação e acompanhamento de um tenista profissional;

- Busca de um bom patrocinador que garanta as condições básicas de um bom trabalho profissional;
- Desenvolver estratégias de enfrentamento das derrotas no início da carreira;
- Desenvolver estratégias de enfrentamento de situações de estresse e pressão psicológica;
- Alteração do treinamento, contando com uma equipe interdisciplinar;
- Observação de atletas profissionais para aperfeiçoar sua prática e habilidades;
- Preparo educacional (aprender inglês, desenvolver habilidade comunicativa);
- Preparar-se para o fim dessa carreira profissional, planejando o que fará profissionalmente após a carreira esportiva;
- Ter amigos, fazendo a manutenção de uma vida social e familiar saudável.

Conhecendo as necessidades dos atletas, é possível a pais e comissão vislumbrarem como apoiar o jovem que vivencia uma transição ou crise na carreira.

Considerações finais

Reflexões...

O caminho de quem pretende trilhar uma carreira esportiva é longo e tortuoso. Em um ambiente em que brincadeira se confunde com trabalho, competição se torna batalha e superação, sacrifício, crianças e jovens veem-se perdidos, ele procura um rumo que não sabe aonde vai chegar. Nesse trajeto, encontrará muitas alegrias e tristezas, dificuldades e dúvidas que influenciarão, junto a seu modo de lidar com o mundo, o período que se manterá na prática esportiva de rendimento.

Iniciando por meio do brincar, a criança logo começa a se enquadrar em outro espaço, em outro campo que exigem mudanças muito bruscas no modo de se relacionar com a quadra, piscina, campo, pista ou tatame. Será que ela vai dar conta?

A transição na carreira esportiva é um tema que ainda necessita de muitos estudos e atuações práticas dos psicólogos do esporte. Apesar da escassa literatura a respeito, existe consenso em alguns apontamentos e discussões realizadas por diversos autores.

A psicologia do esporte, em âmbito mundial, tem atuado no sentido de delimitar as fases da carreira esportiva, o que ocorre em cada uma delas e quais os motivos para o encerramento da carreira esportiva, e essa última tem recebido mais atenção.

Mas saber que elas podem se dividir em iniciação, especialização, profissionalização, auge da carreira e encerramento e que o fim de uma carreira pode estar atrelado à idade, lesões e ao fato do atleta ter alcançado seus objetivos (Sinclair e Orlick, 1993) não nos diz nada. Não nos instrumentaliza a apoiar esses atletas, a prepará-los para o ambiente esportivo e para o futuro que se nega a todo instante.

Assim, muitos não estão suficientemente preparados para transições, seja pela falta de apoio social, por limitações na habilidade de enfrentar mudanças ou por sua identidade estar exclusivamente ligada ao esporte (Pearson e Petitpas, 1990, *apud* Murphy, 1995). Sem recursos emocionais, enfrentam suas dificuldades com o uso e abuso de drogas e alguns cometem suicídio (Roffé, 2000). Isso parece justificar a importância deste tema na área da psicologia esportiva.

Todavia, a ação do psicólogo do esporte pode se mostrar infértil sem o apoio social.

Conhecer o atleta, com foco em compreender o significado que o esporte tem para ele e qual a sua percepção do processo de transição; como percebe o mundo e a situação que está vivenciando, as necessidades e dificuldades enfrentadas em cada fase (Stambulova, 1994), suas experiências anteriores e habilidades de enfrentamento são primordiais aos profissionais que atuam diretamente com o atleta. É importante também compreender qual o papel social da modalidade esportiva em nossa sociedade, sua influência cultural.

O trabalho do psicólogo com o atleta pode se voltar à compreensão, com o atleta, de suas características e peculiaridades, habilidades emocionais e sociais (identificando seus limites e suas potencialidades) e estruturando um processo que venha a possibilitar a otimização de seus recursos a partir de um projeto de vida pessoal com objetivos preestabelecidos que nortearão sua carreira, desenvolvida a partir de estratégias elaboradas com base no autoconhecimento.

Se Dejours e Bourdieu são importantes pela visão que nos dão sobre o trabalho e o papel da cultura no desenvolvimento da subjetividade, Stambulova nos descreve complexa e objetivamente cada fase e as necessidades dos atletas, modo como as fases são compreendidas, valorizando suas experiências anteriores com foco na possibilidade de enfrentar saudavelmente a transição e auxiliando-os na transferência de habilidades e competências desenvolvidas a partir do esporte para as diversas áreas de sua vida, ampliando a possibilidade de atuação do psicólogo, pois informa diretrizes para a compreensão de pontos a serem observados, sem delimitar como deve ser a atuação, permitindo a ampliação e adaptação do sistema a diversas experiências do esporte em todo o mundo, uma vez que aspectos sociais, econômicos e culturais influenciam o modo como se dá cada transição em uma carreira esportiva.

Considerando-se o percurso e o encerramento da carreira do atleta algo que precisa ser valorizado por profissionais de psicologia do esporte e pela rede social do atleta, é preciso estar atento ao motivo da saída do esporte ou da variação nas transições, às características do atleta e ao apoio social que ele pode receber de familiares, amigos e comissão técnica para enfrentar essa transição.

E se nos lembrarmos, em meio a tantos fatores, de que essas crianças e esses jovens que praticam uma modalidade esportiva no alto rendimento são crianças e jovens em desenvolvimento, repletos de dúvidas, desejos e necessidades – e espero que isto nunca seja esquecido – será menos complicado cuidarmos deles da maneira que precisam; será menos complicado percebermos quem eles são; será mais fácil compreender suas necessidades e apóia-los sempre que for necessário. Será possível enxergar que o atleta é alguém. Que ele existe. Integralmente.

Referências Bibliográficas

AGRESTA, Marisa. *Transição de carreira esportiva em futebol de salão*. In: Anais do 9º Congresso Brasileiro de Psicologia do Esporte. Jundiaí, 2002.

ALFERMANN, Dorothee; LAVALLE, David; WYLLEMAN, Paul. *Career transitions in competitive sports*. Fepsac Monograph Series #1, 1999.

BRANDÃO, Maria Regina Ferreira. Causas e consequências da transição de carreira esportiva: uma revisão de literatura. *Revista Brasileira Ciência e Movimento*. Brasília, v. 8, n. 1, p. 49-58, janeiro 2000.

BOCK, Silvio Duarte. Concepções de individuo e sociedade e as teorias em orientação profissional. *In:* BOCK, Ana Mercês Bahia e col. *A escolha profissional*. São Paulo: Casa do Psicólogo, 1995.

DE ROSE JR, Dante. *Esporte e atividade física na infância e adolescência:* uma abordagem multidisciplinar. Porto Alegre: Artmed Editora, 2002.

DEJOURS, Christophe. *A loucura do trabalho:* estudo de psicopatologia do trabalho. 3ª ed. São Paulo: Cortez/Oboré, 1988.

GREENSPAN, Michael; ANDERSEN, Mark B. Providing psychological services to student athletes: a developmental psychology model. *In*: MURPHY, Shane M. *Sport psychology interventions*. Human Kinectics, 1995. p. 177-191.

HALLAL, P. C. et al. Fatores intervenientes associados ao abandono de futsal em adolescentes. *Revista Brasileira Ciência e Movimento*. Brasília, v. 12, n. 3, p. 27-32, set. 2004.

MARTINI, L. A. Causas e consequências da transição de carreira atlética. In: RUBIO, K (Org). *Psicologia do esporte:* teoria e prática. São Paulo: Casa do Psicólogo, 2003. p. 187-210.

MURPHY, Shane M. Transitions in competitive sport: maximizing individual potential. *In:* _____. *Sport psychology interventions*. Human Kinetics, 1995. p. 331-346.

NASCIMENTO, Regina Sonia Gattas Fernandes do. Sublimação, reparação e a escolha profissional. In: BOCK, Ana Mercês Bahia e col. *A escolha profissional*. São Paulo: Casa do Psicólogo, 1995.

OGILVIE, B.; TAYLOR, J. Career termination issues among elite athletes. In: SINGER, R. N.; MURPHEY, M. ; TENNANT, KEITH. *Handbook of research on sport psychology*. The International Society of Sport Psychology, 1993. p. 761-775.

OLIVEIRA, R.; POLIDORO, D. J.; SIMOES, A. C. Perspectivas de vida e transição de carreira de mulheres-atletas de voleibol. *In*: SIMOES, A. C. (Org). *Mulher e esporte*. Barueri: Manole, 2003. p. 177-191

ROFFÉ, M. Retiro del futbolista. El drama del día después. Revista Digital. Buenos Aires, año 5, n. 27, noviembre 2000. Disponível em: <http://www.efdesportes.com>.

RUBIO, Kátia. *O atleta e o mito do herói* – o imaginário esportivo contemporâneo. São Paulo, Casa do psicólogo, 2001.

SAMULSKI, D. M. Transição da carreira infanto-juvenil para a carreira profissional. *In*: _____. *Tênis: dicas psicológicas para vencer*. Belo Horizonte: Imprensa Universitária, 2006. p. 113-116.

SILVA, Laura Belluzzo de campos. Contribuições para uma teoria psicossocial da escolha da profissão. In: BOCK, Ana Mercês Bahia e col. *A escolha profissional*. São Paulo: Casa do Psicólogo, 1995.

SINCLAIR, D. A.; ORLICK, T. Positive transitions from high-performance sport. *The Sport Psychologist*, v. 7, n. 2, p. 138-150, ju. 1993.

STAMBULOVA, N. V. Developmental sports career investigations in Russia: a post-perestroika analysis. *The Sport Psychologist*, v. 8, n. 3, p. 221-237, Set. 1994.

VALLE, Márcia Pilla do; GUARESCHI, Neuza Maria de Fátima. O esporte de alto rendimento: produção de identidades e subjetividades no contemporâneo. In: RUBIO, Kátia e col. *Psicologia do esporte: teoria e prática*. São Paulo: Casa do Psicólogo, 2003.

VASCONCELLOS, D. I. C. et al. Determinantes na transição de carreira no tênis: o caminho para o circuito profissional. Revista Digital. Dispoível em: <http://www.efdesportes.com>. Buenos Aires, ano 10, n. 90, dez. 2005.

WEINBERG, Robert S., GOULD, Daniel. *Fundamentos da psicologia do esporte e do exercício*. 2. ed. Porto Alegre: Artmed, 2001.

» "Depois da bola": causas, consequências e implicações da aposentadoria no esporte

M. Regina F. Brandão; Marisa Cury Agresta
Universidade São Judas Tadeu

Neste capítulo, utilizaremos o termo "aposentadoria no esporte" para se referir ao momento do término da carreira esportiva. Portanto, consideramos que esse momento se refere a uma das transições da carreira esportiva, da passagem de uma vida esportiva para uma vida pós-esporte.

A aposentadoria do esporte de alto rendimento tem recebido considerável atenção dos pesquisadores da área da psicologia do esporte na última década (Taylor, Ogilvie, e Lavallee, 2005). Entretanto, apesar do grande número de estudos realizados, muitos aspectos ainda são obscuros, por exemplo: por que alguns atletas se adaptam positivamente a uma vida pós-esporte enquanto outros falham nesse ajustamento? Por que alguns atletas de elite "aposentados" retornam a prática esportiva depois de experenciar uma vida pós-esporte?

A aposentadoria do esporte é um processo complexo, multidimensional e individual (Warriner, Lavallee, 2008). Para Crook, Robertson (1991); Wylleman, Lavallee; Alfermann (1999); Wylleman; Satambulova, Biddle (1999), a natureza do ajustamento de cada atleta dependerá da interação de vários fatores, e, na maioria dos casos, um fator isolado não garante se um ajustamento será fácil e tranquilo ou não. Complementam os autores ainda que somente uma análise da complexa interação entre diversos fatores é que levará os pesquisadores a melhor compreensão desse importante momento.

De acordo com Warriner, Lavallee (2008), a adaptação à aposentadoria é determinada pela interação entre três grupos de fatores: *características do atleta* em termos de idade, etapa da carreira esportiva, saúde, características psicológicas etc.; *percepção da transição*, incluindo os recursos disponíveis e as causas da aposentadoria e, *características do ambiente pré e pós-aposentadoria*, incluindo a qualidade do suporte institucional, familiar e social, rede social dentro e fora do meio esportivo, habilidade para manter o *status* social e administrar seus negócios etc.

Em relação às características psicológicas, o grau com que um atleta assume papel dentro do contexto do esporte, denominado de identidade atlética, é um importante determinante do ajustamento à aposentadoria do esporte (Sinclair, Orlick, 1993). Atletas que desenvolvem forte e exclusiva identidade atlética são mais propensos a apresentar dificuldades na adaptação a uma vida fora do esporte. Miller, Kerr (2002) afirmam que apesar da forte identidade atlética ser uma vantagem para o desempenho esportivo de alto nível, pode também ser um problema quando da aposentadoria do esporte devido a insuficiente desenvolvimento de potencial acadêmico e profissional em detrimento a uma ênfase na competência esportiva.

Em termos de percepção da transição, pode-se dizer que o processo de aposentadoria pode ter causas que podem ser voluntárias (decisão por livre escolha) ou involuntárias (sem livre escolha). Como exemplo, podemos citar a idade, novos interesses emergentes, fadiga psicológica, dificuldades com a equipe técnica, resultados esportivos em declínio, problemas de contusão ou de saúde, e o não selecionamento para os jogos (Wylleman, Lavallee; Alfermann (1999).

Para Roffé (2000), existem duas situações distintas que delineiam a aposentadoria dos atletas: primeiro, quando ele se aposenta voluntariamente, dentre outras razões, porque percebe que seu rendimento já está em declínio, sofreu uma lesão grave ou quando considera que já cumpriu seus objetivos, julgando que está psicologicamente cansado e o ambiente do esporte se "desgastou". Segundo, quando "o esporte" aposenta o atleta, porque não rende mais, os dirigentes e técnicos "decidem" que não está mais em condições de jogar pelo clube ou pela seleção.

O estresse negativo, denominado *distress*, se estabelece quando consideram o que vão fazer, uma vez que não podem mais participar do esporte como jogadores de alto nível, e os amigos, companheiros de time, jornalistas e torcedores desapareçam. Para Brandão (2000), *distress* indica uma reação negativa ante a estímulos do ambiente, com a percepção de ameaça a uma demanda imposta por uma situação particular. Quanto ao término da carreira, a decisão para esse momento pode ser forçada ou espontânea. De acordo com Mendelsohn (1999), na maioria das vezes, não é o atleta que se aposenta por conta própria e põe fim à sua carreira, mas é aposentado ou retirado do esporte de alguma maneira; em alguns casos, de forma paulatina, em outros, de maneira abrupta.

Já em relação às características do ambiente pré e pós-aposentadoria, Jacques, Carlos (2002) dizem que o processo de aposentadoria exige uma reorganização da vida familiar e das relações afetivas; a conquista de novos espaços de convívio e de relacionamento fora do mundo do trabalho, e o planejamento de novas rotinas, por conta da diminuição da jornada laboral.

Mendelsohn (1999) enfatiza também que a aposentadoria representa um dos momentos mais duros na vida de um atleta profissional, já que é difícil pensar em conviver com o prefixo "ex", e de que de um dia para o outro se converteu em desempregado que não pode procurar os classificados e sair à busca de um emprego similar ao que fazia anteriormente.

Para a FEPSAC (1999), a maioria dos atletas negligencia a necessidade de outras fontes de identificação, em outras esferas da vida, como ter outra habilidade ou profissão e exercer atividades paralelas ao esporte (âmbito social ou familiar); indispensáveis para a manutenção do equilíbrio pessoal durante e após o final da carreira, e essa negligência pode ser reforçada por técnicos, dirigentes e membros da família, pois, na maioria das vezes, estão mais interessados nos resultados do atleta (conquistados por horas de exclusiva dedicação), do que em seu crescimento pessoal e profissional.

Ogilvie (1984) afirma que, particularmente, três fatores podem levar o atleta a se aposentar ou detonar um processo de aposentadoria compulsório: lesão, "de-seleção" e, inelegibilidade. Pargman (1999) diz que atletas de todos os níveis são os principais candidatos a lesão física devido à natureza do próprio esporte, treinamento rigoroso e grande esforço físico, permeados pela vivência de intensas emoções, principalmente durante as competições. Por isso, as lesões esportivas, em qualquer parte do corpo que ocorram, influirão, sempre, em toda a pessoa do desportista e afetarão os diversos aspectos de sua vida, profissional, esportivo e social (Brandão, Agresta, 2008). A de-seleção ocorre quando o atleta de forma inesperada perde seu lugar na equipe. Pode acontecer devido a lesão, perda da forma física ou da condição técnica, contratação de novos atletas, perda de patrocínio etc. e, finalmente, a inelegibilidade quando o atleta não tem mais oportunidades de ser um membro da equipe. De acordo com Ogilvie (1984), ser forçado a se aposentar por fatores externos ou sem ter alcançado suas metas pode dificultar ainda mais o processo de adaptação à vida pós-esporte.

Petitpas (2000); Agresta (2006); Agresta et al. (2008a); Agresta et al. (2008b) citam algumas reações importantes que os atletas têm quando se aposentam: sentimentos de tristeza e raiva, baixa autoconfiança, perda da identidade esportiva, medo do futuro etc. A transição para a aposentadoria é difícil. Para muitos atletas é a primeira vez que não sabem exatamente o que fazer todos os dias, o que acaba gerando uma serie de reações emocionais.

> [...] em relação às reações típicas dos atletas que deixam o esporte podemos citar, sentimentos de tristeza por deixar a arena esportiva; perda de autoidentidade; raiva das circunstancias relacionadas com a decisão de deixar o esporte; solidão por se separar dos companheiros; medo da incerteza do future fora do esporte; falta de confiança para enfrentar a vida; frustração por não ter mais um status especial como atleta; medo de enfrentar o mundo profissional e não ter capacidade para tal; frustração por perder privilégios de patrocinadores e preocupações monetárias. (Petipas, Champagne, 1998, p. 455)

Tinley (2003), ao entrevistar atletas durante os meses imediatos à aposentadoria, observou que as alterações emocionais podem durar de poucos meses a anos e incluem alterações mentais e físicas. Ele encontrou ex-atletas usando drogas ilícitas e álcool como forma de sobreviver e se adaptar à vida pós-esporte e casos de problemas familiares e divórcios, dentre outros.

> [...] Muitos atletas relataram que sentiam falta da rotina diária antes tão bem estabelecida, de treinamentos e competições, das viagens internacionais e dos companheiros

> de time. Sem isso, muitos se queixavam da dificuldade em "achar uma razão para viver" ou "a razão para acordar de manhã". Podemos denominar de sentimentos de isolamento combinados com "você tem que passar por isso sozinho". (Tinley, 2003, p. 42)

De acordo com Lavallee (2005); Lavallee et al. (1996) e Taylor, Ogilvie (1994; 1998), uma explicação possível para isso é que o ambiente esportivo requer excessivo comprometimento e disponibilidade de tempo por parte dos atletas, o que lhes deixa pouco tempo para planejar sua pré-aposentadoria durante a carreira esportiva.

Partindo desses princípios, a ideia deste capítulo é apresentar alguns estudos que acreditamos serem significativos sobre aposentadoria no esporte de atletas brasileiros. Esse capítulo reflete a ideia de que há importante relação entre a teoria e a prática e, portanto, optamos por mostrar estudos que possam indicar ao leitor que as investigações científicas podem e devem produzir extenso conhecimento e fornecer subsídios para a prática por meio do conhecimento que produzem. Assim, quatro estudos serão apresentados, em todos foi utilizada uma versão adaptada, por nosso grupo de estudos, de dois importantes questionários, reconhecidos internacionalmente, para se avaliar o momento da aposentadoria no esporte, o APAQ, "Athletic and Postathletic Questionnaire" (Hackfort et al., 1997) e o "Sport Career Transitions" (Stambulova, 1995).

Para assegurar a validade do novo questionário, os questionários internacionais foram traduzidos da língua alemã e da língua russa para o português, por dois profissionais com amplo domínio desses idiomas e também da língua portuguesa. A nova versão foi elaborada por cinco especialistas (três doutores em psicologia, um atleta de alto nível aposentado, um treinador de alto rendimento). Após a elaboração do questionário, foi realizado um estudo piloto com ex-atletas de diferentes modalidades esportivas com o objetivo de aferir as instruções, a compreensão do enunciado das questões e o tempo de aplicação.

A aplicação dos questionários foi feita pessoalmente pelos pesquisadores e agendadas antecipadamente com os entrevistados, o que permitiu que a resposta ao questionário fosse completada em uma única entrevista. O tempo médio de resposta foi de 35 minutos. O questionário permitia tanto respostas fechadas quanto abertas. Os dados foram analisados qualitativa e quantitativamente pela porcentagem de frequência de respostas para cada item.

ESTUDO 1

Transição de carreira esportiva em ex-jogadores brasileiros de futebol profissional

O futebol é um fenômeno cuja prática atrai participantes de qualquer idade e em todas as camadas sociais no mundo inteiro. O futebol profissional move vastos interesses financeiros. Os jogadores de elite gozam de vantagens econômicas, popularidade e prestígio. No Brasil, o futebol é considerado esporte número um e tem importância tão grande que Mira y Lopes, da Silva já em 1969 assim o descreviam: "O futebol é hoje uma riqueza nacional, como o café, o boi, a laranja ou o automóvel; é produto de consumo interno e de exportação, fazedor de dólares e de divisas" (p. 34).

O término da carreira esportiva dos futebolistas brasileiros é, por esse motivo, um momento que requer grandes ajustamentos emocionais, sociais e profissionais. A transição da vida esportiva para uma vida pós-atlética não se dá de forma fácil, não existe apoio e suporte dos dirigentes esportivos nem tampouco um programa de preparação para a saída do esporte; os jogadores têm, em geral, baixo nível de escolaridade e poucas possibilidades de ter uma nova profissão não vinculada ao ambiente esportivo.

Portanto, o objetivo do presente estudo foi o de pesquisar como ex-jogadores brasileiros de futebol profissional experenciaram o término da carreira esportiva, suas causas e consequências.

Sujeitos

Foram avaliados 52 ex-jogadores de futebol profissional com média de idade de 50,20 ± 6,95, tempo como jogador profissional de 18,06 ± 4,34 anos e término da carreira esportiva em média aos 34,92 ± 3,97 anos. Todos atuaram em equipes profissionais brasileiras e internacionais de futebol, e 16 deles jogaram pela Seleção Brasileira em Campeonatos Mundiais e Olimpíadas.

Resultados e discussão

Os dados mostram que, para 74% dos ex-jogadores, a decisão para se retirar do esporte foi espontânea e oportuna. As causas mais frequentes relacionadas à saída do esporte foram em ordem decrescente de escolha: idade, surgimento de outros interesses, relacionamento com dirigentes, alteração do estilo de vida, declínio de desempenho, ausência de perspectivas, traumas físicos, saúde, cansaço psicológico, relacionamento com familiares e equipe esportiva e cansaço físico. A idade cronológica avançada e a consequente percepção de que não conseguiriam mais competir nos mesmos níveis elevados de antes foram consideradas pelos jogadores como causas mais significativas para o término da carreira esportiva.

Os ex-jogadores em média estiveram nove meses no período de transição e apontaram os seguintes sentimentos experenciados durante esse momento: tristeza (32%), conformismo (25%), alívio e tensão (7%), felicidade (5%), medo (4%), depressão e ressentimento (3%) e alegria, raivas e culpa (1%). Devido ao intenso envolvimento do esporte na vida dos jogadores, não é surpresa que o sentimento de tristeza tenha predominado como a emoção mais experenciada na transição. Por outro lado, os ex-jogadores dessa amostra tiveram carreiras esportivas longas e a saída do esporte foi consequência natural da idade, o que levou ao conformismo. Assim, descreveu um jogador: "Não dava mais".

Para 70% deles não houve deterioração da saúde nem sequelas de traumas, embora a maioria tenha tido problemas físicos durante a prática. Em termos econômicos, aproximadamente metade dos ex-jogadores relatou uma queda na situação financeira e 44% dificuldades na escolha de uma nova profissão, o que pode sugerir a razão pela qual todos escolheram profissões vinculadas ao meio esportivo (comentarista de televisão, treinadores, preparadores físicos e donos de escolinhas de futebol). Esses resultados indicam alta influência da carreira esportiva na escolha profissional. Somente 23% têm uma profissão paralela ao esporte. Com relação ao grau de satisfação com a nova profissão, 94% mostram-se satisfeitos com a profissão escolhida. Porém, 10% deles afirmam ainda não ter conseguido êxito. Em pesquisa realizada com atletas alemães e russos, Hackfort et al. (1997)

e Stambulova (1997a; 1997b) encontraram resultados semelhantes, indicando que o esporte continua a desempenhar papel significativo na vida dos ex-jogadores.

Quanto ao relacionamento familiar, 92% formaram família durante a carreira esportiva, dos quais 80% continuam casados e 98% têm filhos. Dos que não têm família ou estão divorciados, 26% acreditam que o esporte foi o motivo principal. Pôde-se notar também que, com relação à ajuda econômica e psicológica durante o período de transição, não encontraram apoio nas organizações esportivas, tendo de recorrer a amigos e familiares, fonte de suporte financeiro e emocional.

Para 41%, houve redução e renovação das relações sociais; para 23%, não houve mudança nas relações; e, para 16%, ampliou-se um pouco. Mas, em geral, houve influência positiva do término da carreira com relação aos relacionamentos familiares, ao lazer e trabalho. Estes estão de acordo com a literatura que mostra que os ex-atletas passam a ter mais tempo para se dedicar a família, amigos e lazer (Stambulova, 1997a).

Dentre as estratégias de enfrentamento desse momento, pode-se notar que 32% dos ex-jogadores resolveram por conta própria, 21% aumentaram a atividade, 17% solicitou ajuda de pessoas amigas, 11% ignoraram as dificuldades e 8% procurou ajuda na esfera do esporte.

Conclusão

Por esses dados, podemos concluir que existe uma total carência de suporte econômico, social e psicológico por parte dos dirigentes e das organizações esportivas para que os ex-jogadores de futebol consigam lidar com o período de transição de forma satisfatória.

Apesar dos sentimentos de tristeza e das dificuldades apresentadas durante a transição de carreira esportiva, aparentemente esses ex-jogadores estão bem adaptados na vida pós-esporte, o grau de satisfação e êxito com a profissão escolhida é alto. A qualidade positiva do ajustamento a uma nova profissão apresentada pelos sujeitos dessa amostra pode estar relacionada ao fato de todos exercerem profissões vinculadas ao meio esportivo e a decisão de parar, para a maioria, ter sido voluntária.

ESTUDO 2
Transição de carreira de ex-atletas brasileiros de alto nível

Para os atletas de alto rendimento o esporte é a energia que move a vida, é o marco de sua identidade. Assim, a retirada do esporte, voluntária ou involuntária, será sempre acompanhada de *distress* emocional (FEPSAC, 1999). A frase de uma ex-atleta de remo exemplifica esse momento: "Tive problemas psicológicos, o remo me dava identidade como pessoa".

O término da carreira esportiva tem uma série de causas, incluindo a idade, lesões e contusões, saturação emocional, dentre outras. A transição da vida esportiva para uma vida pós-atlética no Brasil não se dá de forma fácil, não existem apoio e suporte dos dirigentes esportivos nem tampouco um programa de preparação para a saída do esporte. Isso faz que a família se torne o principal meio de ajuste psicológico e financeiro ao trauma da "aposentadoria" e seus consequentes ajustes a uma nova vida pós-atlética.

Portanto, o objetivo do presente estudo foi o de pesquisar como os ex--atletas brasileiros que participaram de campeonatos internacionais experenciaram o término da carreira esportiva, suas causas e consequências.

Sujeitos

Foram avaliados 42 ex-atletas de nove modalidades diferentes (tênis, voleibol, basquete, atletismo, natação, remo, handebol, motociclismo e automobilismo) com média de idade de 45,07 ± 11,13, tempo de prática como atleta de 17,29 ± 71,34 anos e término da carreira esportiva em média aos 30,48 ± 6,30 anos. Todos atuaram em seleções brasileiras e disputaram campeonatos mundiais, olímpicos e/ou pan-americanos em suas respectivas modalidades.

Resultados e discussão

Os dados mostram que, para 71% dos ex-atletas, a decisão para se retirar do esporte foi espontânea, gradativa e ocorreu no tempo certo. As causas mais frequentes relacionadas à saída do esporte foram em ordem decrescente de escolha: surgimento de outros interesses, alteração do estilo de vida, ausência de perspectivas, relacionamento com familiares, cansaço psicológico, idade, saúde, traumas físicos, declínio de resultados, relacionamento com dirigentes, cansaço físico, relacionamento com o técnico e equipe esportiva.

Os ex-atletas em média estiveram nove meses no período de transição e apontaram os seguintes sentimentos experenciados durante esse momento: tristeza (16%), conformismo (16%), alívio (13%), felicidade (13%), ressentimento (11%), medo (4%), tensão (4%), culpa (4%), depressão (3%) e raiva (1%). Pode-se observar por esses resultados uma mescla de sentimentos, sem predominância significativa de um tipo determinado de sentimento. Essa mescla talvez possa ser explicada pelas frases mais citadas como emoções que descreveram o momento de saída do esporte: "Fui até o limite", "Tenho a sensação de missão cumprida", "Sinto-me satisfeito por ter alcançado o que queria" e "Parei na hora certa".

Embora alguns ex-atletas possam ter apresentado problemas na adaptação a uma nova carreira, 88% encontram-se satisfeitos com a profissão atual. É interessante que a maioria tem nível universitário (médicos, engenheiros, advogados, administradores de empresas e psicólogos) e 62% uma profissão direta ou indiretamente relacionada ao esporte (professores de educação física, promotores de eventos esportivos, proprietários de lojas de material esportivo). Para estes a carreira esportiva influenciou na escolha da nova profissão. Essa mesma tendência foi observada por Stambulova (1994, 1997) e Hackfort et al. (1997b).

Quanto aos problemas físicos durante a prática, 64% tiveram algum tipo de trauma e 48% apresentam sequelas destas lesões, mas somente 33% avaliam que seu estado de saúde piorou após a saída do esporte.

Em termos econômicos, aproximadamente metade dos ex-atletas relatou uma manutenção na situação financeira e 27% avaliam que sua situação econômica melhorou. Esses dados podem ser explicados pelo fato de que os atletas dessa amostra recebiam somente uma "ajuda de custo" e não dependiam do esporte para sobreviver.

Quanto ao relacionamento familiar, 56% formaram família durante a carreira esportiva e 54% se casaram com ex-atletas. Em geral, houve influência positiva do término da carreira com relação aos relacionamentos familiares, ao lazer e trabalho. Esses dados estão de acordo com a literatura que mostra que os ex-atletas passam a ter mais tempo para se dedicar a família, amigos e lazer (Stambulova, 1997b). Dos que não têm família ou estão divorciados, 27% acreditam que o esporte foi o motivo principal.

Dentre as estratégias de enfrentamento observa-se que 25% dos ex-atletas resolveram por conta própria, 13% solicitaram ajuda de pessoas amigas, 12% ignoraram as dificuldades e 10% aumentaram a atividade. Pôde-se notar também que, com relação à ajuda psicológica durante o período de transição, não encontraram apoio nas organizações esportivas, tendo de recorrer a amigos e familiares, fonte de suporte emocional. Em termos econômicos, quase todos os ex-atletas já possuíam uma profissão paralela enquanto atletas e, portanto, não dependiam de ajuda.

Conclusão

Por esses dados, podemos concluir que o fato de terem decidido se retirar do esporte de forma voluntária, possuírem diploma universitário e profissões paralelas ao esporte pode justificar a boa adaptação dos ex-atletas na vida pós-esporte. O grau de satisfação e êxito com a profissão escolhida é alto.

Mas fica claro também que não há no Brasil, por parte dos dirigentes e das organizações esportivas, um programa de suporte econômico, social e psicológico para que os ex-atletas de diferentes modalidades esportivas possam se adaptar de forma satisfatória ao período de transição.

ESTUDO 3

MUDANÇAS NO CICLO DE RELACIONAMENTOS DE EX-JOGADORES DE BASQUETEBOL DEPOIS DA APOSENTADORIA ESPORTIVA

Terminar a carreira esportiva pode se tornar um dos momentos mais difíceis da vida de um atleta, já que a mudança no estilo de vida requer adaptação da rede social e de papéis sociais. Nesse contexto, estudar o término de carreira esportiva e avaliar as necessidades de ajustamento no ciclo de relacionamentos tem sido de grande importância para as ciências do esporte.

Para Wylleman, Stambulova, Biddle (1999), uma transição de carreira pode ocorrer em duas situações gerais. Primeiro, de ordem estrutural ou organizacional relacionada às mudanças no nível de categorias e na idade do atleta. Esse caso refere-se à transição da iniciação esportiva para o esporte competitivo ou da categoria júnior para a categoria adulta. Esse tipo de transição apresenta alto grau de prognóstico, ou seja, tem uma previsão para que ocorra e faz parte da sequência natural de uma carreira no esporte. As transições com um grau baixo de previsão podem ocorrer inesperadamente, ou talvez nem cheguem a ocorrer; são definidas pela FEPSAC (1997) como um "não evento", e se referem a algumas mudanças que podem acontecer, mas que, diante de certas circunstâncias específicas, não se concretizam, por exemplo, interromper a carreira esportiva de forma abrupta.

Segundo, em relação à sua origem, ou seja, por razões emergentes, de ordem psicológica (motivação para engajar em um nível de conquistas mais alto); física (problemas musculares, lesões); educacional (ajustamentos na escola ou na universidade); profissional (uma promoção no emprego, caso o atleta mantenha outro trabalho paralelo); ambiental (conflitos e problemas de relacionamento entre técnicos e atletas) e psicossocial (divórcio).

A qualidade da aposentadoria é geralmente avaliada por critérios como tempo de adaptação, posição ocupacional, prestígio, trabalho, satisfação com o novo emprego, satisfação com a vida em família e com a vida em geral, autoestima e identidade esportiva.

Um estudo realizado por Blaesild, Stelter (2003) com jogadores de alto nível, concluiu que, dependendo da presença de alguns fatores específicos, a transição para o término da carreira pode levar a um sentimento de "renascimento" (a aceitação do início de uma vida nova), ou a uma dificuldade de adaptação a esse novo momento. Segundo a pesquisa, os fatores que mais influenciam a qualidade da transição para o término da carreira são: a causa da aposentadoria, o grau de identificação com o esporte (identidade atlética), oportunidades de emprego e educação na nova vida, qualidade do suporte social, rede social dentro e fora do meio esportivo, habilidade para manter o *status* social e administrar seus negócios. Além do mais, o estudo revela como sugestões para o adequado ajustamento: ter outra profissão paralela à de esportista; não parar de estudar e se atualizar (estudo continuado), como também manter uma rede de amigos fora da esfera do esporte.

As pesquisas têm sugerido que uma grande proporção de atletas atribui o desligamento com o esporte competitivo a uma causa que ele não tem controle, mas enfatizam, principalmente, a necessidade de se estudar melhor as razões da aposentadoria no esporte, assim como o impacto da decisão voluntária ou involuntária na aposentadoria (Wylleman, Stambulova, Biddle, 1999). A qualidade de ajustamento à aposentadoria do esporte competitivo está mediada por uma série de fatores específicos, relacionados ao atleta, ao seu ambiente e ao tipo de transição. Com relação às características do atleta podemos citar a idade e o estado de saúde. Da mesma forma, fatores de ordem psicossocial também representam importante papel nesse momento, pois, em particular, a identificação social e a identificação do atleta com o papel de esportista têm sido considerados fatores de fundamental importância para se compreender a adaptação ao término de carreira (FEPSAC, c2003).

Portanto, o objetivo do presente trabalho foi avaliar a influência do término de carreira no ciclo de relacionamentos de ex-jogadores de basquetebol.

Sujeitos

Participaram da pesquisa 22 ex-jogadores de basquetebol de alto nível, do sexo masculino, com média de idade de 50,45 ± 10 anos, tempo de prática como atleta profissional de 18,59 ± 5,62 anos e término da carreira esportiva em média aos 32,59 ± 5,33 anos. Todos atuaram em seleções brasileiras e disputaram campeonatos mundiais.

Resultados e discussão

Os dados mostram que, para 45,5% dos entrevistados, o ciclo de relacionamentos manteve-se o mesmo, ao passo que, para 31,8% o *status* social aumentou. Somente para 18,2% da amostra avaliada, o grupo de relações sociais reduziu. Segundo dados coletados nas entrevistas, esses atletas mantinham outras atividades paralelas, como estudar, fazer faculdade ou cursos paralelos, o que contribuía para a formação de diversos grupos sociais fora do entorno esportivo. Em estudos de Stambulova (1997b), podemos verificar alguns dados afirmando que os ex-atletas tem mais tempo para se dedicar à família, amigos e ao lazer, depois que se aposentam.

Por outro lado, os resultados desta pesquisa são divergentes com os estudos de Lavallee (2000), pois mostram que, no término de carreira, os atletas estão saindo do meio esportivo, e não entrando para um mundo de interação, e, portanto, o ciclo de relacionamentos diminui, facilitando muitas vezes, uma situação de isolamento social.

Sabe-se que várias causas podem suscitar a aposentadoria no esporte, e que podem diferir em origem, mas certamente o suporte social representa uma positiva influência para o ajustamento dos atletas em período de transição para a vida pós-esporte.

Alguns aspectos específicos, considerados moduladores do ajustamento ao momento da aposentadoria e facilitadores de uma adaptação adequada, também podem ser avaliados: experiências anteriores (outras transições); envolvimento com atividades relacionadas com esporte depois da aposentadoria; *status* socioeconômico; suporte social; percepção de controle; identidade esportiva; grau de planejamento profissional; habilidades (persistência, competitividade, metas etc.); objetivos relacionados com esportes; e, finalmente, foco depois da aposentadoria (Lavallee, 2005).

Conclusão

Para a amostra de ex-jogadores de basquetebol que participaram da presente pesquisa, a aposentadoria no esporte não refletiu em mudanças no ciclo de relacionamentos sociais, e nesse sentido, a manutenção de uma rede social paralela, durante a carreira esportiva, contribuiu para a manutenção do equilíbrio pessoal e do *status* social desses sujeitos, após o final da carreira.

ESTUDO 4

Transição da carreira esportiva em jogadores de futebol de salão

O término da carreira esportiva é o resultado de muitos fatores e, pode apresentar como causas uma variedade de razões, que podem ser voluntárias (decisão por livre escolha) ou involuntárias (sem livre escolha).

Os atletas podem decidir por livre escolha encerrar sua carreira, tomando, portanto, a decisão voluntária de se aposentar. Essa escolha voluntária pode estar relacionada a determinado fator ou a um conjunto de fatores relacionados. Pode ser de ordem psicológica (busca de novo estilo de vida), social (necessidade de maior contato e relacionamento com a família) ou pessoal (problemas financeiros). Com relação às principais causas voluntárias, Wylleman, Stambulova e Biddle (1999) realizaram pesquisas com ex-atletas olímpicos da Bélgica, e demonstraram que muitos deles fizeram a livre opção de se retirar da carreira esportiva, e as principais causas observadas nesse estudo, em ordem decrescente, foram: idade; problemas financeiros; perda de satisfação pela atividade e necessidade de passar mais tempo com a família e os amigos.

Mas a aposentadoria pode também acontecer de repente, os atletas podem ser forçados a encerrar a carreira por motivos inesperados, ou seja, de forma involuntária, sem livre escolha. Aposentadoria involuntária pode ser definida como "[...] a aposentadoria externamente imposta e, na qual o atleta não tem controle" (Crook, Robertson, 1991, p. 120). As pesquisas mostram que é maior a probabilidade de aparecerem problemas de ajustamento quando ocorre a aposentadoria involuntária.

Dentre as principais causas involuntárias, podemos citar: lesões, desilusão, não selecionamento para a equipe (corte), conflitos com dirigentes ou problemas familiares. Para Crook, Robertson (1991), Wylleman, Stambulova e Biddle (1999), os atletas são menos resistentes à aposentadoria involuntária, porque estão menos preparados para esse momento. Além do mais, os atletas que são forçados a se aposentar experienciam sentimentos de raiva, depressão e apresentam baixa autoestima, pois percebem a aposentadoria "forçada" como um fracasso (Crook, Robertson, 1991).

Quando existem fracassos subsequentes, aparecem as desilusões com relação à profissão de atleta de elite, e esta tem sido também uma causa importante para a aposentadoria involuntária (Wylleman, Stambulova e Biddle 1999). As pesquisas têm sugerido que grande proporção de atletas atribui o desligamento com o esporte competitivo a uma causa que ele não tem controle, mas enfatizam, principalmente, a necessidade de se estudar melhor as razões da aposentadoria no esporte, assim como o impacto da decisão voluntária ou involuntária na aposentadoria (Wylleman, Stambulova e Biddle, 1999).

Um estudo realizado por Erpic (2001), com atletas da Eslovênia, teve como objetivo analisar a influência da identidade atlética nas características do término de carreira esportiva e a adaptação à vida pós-esporte. Uma amostra de 85 atletas de alto nível, que participaram de Campeonatos Mundiais e Olimpíadas, responderam a um questionário elaborado para a transição de carreira: Sport Career Transition Questionnaire (Erpic, 2001). A pesquisa verificou que os atletas vivenciam dificuldades de adaptação a uma nova carreira profissional, fora do esporte, porque não se prepararam para uma vida depois da carreira esportiva; e, enfim, mais frequentemente terminam a carreira esportiva de forma involuntária, ou seja, como é difícil tomar a decisão de parar por conta própria (devido ao valor conferido ao esporte), esse momento é adiado, até que algum fator "externo" muito importante o impeça de continuar jogando profissionalmente, como no caso de incapacidade de continuar, a não contratação ou lesões sérias.

De qualquer forma, Erpic (2001) e a FEPSAC (1997) citam algumas estratégias, na finalidade de auxiliar os atletas a fortalecer a autoconfiança e a autoestima, a fim de que encontrem sucesso em outras carreiras fora do esporte, por exemplo, aprender a transferir as habilidades adquiridas durante a carreira esportiva para outras atividades fora do esporte (ser persistente e competitivo, ter metas etc.). Nesse sentido, o sucesso na transição de carreira esportiva exige, fundamentalmente, a busca pela autonomia pessoal durante a carreira esportiva e a consciência sobre formas de investimento e desligamento dentro ou fora da área esportiva (Brandão et al., 2000).

Portanto, o objetivo deste estudo foi avaliar as causas do término de carreira de jogadores de futebol de salão e o impacto desse momento na nova carreira profissional.

Sujeitos

Foram avaliados dez ex-jogadores de futebol de salão, do sexo masculino, que disputaram campeonatos nacionais e internacionais e que terminaram sua carreira esportiva há no máximo dois anos. A média de idade dos ex-jogadores é de 25,2 ± 3,46 anos e tempo de prática como atleta de 11,7 ± 4,08 anos.

Resultados e discussão

Os resultados mostram que, para 70% dos jogadores, a decisão de se retirar do esporte não foi espontânea, isto é, de alguma forma, foram obrigados a parar de jogar repentinamente. Dentre as causas mais frequentes relacionadas ao término da carreira competitiva aparecem, em ordem decrescente de escolhas: trauma físico (30%), relacionamento com os dirigentes (30%), relacionamento com o técnico (10%), estado de saúde (10%), alterações do estilo de vida (10%) e aparecimento de outros interesses (10%).

Com relação às principais emoções experenciadas nesse período, observamos que 40% dos atletas sentiram tristeza, enquanto medo, tensão, conformismo e depressão apresentaram 10% de escolhas cada. Podemos observar ainda que 80% dos jogadores apresentaram piora na sua condição física após a saída do esporte. Quanto à escolha de uma nova profissão, 30% já conseguiram êxitos significativos, 40% alguns êxitos e 20% ainda não conseguiram se ajustar a um novo estilo de vida.

As lesões podem "tirar" um atleta inesperadamente do esporte competitivo e, por esse motivo, pode ser um dos maiores fatores de estresse no esporte (Orlick, 1990). Alguns estudos (Lavallee, 2000) que tiveram como objetivo pesquisar o término de carreira em atletas que sofreram lesões demonstram que uma lesão não precisa ser severa para que possa provocar a saída do atleta do esporte. Ao contrário, de acordo com Taylor, Ogilvie (1998), uma pequena redução nas capacidades físicas pode ser o suficiente para fazê-lo desistir do esporte de rendimento. "Consequentemente, as lesões têm o potencial de ser uma das razões mais estressantes na transição da carreira esportiva" (Lavallee, 2000, p. 16).

Conclusão

Este estudo concluiu que, para a grande maioria desses atletas, a decisão de encerrar a carreira esportiva foi involuntária e abrupta, e as lesões e os relacionamentos com dirigentes foram as causas mais citadas, trazendo como consequências sofrimento e tristeza. Esses resultados podem explicar por que somente 30% deles já se adaptaram a uma nova vida, já que a parada repentina do esporte exigiu mudanças inesperadas, sem um preparo anterior.

Considerações finais

Nesses estudos foi surpreendente notar o grau de vulnerabilidade dos atletas durante a transição para a aposentadoria. Aparentemente, não existe a preocupação dos dirigentes e entidades esportivas para se entender o processo pelo qual passam os atletas em transição para uma vida pós-carreira esportiva, momento que talvez represente uma das passagens mais importantes em sua vida, e o impacto disso em todas as esferas.

Raros são os treinadores que também se preocupam com os atletas que por tantos anos trabalharam juntos em busca da excelência no esporte. Por isso, chama à atenção a preocupação do técnico Bernardinho da Seleção Brasileira de Voleibol Masculino, em entrevista ao jornal *Folha de S.Paulo* (2008), com os jogadores que deixaram o selecionado brasileiro e com seu futuro, já que eles têm vivencia apenas na quadra. "Muitos não têm essa noção que eu tenho. O pós é muito complicado, você vê quantos se perdem por aí. Vou monitorar os meus, ver as atividades que estão fazendo". Infelizmente, rara noção de que o papel do treinador vai além das quadras.

Os atletas de elite entram no esporte muito jovens e passam anos treinando e competindo. A alta visibilidade e fama que muitos alcançam podem levar a concepções erradas sobre seu futuro, acreditando que a fama durará para sempre.

Compreendemos que o desafio de muitos é conseguir manter o equilíbrio entre as exigências da carreira esportiva e, ao mesmo tempo, desenvolver outras habilidades profissionais, manter o controle administrativo de seus recursos financeiros, o *status* social, e a *mudança* de identidade, pautada em novos valores, de acordo com o novo momento de vida, mas que oferece novas perspectivas e oportunidades de realização.

A realidade da aposentadoria é que o atleta nem sempre tem controle sobre a situação, o que o faz experenciar muitas dificuldades para planejar uma nova carreira e criar uma identidade fora do esporte. Assim, fica claro que o que ele faz depois de aposentar-se é muito influenciado pelo suporte que recebe, pela forma como enfrenta esse momento e pela aceitação da aposentadoria.

Muitas modalidades esportivas especializam o atleta em somente uma dimensão e isso significa que as habilidades adquiridas na prática esportiva não podem ser transferidas para outras áreas de sua vida. Quanto mais forte for a aderência a uma identidade atlética, maior a probabilidade de ocorrem problemas de ajustamento a uma nova vida fora do esporte. Devemos lembrar que o atleta passa anos desenvolvendo seu talento e ganhando reconhecimento em seu esporte, ao se aposentar, ele deve ir para um mercado de trabalho no qual sua notoriedade é mínima e terá de competir por um espaço profissional com outros que se preparam anos para tal.

Referências Bibliográficas

AGRESTA, M. C.; BRANDÃO, M. R. F.; BARROS NETO, T. L. Causas e consequências do término de carreira esportiva em jogadores brasileiros de basquetebol e futebol profissional. *Revista Brasileira de Medicina do Esporte*, v. 14, n. 6, p. 509-513, 2008.

AGRESTA, M. C.; BRANDÃO, M. R. F.; BARROS NETO, T. L. Impacto do término de carreira esportiva na situação econômica e profissional de jogadores de futebol profissional. *Revista Brasileira de Ciência e Movimento*, v. 16, n. 1. 2008.

AGRESTA, M. C. *Causas e consequências do término de carreira esportiva em jogadores brasileiros de basquetebol e futebol profissional*, São Paulo, 2006. (Dissertação) – Universidade Federal de São Paulo.

BLÆSILD K., STELTER, R. Psychological and social consequences of career transition out of professional football: a multiple case study [abstract]. In: STELTER, R. (Ed.). New approaches to exercise and sport psychology: theories, methods and applications. *XIth European Congress of Sport Psychology*; jul. 2003. p. 22-27; Copenhagen, Denmark. Copenhagen: University of Copenhagen. 2003. p. 35.

BRANDÃO, M. R. F.; AGRESTA, M. C. As lesões e o esporte de rendimento: uma análise à luz da psicologia do esporte. In: BRANDÃO, M. R. F.; MACHADO, A. A. (Eds.). *Aspectos psicológicos do rendimento esportivo*, v. 8, p. 183-201, 2008.

BRANDÃO, M. R. F. et al. Causas e consequências da transição de carreira esportiva: uma revisão de literatura. *Revista Brasileira de Ciência e Movimento*, v. 8, n. 2, p. 49-58, 2000.

BRANDÃO, M. R. F. *Fatores de stress em jogadores de futebol profissional*, Campinas, 2000. (Tese) – Universidade Estadual de Campinas.

CROOK, J. M.; ROBERTSON, S. E. Transitions out of elite sport. *Int. J. Sport. Psychol.*, v. 22, n. 2, p.115-27, 1991.

ERPIC, S. C. Athletic identity and adjustment to sport career termination and to post-sport life. In: PAPAIOANNOU, A.; GOUDAS, M.; THEODORAKIS Y. In the dawn of the new millennium. *Programme and Proceedings of the 10th World Congress of Sport Psychology*; 28 maio-2 jun. 2001; Skiathos, Greece. Thessaloniki: Christodoulidi, 2001. p. 164-166.

FEPSAC. Position statement: sports career termination, 1999. Biel: *FEPSAC*; c2003a [citedo 9 jan. 2006]. Disponível em: <http://www.smartstep.se/ssp/sportpsychology/module.asp?page=detaileXModuleId=8243eProductId=2670>.

FEPSAC. Position statement: sports career transitions, 1997. Biel: *FEPSAC*; c2003b [citedo 9 jan. 2006]. Disponível em: <http://www.smartstep.se/ssp/sportpsychology/module.asp?page=detaileXModuleId=8243eProductId=2668>.

HACKFORT, D.; EMRICH, E.; Papathanassiou. *Nachsportliche Karriereverlaüfe*. Schorndorf: Hofmann, 1997.

JACQUES, M. G. C.; CARLOS, S. A. Identidade, aposentadoria e o processo de envelhecimento. *Comciencia* [periódico na internet], set. 2002 [citado 10 set. 2002]; v. 8, n. 7,[cerca de 2p]. Disponível em: <http://www.comciencia.br/reportagens/ envelhecimento/texto/env15.htm>.

LAVALLEE, D. The effect of a life development intervention on sports career transition adjustment. *Sport Psychol.*, v.19, p. 193-202, 2005.

_____. Theoretical perspectives on career transitions in sport. In: LAVALLEE, D.; WYLLEMAN, P. (Eds.). *Career transitions in sport: international perspectives*. Morgantown (WV): Fitness Information Technology; v.1, p. 27, 2000.

MENDELSOHN, D. El retiro del futbolista. *Efdeportes* [periódico em internet], out. 1999 [citado 12 dez. 2005]; v. 4, n. 16 [cerca de 4p]. Disponível em: <http://www.efdeportes. com/efd16/retiro.htm>.

MILLER, P. S.; KERR, G. A. Conceptualizing excellence: past, present, and future. *Journal of Applied Sport Psychology*, n. 14, p. 140-153, 2002.

MIRA Y LOPES, E.; RIBEIRO DA SILVA, A. *Futebol e psicologia*. Rio de Janeiro: Editora Civilização Brasileira, 1969.

OGILVIE, B. C. When a dream dies. *Women's sport*, v. 5, n. 12, p. 68, 1984.

ORLICK, T. *In pursuit of excellence*. Champaign: Huaman Kinetics, 1990.

PARGMAN. D. *Psychological bases of sport injury*. Morgantown: Fitness Information Technology, Inc., 1999.

PETITPAS, A. 'Implementing Career Transition Programs'. In: LAVALLEE, D.; WYLLEMAN, P. (Eds.). *Career transitions in sport*: Fitness Information Technology, USA, 2000. p. 89.

PETITPAS, A.; CHAMPAGNE, D. *Journal of College Student Development,* n. 29, p. 454-460, 1988.

ROFFÉ, M. Retiro del futbolista: el drama del día después. *Efdeportes* [periódico en internet], nov. 2000 [citado 15 out. 2005], v. 5, n. 27 [cerca de 5p]. Disponível em: <http://www.efdeportes.com/efd27a/retiro.htm>.

SINCLAIR, D. A.; ORLICK, T. Positive transitions from high-performance sport. *The sport psychologist*, v.7, p. 138-150, 1993.

STAMBULOVA, N. Sports career psychological models and its applications. In: LIDOR, R, BAR-ELI, M. (Eds.). *Proceedings of the IXth World Congress of Sport psychology*, 1997; International Society of Sport Psychology, p. 655-7, 1997a.

_____. Transitional period of Russian athletes following sports career termination. In: LIDOR, R, BAR-ELI, M. (Eds.). *Proceedings of the IXth World Congress of Sport Psychology*, jul. 1997. p. 5-9; Netanya, Israel. Israel: International Society of Sport Psychology, 1997b. p. 658-60.

STAMBULOVA, N. B. Developmental sports career investigations in Russia: a post- perestroika analysis. *Sport Psychol.*, v. 8, p. 221-37, 1994.

STAMBULOVA, N. Sports career psychological models and its applications. *Proceedings of The IX ISSP Congress*, Israel, 1997. p. 655-657.

STAMBULOVA, N. B. Sports career transitions of russian athletes. *Proceedings of The IX FEPSAC Congress*, Brussels, Belgium, 1995. p. 867-873.

TAYLOR J.; OGILVIE, B. C. A conceptual model of adaptation to retirement among athletes. *J. Appl. Sport. Psychol.*, v. 6, 1994. p. 1-20.

_____. Personal growth to peak performance: career transitions among elite athletes: is there life after sports? In: WILLIAMS, J. M. (Ed.). *Applied sports psychology*: personal growth to peak performance. 3. ed. Mountain View (CA): Mayfield; 1998. p. 429-444.

TINLEY, S. *Athlete retirement: a qualitative inquiry and comparison*, San Diego,2003. (Tese) – State University.

WARRINER, A.; LAVALLEE, D. The retirement experiences of elite female gymnasts: Self Identity and the Physical Self. *Journal of Applied Sport Psychology*, 2008. p. 20:3, 301-317.

WYLLEMAN, P., LAVALLEE, D.; ALFERMANN, D. (Eds.). Career transitions in competitive sports. Biel (Switzerland): *FEPSAC*, 1999. [FEPSAC Monograph Series, 1].

WYLLEMAN, P.; STAMBULOVA, N. B.; BIDDLE, S. Career transitions in sport: research and interventions. In: *Proceedings of the 10th European Congress of Sport Psychology*, jul. 1999. p. 7-12; Prague, Czech Republic, 1999. p. 301-303.

» Quando a lesão leva à transição?!

Marisa Markunas[1]

Tenista não resiste às lesões e deixará o tênis em Roland Garros.
Jornal *Lance*, 29 de abril de 2011

O texto do periódico ilustra bem o assunto que tratamos neste capítulo:

> Ex número 1 do Brasil, o gaúcho Marcos Daniel vai se despedir em breve das quadras. Aos 32 anos, o tenista perdeu a batalha para uma grave lesão no ombro direito que o incomodava desde dezembro passado.

Neste capítulo, discutiremos como se dá a transição de carreira em decorrência de lesões esportivas que impedem o atleta de atuar profissionalmente em níveis de desempenho adequados e aceitáveis no alto nível de rendimento. Entretanto, destacamos que a aposentadoria motivada pelas dores ou limitações de movimentos e gestos motores pode ocorrer em diferentes períodos de uma carreira, tanto com atletas que atuam nos mais altos cenários de sua modalidade, como com jovens iniciantes e promissores que interrompem a carreira esportiva antes mesmo de atingir as etapas relativas à idade adulta.

Com a manchete: *Aos 27 anos, o adeus de Brandon Roy...* o portal "Bala na Cesta" anuncia, em dezembro de 2011, a aposentadoria do jogador norte-americano de basquetebol, enfatizando a pouca idade do atleta:

---

[1] Mestre em Educação Física (EEFE/USP), Psicóloga (PUC/SP). Professora da Unisant'Anna e do Instituto Sedes Sapientiae. Supervisora de Psicologia do Esporte da ADC Bradesco Esportes e Educação.

Aos 27 anos, está chegando ao fim a carreira de Brandon Roy, ala do Portland Trail Blazers. Tão talentoso quanto calado, Roy terá a sua vida esportiva abreviada por uma série de lesões. A última, de acordo com os sites norte-americanos, é uma degenerativa nos joelhos – que já o incomodava há dois anos .. [...] É uma notícia triste, bem triste.... e ele só tem 27 anos.

Muitos atletas, de diferentes modalidades esportivas, brasileiros ou não, poderiam ser citados aqui por terem encerrado sua carreira precocemente, assim como outros tantos anônimos o fizeram. Contudo, poucos são facilmente lembrados quando falamos em superação de lesões e manutenção da carreira em altíssimo nível de desempenho, como é o caso do ex-jogador de futebol Ronaldo.

Em todos esses casos, o que mais mobiliza a atenção da mídia, de torcedores, familiares, amigos e profissionais do esporte são as exigências impostas pelas dores, o sofrimento que o atleta passa e sua capacidade de superação.

Ao longo de quase quinze anos de atuação como psicóloga no processo de formação de atletas, pude acompanhar jovens desde a passagem da iniciação e especialização esportiva até a maturidade profissional, acumulando experiências no acompanhamento, na orientação e no apoio psicológico na reabilitação atletas com severas lesões. Parte dessa experiência é relatada neste texto, destacando a transição de carreira de cinco atletas, todas decorrentes de lesões.

As descrições apresentadas referem-se ao trabalho de intervenção psicológica sistemática, desde as primeiras reabilitações até a aposentadoria de duas jovens de 18 e 19 anos, uma praticante de basquetebol e a outra, de voleibol.

Outras duas jogadoras de basquetebol que encerraram suas carreiras aos 25 e 26 anos, respectivamente, foram acompanhadas com menor frequência, havendo atuações de apoio e orientação psicológica durante sua transição de carreira. Nos dois casos, pude acompanhá-las desde o processo de formação esportiva, aos 15/16 anos até a sua profissionalização aos 20 anos, passando pela reabilitação de grave lesão aos 19 anos. Para ambas, a sucessão de acontecimentos decorrentes daquelas lesões influenciou sua aposentadoria precoce.

O depoimento de uma atleta de judô, cuja transição de carreira foi vivida aos 23/24 anos e motivada pelas dores e lesões também foi base para a estruturação deste texto.

Sabendo que Wylleman et al. (1999) apontam a necessidade de desenvolvimento de metodologias específicas para o estudo e intervenção na transição de carreira de atletas e indicam que é necessário desenvolver uma abordagem "in vivo" para estudar a transição de carreira enquanto ela acontece, entendemos que a sistematização do processo de intervenção psicológica, citado anteriormente, pode auxiliar nesse sentido. Embora o presente trabalho não tenha o caráter rigoroso e sistemático das pesquisas científicas, com a elaboração prévia de um problema e metodologias de investigação, pretende-se que o relato da prática profissional ofereça indícios para a elaboração de estudos e procedimentos de intervenção, especialmente no que se refere à transição de carreira decorrente das consequências de lesões esportivas severas.

Ainda segundo Wylleman et al. (1999), os estudos e as análises realizados sobre o acompanhamento longitudinal podem oferecer dados mais detalhados sobre o processo de transição. Embora tenha sido possível tal acompanhamento, os depoimentos das atletas, mencionadas anteriormente, utilizados nesta publicação foram coletados de modo retrospectivo. Com cada uma, foi realizada uma entrevista semiestruturada a respeito de seu histórico de formação esportiva, atuação profissional e participação na Seleção Brasileira, bem como a ocorrência de lesões e o processo de transição de carreira.

Além dessas análises, este texto foi construído simultaneamente ao processo de transição vivenciado pela atleta de 18 anos de basquetebol que sofrera o rompimento do ligamento cruzado anterior do joelho direito dois anos e meio antes de aposentar-se. Alguns de seus relatos textuais apresentados durante o processo de transição também foram utilizados.

DA FORMAÇÃO DE ATLETAS À TRANSIÇÃO DE CARREIRA

De acordo com Alfermann (2005, apud Agresta et al., 2008), a carreira esportiva é composta por uma sequência de sucessivas fases, como a transição do esporte infantil para o juvenil, seguida da transição para o junior e, finalmente, para o adulto; a transição do esporte amador para o profissional e a transição para o término da carreira esportiva. Portanto, a transição de carreira esportiva significa mudança de uma fase a outra no percurso de preparação do atleta para a profissionalização e após esta. Tais passagens são acompanhadas por concomitantes mudanças nas características psicológicas e sociais do atleta, e da necessidade de recursos para lidar com o momento, havendo o esforço pessoal para a adaptação à nova fase.

Embora o imaginário popular contenha a ideia de que a vida de atleta é muito proveitosa, em função de ele atuar "com aquilo que gosta" e ainda ser remunerado por isso, há o "lado B" da vida de atleta.

A boa remuneração, o sucesso e a fama dizem respeito a um número limitado de atletas, nas mais diversas modalidades esportivas. Além disso, para atingir a profissionalização, o jovem passa por dificuldades impostas pelo sistema de treinamento esportivo ao longo da adolescência, tais como a distância e saudades da família e dos amigos (quando migram para grandes centros de treinamento esportivo, morando em alojamentos sobre arquibancadas, por exemplo); a incompatibilidade de calendários e demandas entre compromissos escolares e esportivos; a dificuldade de adaptação às crescentes exigências sociais, físicas e técnicas; a possível disputa de prestígio com colegas de equipe, revelando por vezes o conflito: parceiro ou concorrente? – quando a vaga de titular ou mesmo o espaço em uma equipe estão em jogo; as frustrações em competições ou não convocação e "cortes" em seleções regional e brasileira; o medo de decepcionar familiares ou excessivo desejo em orgulhá-los; o risco de lesões e o medo de que a pausa para recuperação possa prejudicar o ritmo de treinamento e mesmo o processo de preparação para a profissionalização entre outros.

Ao ser questionada sobre os personagens que influenciaram sua formação e sobre o treinamento em longo prazo (TLP), uma das entrevistadas esclarece que além do primeiro professor e demais treinadores responsáveis pela migração e crescimento em São Paulo:

> [...] eu não poderia deixar de citar a minha família, que me apoiou desde o início, minha mãe que preferiu "morrer de saudade" do que me impedir de realizar meus

sonhos. Meu avô que foi meu fã número 1 e minha avó que ainda chora muito, mas nunca deixa de dizer que sou o seu orgulho. Meu irmão que me tem como exemplo e minha prima que sempre me patrocinava nos momentos difíceis, nas passagens para ir passear em casa.

[...]

O que posso dizer sobre o treinamento a longo prazo, é que ele apresenta duas vertentes, uma com pontos positivos e outra com caráter negativo. Ambas relacionadas aos aspectos cognitivo, afetivo e social. Para se atingir os resultados almejados, é necessária muita dedicação por parte do atleta, e com isso o convívio com outras pessoas, que não são aquelas envolvidas no grupo de treino, acaba sendo comprometido, o atleta se fecha de tal forma, que ele acaba se relacionando apenas com as pessoas envolvidas no treino, e ao mesmo tempo muitas vezes a amizade com essas pessoas se fortalece, o atleta passa a conviver mais com o técnico e com os colegas de treino do que com a própria família. O treinamento a longo prazo é capaz de promover ao atleta, o autocontrole para lidar com situações difíceis, eu diria que com o passar do tempo adquire-se autoconfiança. No entanto os objetivos não alcançados e as metas não cumpridas podem causar frustrações que são levadas para o resto da vida, e a autoconfiança também pode ser comprometida. Durante uma carreira esportiva, se experimenta vários sentimentos: alegria, euforia, raiva, prazer, medo, ansiedade etc.! Se formam laço afetivos e se vive em uma competição constante, afinal só cabe uma pessoa no lugar mais alto do pódio e só tem um titular por categoria, o restante é reserva. Durante o longo prazo, adquirem-se lesões, que muitas vezes comprometem o atleta para o resto da vida.

(Ex-judoca, aos 24/25 anos – ao final do ano em que assumiu a aposentadoria)

A carreira esportiva corresponde a um processo que, em geral, tem início na infância, com a prática lúdica de jogos, brincadeiras que envolvem o domínio motor ou práticas esportivas recreativas. O ingresso programas de treinamento esportivo, organizados em longo prazo corresponde ao período intermediário da carreira de atletas, que pode culminar com a profissionalização e até o sucesso esportivo. Por outro lado, o final desta carreira pode ocorrer em diferentes momentos do ciclo vital de um indivíduo.

Para Wylleman et al. (1999), o término da carreira esportiva é o resultado de muitos fatores e, frequentemente, uma combinação de fatores individuais e influências sociais. Para os autores, as razões podem ser voluntárias (decisão por livre escolha) ou involuntárias (sem livre escolha em que o atleta é impedido de continuar a atuar), como idade, novos interesses emergentes, fadiga psicológica, dificuldades com a equipe técnica, resultados esportivos em declínio, problemas de contusão ou de saúde, e o não selecionamento para os jogos. Segundo Brandão et al. (2000), as causas involuntárias que são inesperadas como a ocorrência de lesão são as que mais levam a alterações de ordem emocional.

Em uma comparação superficial, pode-se dizer que a ocorrência de uma lesão grave apresenta diferenças significativas entre jovens atletas e profissionais adultos, pois o afastamento dos treinamentos técnico-táticos e eventualmente de competições por longos períodos podem prejudicar significativamente a progressão de aprendizagem e o aperfeiçoamento esportivo ao que o jovem está envolvido. O adulto, mais maduro nesse sentido, tem prejuízos de outra ordem como 'perder espaço' na equipe ou ter seu sucesso profissional questionado.

Dependendo da etapa de treinamento, da categoria etária à qual o jovem atleta está vinculado, o déficit de uma lesão severa pode comprometer toda a sua carreira, visto que o tempo transcorrido entre a ocorrência da lesão e o retorno pleno à prática esportiva ocorre em fases que ele deveria adquirir ou adaptar-se mais significativamente a determinados conteúdos de sua modalidade como domínio de técnicas ou vivência de circunstâncias competitivas, para adquirir a "maturidade emocional" ou malícia de jogo que os níveis subsequentes do TLP e da profissionalização exigem:

> "A segunda cirurgia no joelho foi feita em 2004 devido a um desgaste na cartilagem e uma lesão no menisco.

> Foram 2 meses afastada das quadras e fazendo fisioterapia. Depois dessa cirurgia continuava a sentir dores e minha presença na fisioterapia era constante, principalmente no ano de 2007 e 2008. Fiz infiltrações, injeções de cartilagem e muitas vezes tomava remédio para conseguir treinar. A lesão que mais mexeu comigo foi a de 2001 [aos 19 anos na transição para a fase adulta], porque fiquei sem jogar em um período crítico e porque tive que ser dispensada da seleção, embora estivesse treinando muito bem" [...] Naquele ano disputei o mundial, [...] logo depois fui convocada pela primeira vez para a seleção adulta. Era mais uma meta alcançada. Nessa etapa do treinamento torci meu joelho e precisei fazer uma cirurgia para reconstrução do LCA [...] vários anos depois retornei à seleção adulta, mas fui cortada. Eu tinha consciência que não estava em melhores condições devido às dores no joelho.
>
> (Ex-jogadora de basquetebol, dois anos após encerrar sua carreira).

Além disso, muitas vezes, o atleta é tratado como "aquele do joelho operado" e, por isso, algumas oportunidades deixam de ser vivenciadas por ele. Não é difícil ouvirmos comentários com o seguinte sentido: "aquela lesão aconteceu em uma fase complicada da formação dele(a). Ele(a) perdeu muito o ritmo, ficou para trás e nunca mais foi o mesmo". Percebe-se que existem pelo menos duas perspectivas durante o processo de reabilitação, aquela percebida/vivenciada pelo próprio atleta e aquela atribuída por terceiros. O significado que a lesão assume para o atleta bem como a maneira como são tratados durante a reabilitação são evidenciados nos relatos a seguir:

> [No período de especialização esportiva – entre 16 e 19 anos]... "tive torção de tornozelo nível dois, lombalgia, quebrei um dedo da mão, rompi duas vezes do ligamento cruzado anterior do joelho e uma lesão no menisco. Algumas dessas lesões fizeram com que

eu tivesse força pra superar o ocorrido e recuperar o tempo que perdi fazendo tratamento, como se tivesse servido como uma recarga da bateria. E outras fizeram com que eu visse o vôlei de outra forma".

(Ex-jogadora de voleibol em relato retrospectivo aos 20 anos).

A psicóloga teve papel importante na minha formação de atleta por acreditar que eu chegaria e por me mostrar muitos lados adversos do esporte e especialmente no período da primeira lesão de joelho, aos 19 anos, por me tratar como pessoa e não como um joelho.

(Ex-jogadora de basquetebol, aos 28 anos)

Nos dois relatos anteriores, percebemos que a reabilitação de uma lesão esportiva contém diversos conteúdos particulares, além do tratamento do tecido ou estrutura física machucados. A superação de lesões pode, muitas vezes, fortalecer um atleta diante de tantos outros reveses da vida esportiva, mas a sucessão de lesões e o acúmulo de dores e dificuldades para treinar e competir podem sinalizar o início de uma aposentadoria precoce. O relato de quem vivenciou esse processo nos dá indícios sobre como a transição de carreira pode ser potencializada pelas dores e lesões:

"Acredito que o treinamento em longo prazo é benéfico para o atleta desde que os profissionais sejam capacitados e preocupados com a carreira do atleta e não apenas na obtenção de títulos. Muitas lesões sérias são causadas por pequenas lesões que não foram tratadas da maneira adequada e a volta do indivíduo foi acelerada. Em minha opinião a formação de atletas está ligada ao treinamento em longo prazo, pois ninguém forma da noite para o dia e envolve muitas outras coisas, como acompanhamento nutricional, psicológico, uma preparação física adequada, escola de qualidade e também a parte técnica e tática" [...] A profissionalização

> deveria ocorrer com um pouco mais de cautela, mas como hoje estamos carente de atletas, as mais novas são submetidas a altas cargas de treinamento para suprir essa ausência e isso pode acarretar em lesões comprometendo toda uma carreira.
>
> (Ex-jogadora de basquete, 2 anos após encerrar a carreira)

Em artigo sobre causas e consequências da transição de carreira de atletas de futebol e de basquetebol, Agresta et al. (2008) analisam o processo transcorrido com 79 ex-atletas, tendo como média da idade para o encerramento da carreira esportiva, 34, três anos com desvio-padrão de 4,4 anos, ou seja, no grupo pesquisado a aposentadoria ocorreu entre 30 e 38 anos aproximadamente. Tais dados oferecem referências para compreendermos que o término da carreira esportiva, em geral, em modalidades coletivas, acontece acima dos 30 anos, o que significa que a transição motivada por lesão comumente acarreta em uma aposentadoria precoce.

Partindo do pressuposto de que a transição de carreira esportiva deve ser analisada como um processo, Taylor e Ogilvie (1993, apud Wylleman et al., 1999) desenvolveram o modelo conceitual da transição de carreira, que integra, alem da informação teórica da Psicologia do Esporte, a investigação empírica. As características da transição incluem: duração, mudanças de posição social, grau de estresse, desafios enfrentados e, fundamentalmente, a percepção de estresse nesse momento.

Ao longo do ano de 2011, acompanhei a transição de carreira de uma jovem atleta de basquetebol. O processo que culminou com sua aposentadoria aos 18 anos teve duração aproximada de nove meses, cerca de um ano e meio após a primeira lesão no joelho direito.

Apesar de enfrentar intercorrências pouco comuns na recuperação da reconstrução de ligamento cruzado anterior, o otimismo e a perseverança faziam parte da rotina de atividades da jovem. O acompanhamento psicológico nessa época acontecia em contatos diretos com a atleta, troca de informações com equipe de fisioterapia e comissão técnica, avaliando sistematicamente a evolução do tratamento, o envolvimento da atleta nas atividades de reabilitação, os sintomas de estresse e as variações de humor, que pouco aconteciam e se mostravam adequadas às circunstâncias da reabilitação.

As experiências acumuladas por essa equipe de profissionais permitiam conciliar os momentos em que a atleta deveria se dedicar exclusivamente às atividades de fisioterapia, e os momentos de aproximação e contato com as rotinas de treinamento e jogos de sua equipe. Aprendemos que, para atletas de modalidades coletivas, se manter próximo da realidade da equipe tem efeito motivador, mas devem ser gerenciados os períodos em que o contato com a equipe significa "desespero por estar machucado" ou "esperança em retornar à ativa".

O contato com as rotinas da equipe permite que o atleta lesionado não fique totalmente isolado e sinta-se excluído. Muitas vezes presenciamos situações em que outras atletas vinham compartilhar com a jovem em reabilitação os acontecimentos mais recentes, sobretudo aqueles de natureza social como as conversas informais, novidades e até "fofocas" entre as meninas do grupo. Estimulávamos, dentro do possível, essa troca de informações – que atualmente é muito favorecida pelas redes sociais virtuais – e percebíamos que a própria jovem fazia a seleção e avaliação de situações que acompanhava. Era uma forma de "estar ligada ao universo da equipe", mesmo sem atuar dentro de quadra.

A dedicação e o otimismo que ela mostrava sistematicamente eram utilizados pela comissão técnica também como motivadores às demais atletas no seu processo de treinamento esportivo. Disciplina, persistência e coragem, eram palavras constantemente utilizadas para referir-se à jovem em reabilitação e assim, aos poucos, ela também representava um exemplo para as colegas.

Posteriormente, essa dinâmica teve efeito ambíguo na transição de carreira, pois a representação social que todos tinham a seu respeito era de uma lutadora e, em diversos momentos, pensar em parar de jogar significava fracasso e decepção para outras pessoas. Após tomar a decisão de "parar de jogar", a atleta não anunciou sua decisão para colegas de equipe e outras atletas em reabilitação, ela comunicou à comissão técnica e deixou que as atletas concluíssem tal decisão sem uma declaração explícita dela.

Vivenciar a duplicidade de desafios e sentimentos, muitas vezes, tornou-se estímulo estressor. O diagnóstico e a consciência de vivenciar um processo de estresse diretamente relacionado à luta por sua recuperação fizeram parte da transição de carreira vivenciada pela jovem. As incertezas sobre persistir ou desistir em relação à reabilitação de severa lesão alimentavam o desgaste emocional durante a maior parte da transição vivenciada. O *feedback* periódico sobre as avaliações de stress e as análises sobre o gerenciamento que a própria atleta ia aprendendo a fazer foi fundamental como estratégia de enfrentamento do próprio processo de desgaste.

Quando a lesão leva à transição?

Apesar da evolução do tratamento e os cuidados tomados pela equipe de profissionais, a atleta sentia constantes dores no joelho operado.

Com a observação sistemática e o acompanhamento diário foi possível perceber que havia algo que se repetia: cada vez que ela treinava com mais frequência ou maior intensidade a dor aumentava e seu desânimo também. Percebíamos a cada dia que aquela jovem perdia o gosto de jogar bola e lutava contra reações de seu organismo, fazendo que uma grande angústia se fizesse presente. Tínhamos uma pessoa infeliz conosco. Quanto mais ela tentava se aproximar da "vida de atleta", menos ela suportava, embora lutasse com todas as suas forças. Ela queria muito jogar, mas o estado depressivo se instalava e agravava.

Ao discutir as experiências de dor de atletas de alto rendimento, Silva et al., (2010, p. 93) apresentam em nota de rodapé a diferença entre dor e sofrimento:

> Segundo Turk e Melzack (1992, p. 9), dor é um processo perceptivo que envolve ações conscientes de alerta, abstração seletiva, avaliação, atribuição de significado e aprendizado causado pela integração de informações aferentes e eferentes. Por outro lado, o sofrimento acontece quando há ameaça eminente à sua integridade, pois é um estado de estresse severo, causado por fatores que se entendem além de questões físicas/fisiológicas. (Cassel, 1991 apud. McNamee, 2006, p. 234)

No caso relatado, o processo de desgaste emocional, além de configurar o processo de estresse implicou em outros sintomas, como insônia, mudança significativa de apetite, perda de peso, desânimo generalizado e choro recorrente. A consulta ao psiquiatra, acordada entre os profissionais, familiares e pela própria atleta foi uma providência acertada, pois auxiliou, com recursos medicamentosos, na modulação do humor, especialmente durante os meses em que a decisão de se aposentar foi amadurecida. Além dessa medida, a suplementação alimentar orientada por nutricionista mostrou-se decisiva para a melhora dos índices imunológicos da atleta durante o período em questão.

Deve-se salientar que o relato dessas reações tem como objetivo descrever o processo vivenciado pela jovem atleta de modo a colaborar com outros profissionais do esporte em cuidados importantes, pois a reabilitação de uma lesão grave pode levar o atleta ao desânimo e à tristeza. Qual a medida que familiares, amigos e profissionais devem utilizar para auxiliar no processo do atleta lesionado? Se, de um lado, se deve incentivar e apoiar o esforço para retornar à vida esportiva, do outro, tais incentivos podem soar como cobrança e levar o atleta a temer decepcionar a todos.

O caminho que utilizamos foi a comunicação constante entre profissionais, trocando informações sobre o contato que cada um tinha com a atleta, analisando as reações que ela apresentava e as atitudes dos profissionais e familiares. A rede de apoio e de recursos que já estava disponível à atleta durante o TLP, o período de reabilitação de lesão, intensificara-se durante a transição de carreira, embora ninguém soubesse claramente em que momento a transição começara. As atuações visavam sua recuperação e saúde e a aposentadoria foi se configurando como possibilidade ao longo do ano.

A partir do momento que as intervenções da medicina e da fisioterapia se esgotavam e a evolução do quadro doloroso somente aumentava, a hipótese de aposentadoria se fazia mais clara para os profissionais, mas não para a atleta.

Segundo Lurie, (2006, apud Silva, et. al., 2010), ao falar da dor no esporte, estamos tratando de um fenômeno completamente diferente da dor representada na vida cotidiana. Contextos sociais e culturais exercem papel importante na determinação do significado da dor e assim, essa sensação pode ser tomada pelo indivíduo como um sinal positivo ou rejeitada como um sinal negativo de algo que deveria ser corrigido ou evitado.

Conviver com a dor e superá-la é algo esperado de atletas e até incentivado no transcorrer do treinamento em longo prazo. Para Silva et al. (2010), no esporte, por exemplo, um atleta suportará silenciosamente a dor, afirmando valores culturais como coragem, lealdade e masculinidade tão fortemente associados à pratica esportiva.

O processo de reabilitação de lesão esportiva também exige valentia e determinação na superação de dores, fazendo que o atleta mantenha seu esforço na direção de eliminar ou gerenciar tais processos fisiológicos. A transição de carreira, motivada por lesão esportiva começa a configurar-se a partir das sucessivas tentativas de controle da dor, passando muitas vezes por procedimentos experimentais ou estratégias inovadoras.

O caso que aqui relatado foi vivenciado da crise ao alívio, contendo sua ambiguidade: pensar em parar por vezes significava fracasso e não escolha. Para o atleta, é natural conviver com dores, mas o atleta lesionado passa a gerenciar dores cada vez mais limitantes. Para Sinclair e Orlick (1993, apud Agresta, 2008), toda transição de carreira tem o potencial de ser uma crise, alívio, ou uma combinação de ambos, dependendo da avaliação dos atletas perante a situação.

Após cumprir os objetivos estabelecidos pela atleta durante a transição, o alívio se fez presente. A aposentadoria começava a ser possível para ela. Depois de mais de dois anos sem jogar "direito" e fazendo pequenas participações em competições, visando sua readaptação às quadras, ela vivenciou o reencontro consigo mesma:

> Aquele jogo foi diferente. Eu parecia com aquela que chegou aqui no início de 2009. Era estranho porque eu estava concentrada no jogo, mas vinham vários flashes na minha cabeça. Eu sabia que era a primeira vez que eu voltava a jogar como antes. Sabia que havia algo de diferente, mas não compreendia o que eu tinha feito para estar assim. Talvez sejam os rituais pré-jogo, ou a bola, ou porque "era o meu dia", mas os motivos não me importavam. E quando eu saí da quadra e sentei no banco, milhões de coisas vieram à minha cabeça, tudo

o que eu passei, o que havia acabado de acontecer... Eu estava "viajando" e desde aquela hora já tinha pensado em contar isto para você! Para mim, esses 7 minutos foram suficientes, eu não precisava de mais nada além disso. O ciclo havia chegado ao fim!...

(Carta enviada à psicóloga em 15 de agosto de 2011 relatando sua participação em jogo oficial.)

Nesse período, a participação da atleta em treinos e jogos era progressiva e orientada pela fisioterapeuta, que indicava o tempo de atuação em quadra, a fim de evitar as dores e favorecer as etapas seguintes do retorno completo.

Além disso, na atuação interdisciplinar a troca de informações entre fisioterapeuta e treinador utilizou diversas vezes de parâmetros subjetivos de mensuração da dor da atleta. Utilizando referências da "escala de Borg", adaptada para dor, em que a atleta indicava um número de 0 a 10 correspondente à sua dor, antes, durante e após as atividades de treinamento em quadra, os profissionais da comissão técnica e da fisioterapia podiam gerenciar o tipo e a intensidade de movimentos e exercícios que a atleta poderia executar. Esse procedimento de articulação constante de comunicação entre profissionais, da atleta com cada um deles e da observação de todos sobre a evolução e adaptação da atleta em quadra foi decisivo para que a transição de carreira fosse um processo paulatino e não uma decisão arbitrária. Ou seja, a própria atleta foi levada a identificar seus limites e possibilidades em quadra, experimentando adaptações em gestos técnicos, por exemplo, modificando o padrão de saltos em determinadas circunstâncias.

Em muitas situações, a atleta era afastada da prática de exercícios específicos que o grupo de jogadoras realizada de modo a preservar sua condição física. Contudo, em certa ocasião, ainda que estivesse realizando atividades menos exigentes para seu joelho ela não conseguiu finalizar toda a sessão de treinamento e dirigiu-se à sala de fisioterapia aos prantos, como quem pedia socorro à dor lancinante que vinha de seu joelho.

Nessa ocasião, a atleta e a fisioterapeuta sabiam que não havia procedimento que pudesse eliminar ou controlar aquela dor. A psicóloga foi chamada imediatamente, pois a situação de impotência de ambas parecia piorar o quadro. O sofrimento se fazia presente.

Após meses de trabalho conjunto entre profissionais da medicina, fisioterapia, educação física e psicologia não havia mais o que fazer a não ser dizer à atleta: "Sua carreira acabou!" Embora ao leitor pareça natural pensar que isso aconteceria, afirmar com convicção que aquela carreira esportiva estava encerrada não foi tarefa fácil para os profissionais envolvidos, e obviamente para a própria atleta, mas foi fundamental para que ela pudesse aumentar a intensidade de seu envolvimento e dedicação com outros projetos profissionais, por exemplo, os estudos.

O relato da ex-judoca entrevistada ilustra o significado duplo que uma lesão severa pode representar a um atleta em transição de carreira:

> Apesar das dores e limitações que as lesões me causaram, e que provavelmente sentirei para o resto da vida, é possível perceber algo positivo. Foram as lesões que me fizeram parar e descansar muitas vezes, foi através da minha lesão no quadril que eu passei a olhar o mundo em minha volta, e notar tantas pessoas que eu não tive tempo de dar atenção. Passei a querer ter sucesso na área que eu me formei! Cansei de ganhar um salário "michuruca" de atleta, quero viver bem, ser bem sucedida financeiramente, eu não posso deixar isso para depois, a hora é agora! A maioria dos casos de lesões que conheci, principalmente em jovens atletas, foi encarada como algo ruim, mas foi tratada e essas pessoas voltaram a competir normalmente!
>
> (Ex-judoca, aos 24/25 anos – ao final do ano em que assumiu a aposentadoria)

Mas... quando a lesão leva à transição?

Na tentativa de responder objetivamente à questão proposta no título deste capítulo, utilizamos os relatos das entrevistadas para afirmar que a lesão leva à transição quando:

a) *as dores e o sofrimento* diante dos esforços em participar das atividades de treinamento e competição *são extenuantes*: o relato apresentado anterioremente busca demonstrar o momento específico em que a atleta percebeu que não havia mais recursos e alternativas para insistir em um processo de reabilitação. As dores no joelho causavam-lhe limites severos do ponto de vista motor e intenso sofrimento emocional. A assertiva proposta pela psicóloga foi tomada como um imperativo à atleta: aquela lesão no joelho acarretava em dores insuperáveis, seu corpo "dizia" que não era mais possível insistir.

b) *as condições institucionais, da modalidade e do clube/equipe não são adequadas* para dar suporte ao atleta enquanto está afastado dos treinos e das competições. Ou seja, a intranquilidade que o atleta vivencia, desde o momento que a lesão ocorre, passando por dúvidas sobre a qualidade do tratamento recebido [demora ou descaso na realização de exames médicos, a insegurança de retorno e da pressão pelo rápido e eficiente retorno]:

> {A aposentadoria} deu-se após perceber que já estava se tornando inevitável por estar começando a prejudicar-me fisicamente, psicologicamente e profissionalmente. Esta decisão durou mais ou menos uns seis meses por sempre confiar muito na minha capacidade como jogadora não queria aceitar parar de jogar aos 26 anos por uma lesão que já tinha me acontecido. Contei apenas com apoio de familiares e alguns amigos que posso contar nos dedos, mas profissionalmente falando nenhum direcionamento [...] Decidi encerrar porque as equipes depois de já me conhecerem como jogadora, não me deram um voto de confiança até que passasse o período difícil em que eu me encontrava. O que me influenciou foi uma lesão de joelho aos 26 anos pela faculdade quando faltavam 10 segundos pra final da partida; o clube então reincidiu o contrato comigo e a faculdade não me deu assessoria necessária para que eu pudesse me reabilitar. Nem mesmo alguma equipe do cenário nacional quis me ajudar.

(Ex-jogadora de basquetebol, aos 28 anos, relatando as consequências de sua segunda lesão grave no joelho).

c) *o prazer* em participar do universo do esporte de alto rendimento *torna-se menor que as exigências* da carreira:

[Decidi parar] após um jogo onde percebi que não sabia o que estava fazendo lá na quadra. Dores, receios e medos que não passavam durante o tempo.

(Ex-jogadora de voleibol, aos 20 anos)

Joguei basquete por muito tempo, e o que motivou a isso foi o amor por esse esporte. Com o tempo a rotina vai cansando, ter que acordar e fazer tudo exatamente igual que no dia anterior. No começo existe a empolgação, o desejo de cumprir metas preestabelecidas, mas com o passar do tempo você vai percebendo que essas metas não serão mais cumpridas por uma série de fatores. No meu caso acredito que o fator determinante recebe o nome de lesão. Quando se pratica esporte de alto rendimento o atleta aprende a conviver com a dor, só que chegou um momento da minha carreira que essa dor passou a ser limitante, ou seja, não conseguia mais jogar do jeito que eu gostaria. Passei a evitar o contato físico e mais ainda, passei a me poupar durante os treinamentos e passei a jogar por obrigação.

(Ex-jogadora de basquetebol, dois anos após encerrar sua carreira)

d) *outras opções profissionais ou de estudo tornam-se mais atraentes*, diante do conflito entre o prazer da competição e as dores impostas pelo treinamento sistemático:

> Decidi encerrar após perder a alegria, à vontade e o prazer de estar nas quadras, tanto treinando quanto jogando, devido algumas das lesões e dores que ainda sentia após algumas cirurgias, e pelo fato de ver outro caminho a ser seguido através da faculdade [...] mas não posso mentir (a lesão) foi um grande impacto. Fez com que eu visse outras oportunidades e percebesse que voleibol não era a última coisa que eu poderia fazer, pois o vôlei pra mim por um bom tempo era a única coisa que eu queria levar pela minha vida.
>
> (Ex-jogadora de voleibol, aos 20 anos)

e) *o afastamento* do treinamento, em função da reabilitação, *permite ao atleta vivenciar outras experiências, que neste momento, passam a representar um horizonte além do esporte*:

> Ao longo da minha trajetória no esporte de alto rendimento, tive algumas lesões. A grande maioria delas foi simples, entretanto atualmente, tenho uma lesão no quadril, que no ponto de vista médico é considerada severa. Todas as minhas lesões simples (lesões musculares, ombro, dedos do pé, tornozelo etc.) foram encaradas com sofrimento, pelo fato de que o tratamento exigiu repouso. Para mim, ficar sem treinar era uma tortura, muitas dores eu escondi dos meus professores, portanto foram lesões não diagnosticadas clinicamente, eu preferia treinar e competir com dor, do que parar para tratar. No meu primeiro treino com a seleção brasileira, fraturei a mão! Entrei em desespero, me recusei a procurar qualquer atendimento médico, treinei por 15 dias assim! Sempre senti dores no quadril, e no ano passado (2010), as dores se tornaram insuportáveis! Só que ao contrário de antes, eu não quis treinar com dor! E de certa forma me fez pensar muito, se já não havia chegado a hora de parar com judô. No período

> que estive afastada, fiz diversas coisas que antes eu não podia fazer, pelo fato de me dedicar exclusivamente ao esporte. E sinceramente eu adorei!!
>
> (Ex-judoca, aos 24/25 anos – ao final do ano em que assumiu a aposentadoria)

Consequências da transição de carreira: as experiências não vividas

Muitas vezes é difícil identificar o momento exato ou o evento específico que marcam o início de uma transição de carreira, especialmente enquanto o atleta está vivenciando o processo. À medida que as limitações da prática esportiva, impostas pela dor ou "circunstâncias do mercado esportivo", tornam-se mais presentes as emoções e pensamentos acerca da continuidade ou não da carreira esportiva oscilam e vão paulatinamente evidenciando os elementos que compõem a passagem da vida atlética para a vida após o esporte.

Contudo, não se trata de uma sequência determinada de eventos, o que dificulta a elaboração de uma abordagem sistemática para o acompanhamento dessa transição.

Para Brandão et al. (2000, p. 50), "os diversos modelos existentes enfatizam que as carreiras esportivas correspondem a uma sequência de fases de transição, cada uma das quais sendo parte de um processo e não um acontecimento isolado. O atleta que está nesse processo tem de lidar com novas exigências, encontrar um novo equilíbrio entre as exigências e os recursos de que dispõe". A transição é processual.

Enquanto os relatos anteriores sugerem um momento específico em que a atleta reconhece tomar a decisão de parar, o depoimento abaixo explicita a passagem do tempo e dos acontecimentos, bem como as ambiguidades emocionais, pois o relato utiliza simultaneamente expressões do presente e do passado:

> Vários fatores me conduziram até a decisão de encerrar a carreira! Como disse anteriormente, quando passei

a fazer coisas que as pessoas costumam fazer normalmente, por exemplo, assistir televisão à noite nos dias de frio, ao invés de ir treinar. Passei a me sentir bem. Outra questão foi que o período que fiquei sem treinar, foi o meu último ano de faculdade, passei a ter pretensões na minha profissão, quero ser uma profissional de qualidade, o que exige dedicação e trabalho! E é claro que as dores no corpo também me fizeram pensar se não era a hora de parar. Entretanto uma aposentadoria não é simples assim, pelo menos é o que sinto, ao mesmo tempo que quero parar, as lembranças boas me prendem. Quando olho para as minhas revistas, fotos e medalhas *fico confusa* (grifo nosso).

(Ex-judoca, aos 24/25 anos – ao final do ano em que assumiu a aposentadoria)

Além disso, encerrar a carreira não quer dizer apenas parar de compertir, é necessário anunciar, explicitar sua decisão, o que muitas vezes representa não cumprir as expectativas de muitas pessoas:

A decisão de encerrar a carreira de atleta, se deu no período que estive afastada dos treinos, tratando da lesão. Durou muito tempo, pois em um dia eu acordava certa de que havia chegado o momento de parar, porém em outro dia, eu pensava "só tenho 23 anos, ainda posso lutar". E esse debate ainda existe, não consegui ainda parar totalmente, treino duas vezes por semana. Entretanto tenho outras prioridades. Conversei com pouquíssimas pessoas a respeito da minha decisão, não tive coragem de contar aos meus professores [da cidade Natal], acho que eles ficariam chateados.

(Ex-judoca, aos 24/25 anos – ao final do ano em que assumiu a aposentadoria)

Ao longo das intervenções ou acompanhamento psicológico realizados, pudemos evidenciar que são determinantes para auxiliar a transição de carreira precoce, a presença de uma forte rede de apoio; a existência de oportunidades de lazer e convivência fora do ambiente esportivo; a apropriação pelo atleta da relação entre estabelecimento de metas, esforço despendido e resultados alcançados, que, por sua vez, possibilita a ele analisar e apropriar-se de novas escolhas. Além disso, durante o processo o indivíduo vai identificando as metas que havia estabelecido para a sua carreira, que não serão atingidas e busca adaptar-se a cada uma dessas frustrações.

As experiências não vividas correspondem a algumas das consequências mais significativas do ponto de vista emocional. Como deixar de investir em algo que já significou tanto esforço e que parecia ser seu destino certo e inevitável? Para as atletas que tiveram experiências em Seleção Nacional cujo desempenho esportivo sinalizava grande potencial para alcançar os mais elevados contextos competitivos, acompanhar a trajetória do grupo de atletas de sua geração, por vezes, mostrou-se doloroso. Algumas atletas refletiram: "Se eu estivesse jogando, estaria neste grupo e teria condições de contribuir muito".

Para auxiliar as atletas a lidar com tais experiências, além de longas conversas a respeito da situação de sua modalidade e dos riscos e benefícios sobre retornar à ativa, o resgate de sua própria história mostrou-se um recurso favorável para uma análise cuidadosa. Em diferentes ocasiões, foi utilizado como recurso o preenchimento da sua "Linha do Tempo". Solicita-se ao atleta que aponte em uma linha do tempo, em ordem cronológica, os eventos marcantes em sua trajetória pessoal. Cabe ao indivíduo indicar em uma folha de papel as datas aproximadas de acontecimentos, por ele considerados importantes em sua vida, incluindo eventos pessoais, familiares e esportivos, quer sejam situações consideradas por ele favoráveis, positivas ou desagradáveis. Após o preenchimento dessas informações, o resgate da história pessoal, do percurso esportivo, permite ao indivíduo reconhecer as conquistas, pessoais e esportivas que acumulou assim como identificar as habilidades e recursos que possui para enfrentar adversidades. Simultaneamente, esse recurso permite analisar os personagens significativos nessa trajetória, bem como oferece oportunidade para rabiscar no papel prováveis continuidades dessa "linha do tempo". O registro desses conteúdos deve ser guardado e pode ser utilizado em diferentes momentos como ferramenta para fortalecer análises ou decisões realizadas pelo sujeito.

O atleta, muitas vezes, sofre a "tentação do retorno", especialmente quando as cores já não são mais tão intensas. O afastamento do treinamento naturalmente proporciona melhoras nesse sentido e diante de convites e oportunidades, as dúvidas sobre a decisão tomada retornam. Dias depois de verbalizar que sua carreira estava encerrada, a atleta de basquetebol recebe um comunicado convocando-a para atuação no Campeonato Brasileiro Sub-19, representando seu estado natal. O depoimento explicitado em um rede virtual de relacionamentos sintetiza a vivência:

> No momento em que tomamos uma decisão, tiramos um peso dos nossos ombros, e desta forma concluímos que tudo acabou, e que mais um ciclo foi encerrado. Porém, para toda decisão há pelo menos uma consequência, e várias mudanças. E estas não vêm de imediato, é com o passar do tempo que vamos descobrindo novos caminhos, coisas novas e somos surpreendidos por momentos, notícias, detalhes, compromissos,... e estes podem nos deixar mais confusos neste momento (Fiz a escolha certa? Será que já havia chegado a hora de escolher?)... E só depois disso, depois de todas as mudanças, consequências, novidades e compromissos, é que o caminho que decidimos tomar se materializa. É apenas neste momento que chegamos ao fim da etapa, e o chamado "fim" é quando realmente perdemos os vínculos que nos prendem às coisas que já não devem mais fazer parte do nosso presente......e estes podem nos deixar mais confusos neste momento (Fiz a escolha certa? Será que já havia chegado a hora de escolher?)... E só depois disso, depois de todas as mudanças, consequências, novidades e compromissos, é que o caminho que decidimos tomar se materializa. É apenas neste momento que chegamos ao fim da etapa, e o chamado "fim" é quando realmente perdemos os vínculos que nos prendem às coisas que já não devem mais fazer

parte do nosso presente......e estes podem nos deixar mais confusos neste momento (Fiz a escolha certa? Será que já havia chegado a hora de escolher?)... E só depois disso, depois de todas as mudanças, consequências, novidades e compromissos, é que o caminho que decidimos tomar se materializa. É apenas neste momento que chegamos ao fim da etapa, e o chamado "fim" é quando realmente perdemos os vínculos que nos prendem às coisas que já não devem mais fazer parte do nosso presente......e estes podem nos deixar mais confusos neste momento (Fiz a escolha certa? Será que já havia chegado a hora de escolher?)... E só depois disso, depois de todas as mudanças, consequências, novidades e compromissos, é que o caminho que decidimos tomar se materializa. É apenas neste momento que chegamos ao fim da etapa, e o chamado "fim" é quando realmente perdemos os vínculos que nos prendem às coisas que já não devem mais fazer parte do nosso presente......e estes podem nos deixar mais confusos neste momento (Fiz a escolha certa? Será que já havia chegado a hora de escolher?)... E só depois disso, depois de todas as mudanças, consequências, novidades e compromissos, é que o caminho que decidimos tomar se materializa. É apenas neste momento que chegamos ao fim da etapa, e o chamado "fim" é quando realmente perdemos os vínculos que nos prendem às coisas que já não devem mais fazer parte do nosso presente......e estes podem nos deixar mais confusos neste momento (fiz a escolha certa ? será que já havia chegado a hora de escolher ?)... E só depois disso, depois de todas as mudanças, consequencias, novidades e compromissos, é que o caminho que decidimos tomar se materializa. É apenas neste momento que chegamos ao fim da etapa, e o chamado "fim" é quando realmente perdemos os vínculos que nos prendem às coisas que já não devem fazer mais parte do nosso presente....".

(Ex-jogadora de basquete, durante a transição de carreira, em relato publicado em sua página em rede social em novembro/2011)

"Embora inexplicáveis, há desvios que nos colocam no verdadeiro caminho." Essa frase também foi utilizada por ela em diferentes momentos, enquanto o encerramento da carreira amadurecia. É nisso que ela passou a acreditar para compreender tudo o que lhe ocorrera nos últimos dois anos e meio e visualizar o que poderá ser construído ao longo de sua jornada pessoal e profissional, dali em diante. Ao mesmo tempo, ela passou a afirmar que o refrão da música *Segundo Sol*, cantada por Cássia Eller, também representava seus pensamentos e sentimentos, durante a transição de carreira:

... E a vida que ardia sem explicação...
Explicação.
Não tem explicação.
Explicação, não!
Não tem explicação.
Explicação.
Não tem explicação.
Não tem, não tem.

Como podemos contribuir em transição de carreira?

Segundo Agresta et al. (2008), emerge a necessidade de desenvolver programas de aposentadoria que tenham como objetivo principal capacitar atletas em transição de carreira a lidar melhor com esse momento e, principalmente, utilizar esses programas no início da carreira para minimizar a ansiedade com relação ao futuro. Para os autores, o ajustamento do término de carreira pode se dar de maneira positiva quando existem precondições para tal. Quais são as precondições quando a transição é motivada por dores e lesões?

A formação de vínculos aparece como fator de proteção, na medida em que representa apoio e respeito à escolha ou "falta de escolha" de um atleta lesionado que decide se aposentar. Entretanto, sentimentos ambíguos em relação aos mesmos personagens com quem o atleta tem fortes vínculos, especialmente os profissionais que se empenharam para que a reabilitação fosse bem-sucedida e o atleta pudesse retornar plenamente às atividades esportivas. Após o longo percurso para convencer a si mesma de que a decisão acertada era encerrar sua carreira, a jovem jogadora de basquete repetidas vezes passou por questionamentos de profissionais e colegas: [...] "Mas não dá mesmo?", "Não tem jeito?". Era uma mistura de compaixão por vê-la lutar tanto e incompreensão afinal, atletas não deveriam desistir. Jamais.

Segundo Brandão *et al.* (2000), as estratégias que parecem melhor influenciar a adaptação ao encerramento da carreira são as redes de apoio social e as estratégias de enfrentamento (*coping*). A qualidade da transição depende dos fatores de adaptação à transição de carreira como experiências de desenvolvimento, autoidentidade, percepções de controle, identificação social e contribuições de terceiros, e dos recursos disponíveis para adaptação a transição de carreira como estratégias para lidar com a situação de transição, apoio social e um prévio planejamento de aposentadoria.

O apoio percebido pelos atletas durante o processo de reabilitação, a transição de carreira são decorrentes também de relações estabelecidas antes mesmo que a lesão aconteça. Os vínculos estabelecidos durante todo o processo são decisivos tanto para a profissionalização quanto para o fim dessa etapa. Além disso, a percepção da importância sobre as atividades propostas durante o treinamento esportivo é modificada em função da necessidade que o atleta tem de determinados conteúdos.

> Outros pessoas também foram importantes na minha carreira, como os preparadores físicos apesar de só ter dado a real importância dos trabalhos deles depois que parei de jogar.
>
> (Ex-jogadora de basquete, dois anos após encerrar a carreira)

Entendemos que atletas que mantêm, desde cedo, o hábito e a disciplina de autocuidados parecem ter maior probabilidade de estender a carreira esportiva, visto que sabem gerenciar dores em relação a períodos específicos de treinamento e jogos.

Baseada no acompanhamento da transição de carreira de jovens atletas, quando a motivação se dá em função de lesões, o planejamento de aposentadoria sequer começou. É mais provável que a lesão leve a uma aposentadoria prematura, o que, de certa forma coloca o atleta em situação "de surpresa". Como se preparar? Como lidar com a aposentadoria tão cedo?

Para Sinclair e Orlick (1993, apud Agresta et al., 2008), as melhores estratégias de enfrentamento dessa transição são: encontrar outro foco de interesse, manter-se ocupado, treinar e se exercitar.

Devem-se elaborar Programas de Preparação Psicológica longitudinais e não somente planejamentos ou periodizações que visam o enfrentamento de determinadas competições. As experiências com formação de atletas têm mostrado que, paralelo ao TLP, os jovens desenvolvem e moldam sua identidade, que, se unicamente vinculada ao universo esportivo, pode representar fatores de risco à transição de carreira.

Desse modo, sugerimos que cabe aos Programas de Preparação Psicológica estabelecer um rol de comportamentos necessários e compatíveis aos diversos níveis de exigência esportiva, por exemplo, estabelecimento de classes de comportamentos relativas a autoestima e autoconceito nos períodos críticos da iniciação e especialização esportiva. Trata-se de enfatizar aspectos relevantes da formação pessoal que se transformam em fatores de proteção para comportamentos disruptivos da carreira de atleta, como o uso de álcool e drogas. As habilidades de comunicação e relacionamento interpessoal devem ser estimulados, sobretudo a partir de estratégias e rotinas que envolvem *feedback* e assertividade, potencializando a autonomia e autoconhecimento do jovem atleta. Por fim, nos períodos que envolvem maiores níveis de competição em que a proximidade com os mais altos níveis de *performance* (equipes adultas), as técnicas de controle de estresse, de concentração e de automonitoramento emocional devem ser enfatizadas.

Segundo Brandão et al. (2000), o consenso de 1999 da FEPSAC (Federação Europeia de Psicologia do Esporte e das Atividades Corporais) propõe que Programas de Acompanhamento de Transição de Carreira atendam algumas recomendações, tendo como referência a utilização de diferentes abordagens práticas, como o contato individual, as ações em grupo e o uso de informações escritas, entre outros. Tais estratégias devem ter como objetivo auxiliar o atleta na maximização de suas habilidades nas diferentes esferas da vida diária quer seja psicossocial, interpessoal, educacional e atlética. Em segundo lugar, recomenda-se que o Programa forneça um aconselhamento psicológico que seja educacional e preventivo por natureza, mas que também ensine estratégias de *coping* para a transição de carreira esportiva. Dessa forma, o programa de assistência focalizará não somente o período pós-aposentadoria, mas principalmente o pré-aposentadoria.

Nesse sentido, reforçamos a ideia de que desde a formação esportiva sejam elaborados Programas de Preparação Psicológica em que habilidades comportamentais, de gerenciamento do estresse possam ser estimuladas e modeladas ao longo do processo de Treinamento Esportivo em Longo Prazo, proporcionando uma adaptação gradual e natural de utilização de estratégias de *coping*, com o estímulo às atividades que envolvem a educação formal, a ampliação ou manutenção de relações sociais, além do ambiente esportivo exclusivamente.

A experiência profissional relatada neste capítulo permite-nos inferir que a preparação para a transição de carreira (especialmente aquela motivada por lesão) sofre influência de todo o percurso vivenciado pelo atleta, desde os contatos iniciais com o esporte, passando pelo TLP e ingresso nos contextos de alto rendimento, pois em cada uma dessas etapas o indivíduo investe tempo e energia em um projeto de vida diretamente vinculado à sua potência física. Em paralelo a todo o investimento realizado, pelo atleta, por familiares, profissionais do esporte e pelas instituições, há a conquista de diversas recompensas como as vitórias, a evolução técnica, o reconhecimento público (de seus pares e de adversários, além da mídia, quando se trata de atleta profissional), a remuneração e, obviamente, o prazer em realizar uma tarefa com destreza e superar-se a cada desafio proposto.

A valorização de cada conquista, relacionando o estabelecimento de metas, o esforço despendido e os resultados como produto do trabalho constituem uma estrutura de intervenção útil para o fortalecimento da autoestima do atleta. Deve-se trabalhar valorizando os esforços e aprendizagens de cada etapa, ano a ano, cuidando para não valorizar excessivamente conquistas e resultados nem tampouco apostar exclusivamente no sucesso em longo prazo, enfatizando apenas "o futuro". Afinal, ele pode chegar diferente do que é projetado.

Segundo Brandão et al. (2000), existem poucos artigos publicados relacionados a estratégias e aconselhamento que podem ser utilizados durante a transição de carreira esportiva nos quais são citadas as terapias tradicionais e métodos para eliminação do estresse, reestruturação cognitiva e expressão emocional.

O autoconhecimento, a prática de exercícios específicos para a melhoria de habilidades psicológicas vinculadas àquela modalidade esportiva e o gerenciamento de rotina, estresse são aspectos que devem ser estimulados e até cobrados durante a transição de carreira, de modo a compor fatores de proteção às psicopatologias decorrentes de aposentadoria precoce por lesão.

Durante a transição de carreira descrita, o vínculo já estabelecido entre a atleta e os profissionais que a acompanharam foi decisivo para as estratégias de tratamento e as orientações psicológicas. Foram decisivos os momentos em que questionamentos como: por que você persiste no esporte, diante de tantos reveses; o uso de recursos gráficos para representação de emoções, expressão da autoimagem e a utilização de instrumentos psicológicos para avaliação de estresse também são recursos úteis para o acompanhamento e orientação psicológica no processo de transição.

Além disso, a participação de pessoas significativas para o atleta é emocionalmente determinante em dois sentidos, como incentivo e apoio aos momentos de indecisão e como promotor de sentimentos de insegurança. Em geral, a carreira esportiva é permeada pela participação, e às vezes apoio incondicional, de pais e familiares. Durante sua estruturação e seu desenvolvimento, professores, treinadores, amigos e colegas de equipe vão compondo a rede de apoio do atleta. Curioso anotar que, ao mesmo tempo que cada uma dessas pessoas pode ser decisiva ao manter o esforço e dedicação do atleta em direção à superação de dificuldades, o medo e até vergonha em decepcionar tais personagens pode configurar ponto central de uma intervenção psicológica, especialmente em transição de carreira.

Nesse sentido, entendemos que uma das tarefas iniciais do psicólogo do esporte atuar na mediação destas relações auxiliando tanto o atleta como profissionais familiares e amigos na compreensão da ambiguidade e confusão de sentimentos. É necessário estimular e viabilizar a comunicação permanente sobre expectativas e os sentimentos daí decorrentes. Todos os envolvidos podem fortalecer o atleta ao manter uma comunicação aberta e direta, assim como uma troca honesta de sentimentos, conversando abertamente sobre esperanças e frustrações, medos, alegrias e decepções.

A mediação desse processo significa que o profissional de psicologia poderá auxiliar no discernimento sobre os momentos mais adequados para as trocas emocionais ou conversas racionalizadas, oferecendo apoio separadamente para o atleta, para os profissionais envolvidos e para familiares ou amigos. A transição de carreira em função de lesão esportiva possivelmente afeta não só o atleta como aqueles com quem ele convive, afinal, a frustração sobre o potencial atlético que não pode ser aproveitado é visível a todos.

Por fim é importante reforçar que a transição de carreira motivada pelas limitações de lesão severa está diretamente relacionada ao processo de tratamento e reabilitação física, emocional e esportiva a que o atleta é submetido. Desse modo, buscou-se evidenciar nesse relato o cruzamento de expectativas, ansiedades, frustrações e conquistas que se modificam de forma dinâmica e que vão paulatinamente determinando as intervenções médicas, de fisioterapia, preparação física e de intervenção psicológica.

A recuperação de lesão implica no investimento de tempo, energia, emoções e recursos terapêuticos visando o restabelecimento da função musculoesquelética para o retorno à atividade esportiva, enquanto no processo de transição de carreira, o investimento muda de direção e passa a buscar o restabelecimento dos parâmetros relativos à saúde, muitas vezes evidenciados em casos que explicitam sérias dificuldades de ajustamento.

Por escrever um texto baseado em experiências profissionais e assemelhar-se a uma pesquisa empírica, baseada em estudo de caso, devo finalizá-lo com a devida menção aos personagens que ofereceram suas histórias. Agradeço a cada uma das meninas que dividiram comigo suas dores, seus caminhos, os desvios, o recomeço, a transformação de sua identidade e a conquista de novos horizontes. Ao ler este texto, cada uma deverá reconhecer um pedacinho de sua trajetória, que poderá contribuir para o esclarecimento de diversos processos e necessidades da carreira esportiva e possivelmente da estruturação de novas intervenções profissionais, desde a formação até a aposentadoria de novas gerações de atletas.

Agradeço aos profissionais com quem partilho o desafio de transformar "meninas que brincam de bola" em "profissionais da bola", pela paciência e insistência ao conviver e questionar a atuação da psicologia no, do e para o esporte. Agradeço especialmente aos profissionais de fisioterapia com quem venho construindo uma relação profissional de respeito e reconhecimento mútuo sobre a intersecção de nossas atuações em prol do sucesso de cada jovem que enfrenta a reabilitação de uma séria lesão.

Por fim, reforço o agradecimento à atleta que foi protagonista principal deste relato, por todo o processo que vivemos, e à fisioterapeuta com quem partilhei cada passo dessa caminhada, os suores, as lágrimas e as alegrias. Ambas exigiram o melhor de mim.

Obrigada.

REFERÊNCIAS BIBLIOGRÁFICAS

AGRESTA, M. C.; BRANDAO, M. R. F.; BARROS NETO, T. L. de. Causas e consequências físicas e emocionais do término de carreira esportiva. *Revista Brasileira de Medicina do Esporte*, Niterói, v. 14, n. 6, dez. 2008. Disponível em: <http://www.scielo.br/scielo.php?script=sci_arttextepid=S1517-86922008000600006elng=ptenrm=iso>.

Bala na Cesta: <http://balanacesta.blogosfera.uol.com.br/acessado em 11/12/2011>.

BRANDÃO, M. R. F. et al. Causas e consequências da transição de carreira esportiva: uma revisão de literatura. *Revista Brasileira Ciência e Movimento,* v. 8, n. 1, p. 49-58, 2000.

DA SILVA, José Aparecido; RIBEIRO-FILHO, Nilton Pinto. A dor como um problema psicofísico. *Revista Dor,* São Paulo, v. 12, n. 2, jun. 2011. Disponível em: <http://www.scielo.br/scielo.php?script=sci_arttextepid=S1806-00132011000200011elng=ptenrm=iso>.

WYLLEMAN, P.; LAVALLEE, D.; ALFERMANN, D. Career Transitions in Competitive Sports. FEPSAC Monograph #1, 1999.

» Gestão de carreira esportiva na transição

Luciana Ferreira Angelo

O contexto esportivo apresenta inúmeras situações semelhantes a vida cotidiana. Dentre elas, vale a pena destacar o fato de alguns atletas de alto rendimento prolongarem suas carreiras esportivas não sendo isso prerrogativa específica de uma ou outra modalidade esportiva em especial.

Essa situação remete a ideia do prolongamento da vida de uma pessoa que já está morta (distanásia) traduzindo-se em recusa de algo naturalmente pertencente ao processo de vida. Mas por que negar, evitar ou prolongar essa fase?

De forma geral, a mudança de estado/*status* expõe a grande fragilidade do ser humano. A questão estrutural e de sustentabilidade emerge em menor ou maior grau para a maioria dos profissionais sejam eles do contexto esportivo ou corporativo. O que está em jogo é a "vida profissional" do sujeito que passa pelo processo de reavaliação.

Este capítulo tem como objetivo apresentar e discutir dois modelos de entendimento da "Transição da Carreira Esportiva" a partir da compreensão que transição faz parte da Gestão da Carreira Esportiva.

Na primeira parte, serão apresentados autores que consideram que a preparação para o momento da "aposentadoria" pode ser entendido como "transição", pois faz parte da vida produtiva do indivíduo, preservando sua autonomia na possibilidade da escolha. O cenário apresentado é de mudanças estratégicas, de inovação e de reposicionamento. Isso faz que o indivíduo busque com certa atenção e cautela identificar competências e talento a fim de apontar caminhos eficazes para seu desenvolvimento com distinção de características e perfis.

A Teoria da Construção de Carreira é apresentada e discutida por Bastos (2009) e o principal fato está na possibilidade de uma compreensão psicológica da gestão de carreira.

Na segunda parte, a contribuição da psicanálise, tendo como base a Escola Francesa Lacaniana, mostra que o processo de construção de identidade desse sujeito atleta necessita de resignificação no contexto esportivo considerando as dimensões do social, do corporal e do intrapsíquico. Entendendo a "aposentadoria" como uma situação de crise de autoestima, a perda dos marcadores de identidade construídos no decorrer da carreira esportiva sugere a necessidade de crescimento pessoal e a renovação para redesenhar a identidade e os modelos de referência inicial.

Ao final, algumas análises do material pesquisado e contribuições da área de recursos humanos para viabilização de intervenções efetivas pelas equipes de psicólogos do esporte e profissionais afins.

A GESTÃO DE CARREIRA

O termo gestão de carreira é assunto na área de recursos humanos de empresas das mais variadas origens e segmentos. Como questão no meio organizacional, tem ganho notoriedade por fomentar discussões a respeito de ganhos e perdas em relação aos investimentos realizados pelas corporações em seus funcionários.

O reconhecimento dos caminhos naturais de uma carreira e das contribuições individuais dos colaboradores acrescenta a atitude de fomentar e adequar indivíduos e suas funções ante ao planejamento e avaliações de desempenho realizadas anualmente, além da estruturação de planos de desenvolvimento de carreira e possíveis descobertas de talentos e competências.

Seria diferente a gestão de carreira no contexto esportivo? Quais são as semelhanças e as diferenças entre as organizações e o esporte?

No século XX, o esporte ganhou o interesse e significado social, especialmente no mundo ocidental (países industrializados e voltados para o regime do capitalismo), observando-se diversidade na forma e maneira de participação. A ideia de se estudar a gestão da carreira esportiva não parte necessariamente da área da psicologia do esporte que aborda as transições *na* e *da* carreira esportiva, mas da administração esportiva que tem tido maior interesse no assunto a partir de questões relacionadas aos contratos de trabalho e seus desdobramentos (marketing entre outros).

Bastos (2009) abordou o tema procurando aliar os conhecimentos de gestão organizacional à gestão de carreiras desportivas, nomeadamente de carreiras de alta competição ou alto rendimento. Partindo de sua própria experiência como atleta de alto nível, abordou as principais condicionantes da carreira de um atleta e tentou compreender formas eficazes de gerir uma carreira de sucesso.

O pesquisador aplicou uma adaptação do questionário Ajustamento ao Trabalho (*Work Adjustment: Measurement and Modification*), de Mark L. Savickas (1991) em quarenta sujeitos (quinze mulheres e 25 homens), atletas de natação, com média de 20 anos e em média doze anos de treinamento.

É interessante a introdução teórica elaborada pelo estudo que indica que, no século XXI, em decorrência de alterações sociais importantes, o mundo do trabalho apresenta transformações que, desde a década de 1990, estão mais acentuadas, afetando principalmente a forma de gestão da área de recursos humanos. Entre os principais fatores estão as "pressões econômicas, o aumento da competição, as pressões da produtividade, a necessidade de reestruturação e racionalização, as fusões e alianças estratégicas, a privatização das empresas públicas, a economia de serviços, o aumento do nível da educação, as mudanças de valores e expectativas dos indivíduos, entre outros".

A era digital se faz presente na discussão já que coloca em questão a forma como os indivíduos trabalham e gerem suas carreiras a partir do fenômeno da globalização, das mudanças de paradigmas em relação ao trabalho e das perspectivas perante a vida, criando o sentido do eu e da identidade social.

Em relação ao planejamento de carreira, o autor concorda com Newell (1995), que definiu o planejamento de carreira como um processo individual envolvendo avaliação das aptidões, interesses, análise das oportunidades de carreira, a definição de objetivos de carreira do indivíduo e o planejamento de ações no tempo de desenvolvimento, pensadas como forma de atingir um objetivo.

Partindo da concepção de que a gestão de carreiras é responsabilidade da organização e envolve as ações e os planos propriamente ditos em termos de carreira (Hall, 1986; Leibowitz, Farren e Kaye, 1986), compete à organização integrar e conjugar os planos de carreira individuais, com as suas necessidades.

Para isso, em algumas culturas observa-se o "conselheiro de orientação da carreira" que tem como função auxiliar a implementar diversas metodologias, entre as quais se inserem os programas de orientação da carreira, como forma de potencializar a motivação para a carreira. Como grandes aspectos ligados à motivação, surgem a resiliência (elasticidade ante à mudança), o conhecimento (de si próprio e do meio) e a identidade (identificação com o emprego, a organização e/ou a classe profissional) (London e Stumpf, cit. por Hall, 1986).

As teorias de desenvolvimento e gestão de carreira procuram contribuir para ajudar o indivíduo a ser agente interpretativo das suas próprias necessidades, a ser capaz de planejar a própria vida e a encarar o papel de trabalhador inserido em uma constelação de outros papéis, percebendo que a carreira é individual e compreendendo seu passado, de forma a poder delinear o futuro (Super, 1957).

Sendo assim, Bastos (2009) elege como referência teórica Savickas (2002) que propôs a *teoria da construção da carreira*, procurando responder às necessidades dos trabalhadores que, em constante mobilidade nas organizações, podem se sentir fragmentados ou confusos à medida que enfrentam reestruturação das suas carreiras e alteração da força de trabalho. De acordo com essa teoria, o indivíduo constrói sua carreira impondo significado ao comportamento vocacional.

Para Savickas, um dos autores que constituiu fonte de inspiração foi Donald Super (1957), que apresentou um modelo de desenvolvimento vocacional caracterizado por uma sequência de estágios que percorre todo o ciclo de vida, sendo cada um deles distinguido por tarefas de desenvolvimento que decorrem das atividades profissionais.

Os fundamentos da teoria de Super baseiam-se nas seguintes proposições:
1) As aptidões, os interesses e os traços de personalidade variam de pessoa para pessoa, e o significado dessas diferenças é determinante para o desenvolvimento vocacional;

2) Os indivíduos têm multipotencialidade profissional, isto é, existe um leque relativamente alargado de profissões que podem proporcionar sucesso e satisfação, tendo o sujeito potencial para responder aos requisitos de certo número de profissões;
3) Cada profissão requer um conjunto de características, ao nível das aptidões e dos traços de personalidade, comuns ao grupo de indivíduos que exercem ou pensam escolher a profissão; existindo certa flexibilidade tanto na escolha das profissões para cada indivíduo, como na existência de um conjunto de indivíduos dotados de características comuns necessárias para a escolha de cada profissão;
4) As mudanças ocorrem em função do tempo e da experiência adquirida, no que respeita às preferências vocacionais;
5) É fundamental que a teoria sobre as fases da vida seja aplicada à orientação vocacional; sendo o processo caracterizado por meio de uma série de fases que ocorrem ao longo da vida (sensivelmente dos 14 aos 70 anos): crescimento, exploração, estabelecimento, manutenção e declínio. Em algumas dessas fases existem subdivisões, para melhor se caracterizar o processo de desenvolvimento;
6) A teoria sobre padrões de carreira é fundamental para o estabelecimento de uma base teórica de orientação vocacional – o nível profissional alcançado, a sequência, a frequência e a duração da experiência, e ainda a estabilidade nos empregos são determinados pelo nível socioeconômico familiar, pelas aptidões intelectuais, pelas características da personalidade, e pelas oportunidades que estão ao alcance de cada um;
7) O desenvolvimento por meio das várias fases pode ser orientado: a relação de ajuda entre o indivíduo e o conselheiro pode facilitar o desenvolvimento do "conceito de si" e a melhor conhecimento das aptidões e dos interesses, conduzindo a escolhas profissionais mais consistentes;
8) O processo de desenvolvimento vocacional consiste em implementar e desenvolver o "conceito de si" – processo de compromisso, em que o conceito de si é produto da interação entre a hereditariedade e o meio;

9) O processo de compromisso entre fatores individuais e sociais, conceito de si e realidade circundante, é produto dos vários papéis que se vão desempenhando e dos vários sinais positivos ou negativos que se vão recebendo do meio em que se está inserido;
10) As satisfações que o indivíduo alcança no trabalho e na vida dependem do tipo e do número de saídas profissionais que encontra e que estejam de acordo com as aptidões, os interesses, as características de personalidade e os valores. Estabelecer-se em um tipo de trabalho, e desenvolver o estilo de vida que seja a consequência da acumulação de experiências adquiridas constituem elementos geradores de satisfação.

Essas proposições foram sofrendo alterações ao longo da evolução da teoria, sendo alargadas e revistas (Super, 1953, cit. por Duarte, 1993).

Adotando um ponto de vista construcionista, a teoria da construção da carreira aponta para uma perspectiva ativa, de mobilidade, que impõe significado pessoal às memórias do passado, às experiências do presente e às aspirações futuras, modelando-as a um tema de vida. O indivíduo é equipado com o significado contido nesses temas biográficos, tendo capacidade de se adaptar às mudanças sociais que ocorrem durante a sua vida de trabalho. Esse significado pessoal substitui as propriedades do ambiente organizacional, que requer a tarefa de autointegração, protegendo e interpretando as exigências do trabalhador. Atualmente, a história de vida unifica o indivíduo e fornece a componente biográfica que lhe permite transitar de um trabalho para outro (Savickas, 2002).

A teoria da construção da carreira encara as carreiras de uma perspectiva contextual, em que o indivíduo é visto como auto-organizador, autorregulador e autodefinidor. Recai assim na epistemologia do construcionismo social, reconceitualizando tanto os tipos de personalidade vocacional, como as tarefas vocacionais. Interpreta os tipos de personalidade como processos que tem possibilidades, não se tratando de realidades com capacidade de predizer o futuro e encara tarefas desenvolvimentistas enquanto expectativas sociais. Esta procura ser uma teoria compreensiva tanto do comportamento vocacional como do aconselhamento da carreira, usando para tal o conceito de temas de vida, de forma a juntar as conceitualizações de personalidade vocacional e adaptabilidade da carreira (Savickas, 2002).

A teoria postula que o indivíduo constrói sua carreira utilizando temas de vida para integrar a auto-organização da personalidade e o autoprogresso de adaptação à carreira em um todo autodefinidor que motiva para o trabalho, direcionando a escolha ocupacional e moldando o ajustamento vocacional. Podem assim ser descritos três componentes da teoria – personalidade vocacional, adaptabilidade da carreira e temas de vida (Savickas, 2002, 2005).

A *personalidade vocacional* coloca enfoque nos autoconceitos vocacionais e refere-se a um conjunto de capacidades, necessidades, valores e interesses do indivíduo relacionados com a carreira. Os indivíduos desenvolvem a personalidade em interação com o meio e formam características mais salientes por meio do envolvimento em várias atividades e diversos papéis. No entanto, diferem em características vocacionais como as capacidades, os traços de personalidade e os autoconceitos. Cada ocupação requer um diferente padrão de características vocacionais, com uma tolerância que permite alguma variedade de indivíduos. A teoria da construção da carreira aborda a personalidade usando a nomenclatura e o enquadramento de Holland (1997), os tipos "RIASEC", que oferece uma linguagem amplamente usada para descrever os traços de personalidade advenientes dos esforços do indivíduo para auto-organizar seus interesses, suas capacidades e competências. Contudo, a teoria adverte para o fato dos traços que constituem os tipos "RIASEC" serem um pouco descontextualizados e abstratos, remetendo para meras possibilidades. Os tipos de personalidade vocacional e os interesses ocupacionais refletem significados e categorias socialmente construídos, não tendo valor de realidade ou verdade fora de si mesmos, já que dependem de construções sociais de tempo, lugar e cultura (Savickas, 2002).

Fazendo referência ao enquadramento de Holland (1997), importa referir que o autor defendia que, na nossa cultura, a maior parte dos sujeitos podem ser classificados em um dos seguintes seis tipos de personalidade: Realista, Intelectual ou Investigador, Artístico, Social, Empreendedor e Convencional (RIASEC). Assim, uma profissão não tem tanto a ver com as tarefas que o sujeito desenvolve, mas sim com um estilo de vida e valores que, integrados, constituem a personalidade dos sujeitos. Os interesses são uma forma de personalidade, e avaliar os interesses pode-se considerar como avaliar a própria personalidade. A par desses tipos de personalidade, o autor defendia ainda a existência de ambientes de trabalho (RIASEC) e que as pessoas procuram ambientes que lhes permitam pôr em prática suas capacidades e aptidões, expressar as atitudes e valores, assumindo estatutos e papéis agradáveis.

O fato de abordar o ambiente de trabalho de um ponto de vista psicológico constituiu uma diferença face aos modelos anteriormente vigentes, sendo o comportamento determinado pelo interesse entre a pessoa e o ambiente e estando a satisfação, a estabilidade e a realização profissionais, dependentes da congruência entre a personalidade e o meio no qual é desenvolvida a atividade profissional. Nessa mesma linha, a teoria de ajustamento ao trabalho (Dawis, Lofquist e Weiss, 1968) também foi conceitualizada focando a interação entre o indivíduo e o ambiente de trabalho – este requer determinado conjunto de tarefas que têm de ser desenvolvidas e o indivíduo possui as competências necessárias para desenvolvê-las; em troca, o indivíduo requer compensações para o desempenho das suas atividades, como a existência de um local de trabalho seguro e confortável. Esta é uma constante interação que se mantém e exige alguma correspondência, para que possam ser alcançados níveis de satisfação. As personalidades de trabalho e os ambientes de trabalho podem assim ser descritos em termos de estrutura e variáveis de estilo.

A *adaptabilidade da carreira*, outro componente da teoria de Savickas (2002, 2005), está relacionada com o fato de uma ocupação constituir um mecanismo de integração social, oferecendo estratégias para manter o indivíduo em sociedade. Nesse sentido, as carreiras são construídas por estratégias adaptativas que implementam uma personalidade individual em determinado papel ocupacional, envolvendo ajustamento às mudanças ocupacionais e monitorização de tarefas de desenvolvimento vocacional.

A teoria da construção da carreira encara a adaptação às mudanças como desencadeada por cinco fatores principais de mecanismos de *coping* – crescimento, exploração, estabelecimento, gestão e desinvestimento –, que formam um ciclo (maxiciclo) de adaptação contínuo e periodicamente repetido, a cada transição. Esse ciclo pode integrar miniciclos (crescer um interesse; exploração localizada; tomada de decisão informada e comportamentos-tentativa; comprometimento por certo período e gestão ativa no papel; antecipar o desinvestimento).

A adaptabilidade da carreira prende-se, assim, com os atributos que o indivíduo necessita para resolver com sucesso as tarefas das transições nos miniciclos, bem como dos estágios do maxiciclo, envolvendo um ajustamento às tarefas de desenvolvimento de carreira, às transições ocupacionais e aos traumas pessoais.

O modelo estrutural da adaptabilidade da carreira envolve três níveis – dimensões globais da adaptabilidade (preocupação, controle, curiosidade e confiança, e o indivíduo que se adapta é entendido como aquele que está preocupado com o futuro vocacional, aumenta o controle sobre esse futuro, demonstra curiosidade por explorar possibilidades e aumenta a confiança para perseguir aspirações), variáveis intermediárias (atitudes, crenças e competências) e comportamento vocacional (condutas, respostas de *coping* que conduzem ao desenvolvimento vocacional e à construção de carreiras).

Em suma, a adaptabilidade da carreira modela a extensão do *self* no mundo social, mediante implementação do autoconceito em papéis ocupacionais. Enquanto a personalidade vocacional remete para uma auto-organização, a adaptabilidade da carreira remete para uma autorregulação (estratégias de autoprogresso que dependem da era histórica e de condições locais) (Savickas, 2002, 2005).

Savickas sugere que o conceito da adaptabilidade da carreira deve ocupar lugar central na teoria da construção da carreira, em vez do conceito de maturidade da carreira, defendido por Super (1955, cit por Savickas, 1997). A adaptabilidade será fundamental para o processo de desenvolvimento de um adulto, referindo-se à sua capacidade para mudar, sem grande dificuldade, adaptando-se a novas circunstâncias ou reagindo a circunstâncias modificadas. A esse nível, a adaptabilidade é considerada por Savickas um constructo mais útil, permitindo lidar com prontidão com tarefas previsíveis de preparação ou participação no papel laboral, mas também enfrentar ajustamentos imprevisíveis, necessários perante as mudanças no trabalho e nas condições de trabalho.

Savickas (1997) ressalta que a adaptabilidade deverá ainda ser conceitualizada com recurso a dimensões desenvolvimentistas semelhantes às utilizadas para descrever a maturidade da carreira, nomeadamente as dimensões de planejamento, exploração e decisão. Assim, o sujeito, em qualquer idade, poderia desenvolver-se, explorando o ambiente envolvente e tomando atitudes planejadas, decidindo informadamente acerca das oportunidades mais ajustadas e viáveis, perante seus objetivos e o percurso que pretenderia seguir. O conhecimento relevante sobre o *self* e a situação e as capacidades de planejamento, de exploração da situação e de decisão seriam boas formas de avaliar a prontidão do indivíduo para se adaptar, ascendendo ao nível de congruência entre o indivíduo e a situação.

Os *temas de vida* remetem para o fato de que o significado essencial de carreira e a dinâmica da sua construção são revelados por histórias de autodefinição acerca de tarefas, transições e traumas de vida do indivíduo. Assim, a auto-organização da personalidade e o seu autoprogresso adaptativo à comunidade produzem uma história de autoprogresso. Contrariamente ao modelo dos tipos "RIASEC", e às dimensões de adaptabilidade, as histórias de carreira contextualizam o *self* em tempo, lugar e papel e exprimem a unicidade do indivíduo. Diferentes histórias de carreira narradas por um indivíduo são unificadas por temas integrativos (unificam as experiências complexas e contraditórias do indivíduo, conferindo-lhes uma coerência com significado e uma continuidade em longo prazo). Os temas não sumarizam experiências passadas, embora as descrevam com um propósito que lhes fornece coerência e continuidade. As histórias são descrições que constituem o *self* e o indivíduo questiona sua existência à medida que descreve o que gosta e como é. Desse modo, iniciar uma ocupação pode ser visto como uma tentativa de implementar um autoconceito e o trabalho em si manifesta o autoconceito, dando-lhe substância, história e fazendo progredir os projetos de vida. O trabalho fornece contexto para o desenvolvimento humano, ocupando um lugar importante na vida de cada indivíduo, ajudando-os a criar significados mais profundos.

A teoria da construção da carreira propõe o uso de um paradigma narrativo para organizar o pensamento biográfico – trata-se de uma perspectiva de compreensão de histórias, assumindo que o tema arquetípico de construção de carreira envolve o uso do trabalho para transformar preocupação em ocupação resolvendo desafios. As carreiras são, pois, construídas tal como os indivíduos, usando estratégias de *coping*[2] de adaptabilidade, tornando preocupações em ocupações públicas (Savickas, 2002, 2005).

---

[2] O conceito de *coping* tem sido descrito como o "conjunto das estratégias utilizadas pelas pessoas para adaptarem-se a circunstâncias adversas ou estressantes".ANTONIAZZI,Adriane Scomazzon et al. O conceito de coping: uma revisão teórica. *Estud. psicol. (Natal)* [online], v. 3, n. 2, p. 273-294, 1998. ISSN 1413-294X. Disponível em: <http://dx.doi.org/10.1590/S1413-294X1998000200006>.

O sucesso profissional depende do grau em que os indivíduos encontram nos seus papéis de trabalho canais para as suas características vocacionais mais salientes. O grau de satisfação no trabalho é proporcional ao grau em que as pessoas são capazes de implementar os seus autoconceitos vocacionais. Assim, o processo de construção de carreira define-se essencialmente como um processo de desenvolvimento e implementação de autoconceitos vocacionais (desenvolvidos por meio da interação de aptidões herdadas, constituição física, oportunidades de desempenhar vários papéis e de avaliar o desempenho dos mesmos) em papéis de trabalho (Savickas, 2002).

Construção da identidade – visão psicanalítica

A carreira esportiva também tem sido foco das atenções de diversos grupos de profissionais envolvidos com o contexto esportivo. Na França, psicólogos do esporte lacanianos atuam há mais de uma década junto a comissões técnicas e atletas, contribuindo para a compreensão de questões fundamentais que surgem na prática esportiva.

A abordagem lacaniana entende o alto rendimento como área exigente fazendo com que os indivíduos que participam dela façam altos investimentos psíquicos e físicos, além de manterem compromissos singulares.

Dessa forma, o processo de busca dos objetivos esportivos pode gerar uma crise na decisão tanto da escolha como do término da carreira esportiva. Isso porque a imagem do atleta idealizado acaba, inevitavelmente, falindo no processo da aposentadoria.

Navel (2011) observa que não é incomum atletas de alto nível sofrerem de "desvios" que podem levar a quadros de conversão[3] não sustentada, com acentuado declínio de autoestima. Alguns estudos mostram que é comum

---

[3] *Conversão*, conceito originário da psicanálise, corresponde a um *mecanismo de formação de sintomas próprio da histeria*. Consiste em uma transposição de um conflito psíquico (e em uma tentativa de resolução) em sintomas somáticos, basicamente tomando lugar nos sistemas neuromuscular voluntário (paralisias, por exemplo) ou sensório-perceptivo (anestesias, por exemplo). Sua característica básica é ter uma significação simbólica, ou seja, o corpo exprime representações que foram recalcadas. Freud introduziu esse termo referindo-se ao "salto do psíquico para a inervação somática". Disponível em: <http://www.unifesp.br/dpsiq/polbr/ppm/atu2_01.htm>. Acesso em: 28 jan. 2012.

nessa fase comportamentos abusivos ligados ao consumo de álcool, abuso de substâncias ilícitas, depressão, distúrbios alimentares e tentativas de suicídio. O paradoxo da imagem do atleta invencível, intocável, e até mesmo indestrutível é afetada por histórias muitas vezes traumatizantes.

A questão da "morte social" se faz presente. Porém, o termo escolhido para essa fase e menos fatalista, adotado pelas pesquisas na área, é o conceito de "transição". Esse conceito modificou a perspectiva da compreensão do atleta como um "derrotado pela aposentadoria", enfatizando a importância dessa fase na sua vida profissional e sugerindo a importância da adaptação nessa fase. O controle e o ajuste que permeiam a vida do atleta continuam presentes também nessa fase da vida profissional do atleta. Aqui nasce o modelo conceitual de adaptação de Taylor e Ogilvie (1994).

A transição é um fenômeno dinâmico causando uma "descontinuidade" (Crook e Robertson, 1991, p. 115-127) e não uma ruptura na vida do atleta. No entanto, o processo de conversão não é fácil, não acontece por acaso e a psicanálise entende que possa ser precedido por um sentimento de perda.

Schlossberg (1981, p. 2-18), apontado por Navel (2011) como precursor desse novo conceito, enfatiza que *uma transição ocorre se um evento de maior ou menor importância provoca uma mudança nas concepções de si e do mundo, exigindo alterações concomitantes no comportamento*. A primeira parte dessa definição considera o teste do *self*, ou seja, a diferença que emerge entre o *self* presente e o *self* passado do atleta agora aposentado e, portanto, exigem um redesenho da identidade. Assim, está colocada a necessidade de ajustes de vários fatores, tanto pessoais como situacionais, suscetíveis à qualidade de adaptação da transição de carreira.

A transição socioprofissional ou mudança de *status* é atualizada para a de "cidadão comum". O atleta aposentado deve lidar com a perda do reconhecimento social (Werthner e Orlick, 1986, p. 337-363), podendo ser acompanhada por uma diminuição (ainda que temporariamente) da autoestima sustentada por uma crise de identidade.

A pergunta "Quem sou eu sem este traje de atleta?" faz que o atleta aposentado entre em contato com o vazio, especialmente por não poder ter investido em outros papéis sociais. Aqui a ideia entra em conflito com a definição de Taylor e Ogilvie (2001) "indivíduos unidimensionais". Os autores fazem referência ao conceito de "identidade esportiva", definida como *o grau em que um indivíduo se identifica com o papel do atleta* (Brewer,

Van Raalte, Linder, 1993, p. 237-254), e que Navel (2011), no contexto de alto nível, renomea como "identidade neodesportiva" entendendo que o atleta é formado, moldado pelo ambiente esportivo, sem contudo trabalhar a subjetividade e o significado desse papel na vida do indivíduo.

A autora chama a atenção para o fato de que a sensação de desorientação, perda e incompetência que caracteriza essa fase imediatamente após finalização das atividades competitivas (Dacyshyn e Kerr, 2000, p. 115-133) é chamada "Land Nowhere" e não é definitiva, cabendo aqui o sentido do conceito do processo de transição. É geralmente seguido por um período denominado "New Beginnings", marcado, como o nome sugere, através da adaptação a novas atividades, uma condição *sine qua non* de conversão em si. De fato, a transição para a aposentadoria redefine a base de novos padrões para os profissionais (novas atividades, de preferência fora do campo esportivo) e social (outro estado de prestígio social). Esse processo de ajuste pode levar algum tempo (geralmente seis meses a um ano) desde o seu início.

Parece que dessa forma o planejamento para a aposentadoria seria um assunto mais fácil de gerenciar. Mas não é o que ocorre. O planejamento poderia levar a uma redução paulatina da identiade atlética (Lally, 2007, p. 85-99), incluindo o confronto com outras áreas profissionais, exceto pelo desenvolvimento de novos habilidades.

No entanto, o planejamento parece estar sujeito a algumas reservas. Alguns atletas e treinadores temendo um possível impacto sobre o estado psicológico e motivacional do atleta e uma possível diminuição no desempenho, ignoram o fato.

Além do planejamento antecipado, parece que a variável idade é também um efeito a ser avaliado sobre a qualidade de adaptação à transição socioprofissional. De fato, parar mais cedo pode oferecer vantagens, incluindo a facilitação do reinvestimento em outras áreas profissionais, e dados revelam que a decisão para programar a carreira é mais aceita entre atletas jovens. (Lavallee e Robinson, 2007, p. 119-141).

Navel (2011) aponta importantes elementos que têm significação simbólica no contexto esportivo e suas implicações na "aposentadoria". São eles:

O CORPO

Não há aposentadoria no esporte sem um corpo. De fato, o corpo do atleta aposentado é um "corpo sofredor" (Stephan e Bilard, 2003, p. 95-104), tendo as marcas de um quase sedentário pós-esporte, em contraste com o corpo superinvestido antes dessa fase.

Depois de exercício, conforto? A fórmula aqui é mal escolhida, assim como o corpo. O corpo que foi previamente definido para trabalhar de forma desproporcionada, por vezes abusado, é colocado agora como que para descansar, tornando-se o lugar do sofrimento, psíquico e somático. Ironicamente... as transformações corporais se multiplicam e são ligadas: ganho de peso, perda de massa muscular, deterioração de habilidades físicas, mas também sintomas somáticos (Stephan e Bilard, 2003,p. 95-104). Se eles refletem uma evolução natural, impulsionada por um declínio inevitável e irreversível em intensidade física, raramente são tidos como objeto de pesquisa na prática em si. Na verdade, é a esfera socioprofissional que recebe muita atenção, os atletas estão envolvidos quase que exclusivamente em sua reabilitação profissional. No entanto, essas mudanças corporais também contribuem para o conflito de identidade de atletas aposentados, mesmo quando a transição é bem-sucedida. (Stephan, Bilard, Ninot et al., 2003, p. 192-207).

O corpo atlético, com todas as qualidades estéticas que lhe são atribuídas, muda naturalmente ao longo do tempo, e para sempre. Mas, com a cessação da prática física, essa mudança é acelerada, especialmente quando a transição socioprofissional e, portanto, a nova carreira não favorece as condições materiais e de tempo que o atleta aposentado necessita para manter a forma (Stephan, Torregrosa, Sanchez, 2007, p. 73-83). O corpo, em sua dupla componente estética e desempenho, então, se deteriora: o interesse e as habilidades físicas não estão de acordo. No entanto, 'o trabalho do corpo vai se tornar a identidade eixo de articulação dos esportes", diz Duclos (2006, p. 381-402). Nessa perspectiva, entende-se que as modificações do corpo são fatores de conflito de identidade no processo de transição de carreira.

O trabalho da fase de adaptação é entendido como o processo de viabilizar o componente-chave da autoestima (o corpo) no esporte de alto rendimento, na sua alteração lidando com a chamada "crise do corpo" nos primerios seis meses subsequentes à cessação da carreira esportiva. O desafio para esses atletas é revisitar seu modelo inicial de corpo e redefinir um novo que vai oferecer a possibilidade de reduzir a distância entre o corpo ideal e o percebido. Esta é a condição para a reapropriação do corpo (Carrier, 1996, p. 153-167).

Esse trabalho pressupõe investimentos em novas atividades físicas e esportivas, com novas habilidades baseadas na noção de prazer, a fim de estancar a hemorragia narcísica causada pela dúvida da competência física (Navel, 2011). Também auxilia na manutenção da saúde e do bem-estar do indivíduo retardando, ou ao menos moderando, as transformações corporais inerentes ao processo de "aposentadoria".

TRANSIÇÃO DE GÊNERO: TESTAR O FÁLICO

Entender o corpo tendo o sentido de reconhecimento e integração das diferenças de gênero psicológica "o corpo, um poderoso objeto fálico no esporte" (Carrier, 2002a), organizado por ideia de raça, de poder e força muscular, sinônimo de virilidade. Note que isso às vezes ocorre não só com homens, mas também com mulheres atletas de alto nível. Uma imagem alongada, construída (por exemplo, ginástica ritmica), mostrando ao espectador uma escultura do corpo mais fálica. No entanto, são essas mulheres que estão mais próximas do ideal da feminilidade e sensualidade.

Porém, Navel (2011) salienta que o simbolismo sexual feminino pelo contrário parece precário, difícil, não permitindo sua integração psíquica e, portanto, a construção de uma identidade de gênero feminino (Duclos, 2006, p. 381-402). A reivindicação fálica, em seguida, invade o aparelho psíquico.

A necessidade de controlar o corpo que desempenha. O controle? Esta é realmente uma palavra banida do vocabulário dos atletas... Tudo é controlado, monitorado, medido, pesado, calculado: peso, alimentação, tamanho, massa muscular, força, resistência, velocidade, desempenho. Com o controle quebrado: agora eles sentem que sofrem (provavelmente mais quando a parada é dita involuntária, como no caso de lesões). O falo é então neutralizado em termos de masculinidade (com um corpo que cresce e fica mais pesado), investimento no músculo (movimento e estimulação física, com um estilo de vida sedentário estão desaparecendo, dando lugar a sentimentos de vazio, falta de ação) e controle do corpo.

Navel (2011) coloca que o fálico se destaca: é o tempo de mudança! O atleta aposentado é encontrado nu, frágil no caminho de adolescentes que perdem sua carapaça. A analogia aqui é a adolescência longe de ser trivial: "Uma das motivações para o esporte de alto rendimento é o de evitar o trabalho de subjetivação. E com a decisão, o trabalho chama o atleta para o enfrentamento da sua adolescência" (Carrier, 2002b).

O fenômeno de "contra-adolescência" (Carrier, 2000, p. 419-434), tem como objetivo final a oposição do atleta de elite adolescente ao bloqueio de transformações naturais da puberdade, a fim de manter uma forma física e desempenho, atendendo às exigências do esporte. Assim, por meio de mais investimento do sistema muscular, o jovem atleta de elite refuta mudanças corporais da puberdade, em outras palavras, nega o corpo genital: criança corpo, que lembra a androgenia, toma qualquer lugar na organização de um atleta, incapaz de desistir de sua fantasia de onipotência, um sinal de imaturidade psicoemocional e não integração da genitalidade. Nesse sentido, o trabalho psíquico de subjetivação, que prevê a construção da identidade de gênero, não ocorre. O método de organização é, portanto, centrado na criança fálica. Assim, com a parada, o atleta se aposentou em perda do fálico e é confrontado com o trabalho de subjetivação que ele já havia colocado entre parênteses, atrasando assim a sua construção da identidade sexual.

Para as mulheres, curvas, quadris, seios aparecem; eles que anteriormente viviam sob o selo da fantasia andrógina (na verdade, sua gestação é comum no controle). Assim, mais que o ganho de peso e a perda de músculo é o sexo que está se aproximando rapidamente. Por isso, às vezes, o aparecimento de distúrbios alimentares, cujo objetivo é inconsciente novamente para recusar a genitalidade sexual em uma tentativa de garantir a continuidade do que havia sido estabelecido anteriormente.

ANÁLISE E DISCUSSÃO

No percurso esportivo de um indivíduo, enquanto carreira, é clara a integração existente entre o sistema esportivo e o sistema do trabalho, assumindo cada vez mais um caráter profissional, com notória necessidade do sistema esportivo se basear no sistema do trabalho (Brito, 2001).

Ao ingressar no mundo do esporte, o indivíduo compromete-se de forma progressiva e intensa a assumir o papel de atleta. O sucesso esportivo, aliado a esse fato, conduz a maior identificação com a função (Brito, 2001). Brewer, Van Raalte e Linder (1993, cit. por Brewer, 1998, p. 2) defendem que o conceito de identidade atlética se refere ao *grau relativamente ao qual o indivíduo se identifica com o papel de atleta*.

No Brasil, o Ministério do Trabalho e do Emprego organiza a Classifição Brasileira de Ocupação, indicando as profissões reconhecidas no âmbito nacional. Em breve pesquisa[4] sobre a profissão "ATLETA PROFISSIONAL", identificada pelo número 3771, a descrição indica que *tomam parte como profissionais em competições e provas esportivas. Participam individualmente ou coletivamente, de competições esportivas em caráter profissional*.

Em relação às condições gerais do exercício profissional, o documento mostra que "... para obterem a profissionalização seguem, *regras específicas das agremiações esportivas a que se vinculam*, construindo, portanto, trajetórias diferenciadas, baseadas em diferentes combinações entre tempo de exercício do esporte, participação em jogos e eventos, premiações etc. A *maioria trabalha como autônomo, em horários irregulares*. Em algumas atividades, alguns profissionais podem estar submetidos a condições especiais de trabalho, como pressão psicológica, ruído intenso e altas temperaturas, bem como permanecer por longos períodos em posições desconfortáveis". (O grifo foi feito para chamar a atenção ao caráter pouco objetivo do que pode ser entendido como carreira.)

Mesmo entendendo a carreira como a forma de estruturar a trajetória dos funcionários no interior das empresas por meio da sistematização prévia de um caminho a ser percorrido, composto por cargos e funções a serem desempenhados, continua-se a negligenciar a carreira esportiva, visto que os atletas, em sua grande maioria, são autônomos e têm sua trajetória de trabalho não reconhecida como carreira.

Na carreira esportiva, o atleta passa por várias transições de diferentes tipos – transição da iniciação esportiva, passando pelo treino intenso, até

---

[4] Disponível em: <http://www.mtecbo.gov.br/cbosite/pages/pesquisas/FiltroTabelaAtividade.jsf>. Acesso em: 30 jan. 2012.

a alta competição; transição do esporte infantil, para o juvenil, desse para os juniores, para a categoria adulta e finalmente para os seniores; transição do esporte amador para o profissional, ou transição para o término da carreira esportiva. Todas essas transições envolvem exigências de ajustamento com características próprias. Hoje, é indiscutível que a gestão esportiva se assume como uma das principais áreas de intervenção profissional no contexto esportivo (Pires e Sarmento, 2001).

Nos estudos sobre carreira, Ribeiro (2011) afirmam que a concepção de carreira subjetiva (Hughes, 1937), também nomeada de carreira interna (Schein, 1993) ou desenvolvimento vocacional (Super, 1957), tinha como função primordial entender como cada pessoa construía sua trajetória de vida no trabalho por meio das funções, dos cargos, empregos e trabalhos desenvolvidos, tendo como foco a própria pessoa e a análise das suas escolhas. O sentido da carreira como processo psicossocial é marcado pelas escolhas previamente realizadas pelas pessoas e pela significação *pos factum* de suas trajetórias de trabalho.

O autor esclarece que a Administração, que exerceu as principais influências para a construção das representações sociais sobre a carreira, define carreira como a sequência de empregos, cargos ou funções que marcava o progresso dos indivíduos ao longo da vida.

Já a Psicologia, cujo eixo central é o indivíduo, postula a carreira como vocação; veículo de autorrealização; componente da estrutura individual da vida. (Dawis e Lofquist, 1984; Holland, 1997; Super, 1957; Ribeiro, 2009).

A Psicologia Social que tem suas bases tanto na Psicologia como na Sociologia, entende a carreira como resposta individual mediada às requisições externas dos papéis sociais (Savickas, 1997); sequência evolutiva das experiências de trabalho de uma pessoa em dado contexto ao longo do tempo; relação dialética de construção contínua entre indivíduo e sociedade (Ribeiro, 2009).

O sucesso ao longo das transições na carreira esportiva, exige a busca pela autonomia pessoal durante a carreira e a consciência de formas de investimento, reinvestimento e desinvestimento dentro e/ou fora da área esportiva.

De acordo com Werthner, Orlick e Steveson (cit. por Botteril, 1983, p. 164), o fato de os atletas dependerem quase na totalidade do sucesso esportivo torna-os extremamente vulneráveis do ponto de vista psicológico, a qualquer flutuação ou declínio na *performance*.

A qualidade das transições depende de fatores de adaptação, tais como experiências de desenvolvimento, autoconceito, percepções de controle, identificação social e contribuições de terceiros, bem como de recursos disponíveis para enfrentar a adaptação, nomeadamente estratégias para lidar com a situação, apoio social e um planejamento prévio do desinvestimento na carreira (Brandão e cols., 2000).

De acordo com a teoria da carreira (Arthur, Hall e Lawrence, 1993, p. 11), o trabalho pode fornecer ao indivíduo forte influência quer nas adaptações pessoais, quer no desenvolvimento que experimenta ao longo da vida. O valor dessa teoria reside no fato de considerar o indivíduo como um todo, na sua relação com as situações de trabalho e por considerar ainda o indivíduo e a organização para a qual trabalha, sendo fundamentais direitos e deveres de ambas as partes.

Martins e Brito (1999) afirmam que a carreira esportiva corresponde a uma atividade desenvolvida por um indivíduo, em uma estrutura esportiva altamente organizada, ao longo de diversos anos e por meio da qual se alcança um autodesenvolvimento, bem como sucesso esportivo.

Para Salomé Marivoet (1997), o envolvimento em práticas esportivas inseridas em quadros de competição decorre tanto dos valores socioculturais dos atletas, relativamente à atividade esportiva, como da valorização dada ao esporte nos espaços sociais em que se inserem. Desse modo, o envolvimento em carreiras esportivas, o êxito e a permanência nestas não poderão ser entendidos apenas considerando características fisiológicas, pedagógicas ou de personalidade, enquanto potencializadoras de maior desempenho e maior determinação e adaptação às expectativas exigidas por técnicos e organizações esportivas.

O estudo realizado por Bastos (2009) concluiu que a participação das esferas sociais, mais especificamente pais e amigos preconiza boa preparação para o planejamento da carreira esportiva, incluindo a finalização de carreira. Além disso, avalia especificamente a importância do técnico como agente facilitador desse processo, indicando que estratégias de comunicação são eficazes nessa tarefa.

O fato de agentes facilitadores não darem o suporte suficiente para a discussão do tema no contexto esportivo faz que os motivos dessa negação nos leve ao entendimento da fase psíquica que vive o atleta de alto rendimento.

Navel (2011) critica a forma estética de falar sobre o fim de carreira e demonstra o conflito entre o modelo tanatológico e o modelo de adaptação adotado pela literatura esportiva. Esse conflito expressa a dificuldade que se tem ao tratar da construção e reconstrução da identidade dos atletas de alto rendimento.

Os abusos psíquicos, físicos e sociais vividos nas mais diferentes fases da carreira esportiva, e pouco considerados por muitos atletas e técnicos, fazem que a contribuição de outros profissionais possa fomentar a possibilidade de planejamento não só da carreira esportiva, mas também de sua finalização.

A esfera socioprofissional atualmente tem recebido atenção científica em relação à mudança de *status* induzida pelo próprio processo de aposentadoria no esporte. Para os atletas, o corpo, componente do contexto esportivo, é pouco compreendido, no entanto, é necessário para a sua lógica, uma vez que *desempenha papel fundamental na construção da identidade dos atletas [...] que extraem grande parte do valor da autopercepção de sua competência física* (Stephan, Torregrosa, Sanchez, 2007, p. 73-83).

O fato de o enfrentamento do atleta na aposentadoria ocorrer por um período marcado inicialmente pela crise em que a autoestima é abalada faz que a perda de todos os marcadores de identidade que fundou anteriormente, seja seguida por uma fase de crescimento pessoal, renovação, orquestrada por um redesenho da identidade e dos modelos de referência inicial. Nesse sentido, o processo de conversão é chamado de transição. A forma como o atleta vive essa fase está ligada a seu funcionamento intrapsíquico.

Ante ao foi exposto neste capítulo, entende-se que a área de gestão de carreira pode auxiliar o atleta profissional a articular seus papéis sociais (membro da família, criança, estudante, tempo livre, cidadão, trabalhador), a fim de que em um processo de adaptação recíproca entre pessoa e sociedade haja amplitute maior do conceito de carreira para concepção de projeto de vida, indicando que a carreira não se constitui somente na relação com o trabalho, mas na articulação dos papéis sociais centrais na vida de cada um.

Referências Bibliográficas

ARTHUR, M. B.; HALL, D. T.; LAWRENCE, B. S. *Generating new directions in career theory*: the case for a transdisciplinary approach, in handbook of career theory. 3. ed., edição de Autor, Estados Unidos, 1993. p. 7-25. (1. ed., 1989)

BOTTERILL, C. *Retirement and detraining foreword what "endings" tell us about "beginnings", in mental training for coaches and athletes.* 2. ed. Por T. Orlick, J. T. Partington, J. H. Salmela, Coaching Association of Canada, Otawa, 1983. p. 164-166 (1. ed., 1982)

BASTOS, E. S. E. M. (2009). *A importância da gestão de carreiras em atletas de alto rendimento: estudo exploratório.* (Mestrado integrado em Psicologia – Seção de Psicologia dos Recursos Humanos, do Trabalho e das Organizações), 2009.

BRANDÃO, M. e cols. Causas e consequências da transição de carreira desportiva: uma revisão de literatura, in *Revista Brasileira Ciência e Movimento*, v. 8, n. 1, p. 48-58, 2000.

BREWER, B. W. *Atheltic Identity Reviseted:* A Five-Year Update. Comunicação apresentada no II Encontro Internacional de Psicologia Aplicada ao Desporto e Exercício, realizado na Universidade do Minho, Braga, de 25 a 28 junho, 1998.

BRITO, A. P. *Psicologia do Desporto.* Loulé: Instituto Superior D. Afonso III, 2001. CARVALHO, M. J. A inserção da alta competição nos programas dos governos constitucionais em Portugal e o seu enquadramento normativo. In: *Revista Portuguesa de Ciências do Desporto.* Porto: Faculdade de Ciências do Desporto e de Educação Física da Universidade do Porto, , v. 2, n. 4, p. 72-78, 2002.

BREWER, B. W.; VAN RAALTE, J. L.; LINDER, D. E., **Athletic identity: Hercules'muscles or Achilles'heel?** *International Journal of Sport Psychology*, v. 24, p. 37-254, 1993.

CARRIER, C. *Le "musculaire", produit du travail de l'adolescent sportif de haut niveau*, Adolescence, v. 14, n, 2,: p. 153-167, 1996.

CARRIER, C. **De l'investissement sportif de haut niveau à l'adolescence.** *Adolescence*, n° ISAP, 2000. p. 419-434.

CARRIER, C. Sexe. In: CARRIER, C. Le champion, sa vie, sa mort. *Psychanalyse de l'exploit*, Bayard, 2002a.

CARRIER, C. Retraite. In: CARRIER, C. La champion, sa vie, sa mort. *Psychanalyse de l'exploit*, Bayard, 2002b.

CROOK, J. M.; Robertson, S. E. *Transitions out of elite sport. International Journal of Sport Psychology*, v. 22, p. 115-127, 1991.

DAWIS, R.V.; LOFQUIST, L. J.; WEISS, D. J. A theory of work adjustment (a revision). *Minnesota Studies in Vocational Rehabilitation*, v. 23, 1968.

DAWIS, R. V.; LOFQUIST, L. H. *A psychological theory of work adjustment*. Minneapolis, MI: University of Minnesota Press, 1984.

DUARTE, M. E. *Preocupações de carreira, valores e saliência das atividades em adultos empregados*. Para um psicologia desenvolvimentista da orientação de adultos em Portugal. Lisboa, 1993. (Dissertação de doutoramento em Psicologia) – Faculdade de Psicologia e de Ciências da Educação. (Policopiado),

DUCLOS, K. La symbolisation du féminin à l'épreuve du corps sportif. *Psychologie clinique et projective*, v. 12, p. 381-402, 2006.

HALL, D. *Career development in organizations*. San Francisco: Jossey–Bass, 1986. HELLSTEDT, J. C. Early adolescent perceptions of parental pressure in the sport environment. Journal of Sport Behavior, v. 13, p. 135-144, 1990.

HOLLAND, J. L. Making Vocational Choices: A Theory of Vocational Personalities and Work Environments. *Psychological Assessment Resources Inc*, 1997.

HUGHES, E.C. Institucional office and the person. *American Journal of Sociology*, v. 43, p .404-413, 1937.

KERR, G.; DACYSHYN, A. **The retirement of elite female gymnasts.** *Journal of Applied Sport Psychology*, v. 12, p. 115-133, 2000..

LALLY, P. **Identity and athletic retirement: a prospective study.** *Psychology of Sport and Exercise*, v. 8, n. 1, p. 85-99, 2007.

LAVALLEE, D.; ROBINSON, H. K. **In pursuit of an identity: a qualitative exploration of retirement from women's artistic gymnastics.** *Psychology of Sport and Exercise*, v. 8, n. 1, p. 119-141, 2007.

LEIBOWITZ, Z.; FARREN, C.; KAYE, B. *Designing career development systems.* São Francisco: Jossey-Bass, 1986.

MARIOVOET, S. Dinâmicas sociais nos envolvimentos desportivos. In: *Sociologia* – problemas e práticas, n. 23 p. 101-113, 1997. Lisboa: S. E. Disponível em <https://repositorio.iscte.pt/handle/10071/858>. (Acesso em: 22 out.2009).

MARTINS, C.; BRITO, A. *A reforma do atleta no desporto,* Lisboa, 1999. (Dissertação Apresentada com vista à obtenção do grau de Mestre em Psicologia do Desporto) – Departamento de Psicologia do Desporto, Faculdade de Motricidade Humana, Universidade Técnica de Lisboa.

NAVEL, A. Le soi à l'épreuve de la retraite sportive de haut niveau: de la nécessité d'un remaniement identitaire. *Face à face* [En ligne], 11 | 2011, mis en ligne le 18 février 2011, consulté le 06 décembre 2011. URL: http://faceaface.revues.org/624.

NEWELL, S. *The healthy organisation.* Londres: Routledge, 1995.

PIRES, G.; SARMENTO, J. P. Conceito de Gestão de Desporto: Novos desafios, diferentes soluções. *Revista Portuguesa de Ciências do Desporto.* v. 1, n. 1, p. 8-103, 2001.

RIBEIRO, M. A. (2011). *As formas de estruturação da carreira na contemporaneidade*: interfaces e articulações teórico-técnicas entre a Psicologia Organizacional e do Trabalho e a Orientação Profissional. In: ZANELLI, J. C.; SILVA, N.; TOLFO, S. R. (Orgs.). *Processos psicossociais nas organizações e no trabalho.* São Paulo: Casa do Psicólogo, 2011.

RIBEIRO, M. A. Carreira: transformações de uma concepção na teoria e na prática. *In: Psicologia e gestão de pessoas: r*eflexões críticas e temas afins (ética, competência e carreira. São Paulo: Vetor, p. 119-159, 2009.

SAVICKAS, M. L. *Work adjustment:* measurement and modification. Rootstown: Northeastern Ohio Universities College of Medicine, 1991.

SAVICKAS, M. Career adaptability: An Integrative Construct for Life-Span, Life- Space Theory. In: *The Career Development Quaterly,* [s.l.]: [s.e.], v. 45, n. 3, p. 47-259, 1997.

SAVICKAS, M. L. Career Construction: a developmental theory of vocational behavior. In: BROWN, D. e ass. (Eds.). 4. ed. *Career Choice and Development.* São Francisco: Jossey-Bass, 2002. p. 149-205.

Savickas, M. L. The theory and practice of career construction. In: BROWN, S. D.; LENT,R. W. *Career Development and Counseling*. Hoboken, NJ: John Willey and Sons, 2005. p. 42-70.

SCHEIN, E. H. *Career anchors: discovering your real values*. Amsterdã: Pfeiffer.

Schlossberg, N. **A model for analyzing a human adaptation to transition**. *The counseling psychologist,* v. 9, p. 2-18, 1991.

STEPHAN, Y.; BILARD, J. **Repercussions of transition out of elite sport on body image**. *Perceptual and motor skills*, v. 96, p. 95-104, 2003.

STEPHAN, Y. et al. **Bodily transition out of elite sport: a one-year study of physical self and global self-esteem among transitional athletes**. *International Journal of Sport and Exercise Psychology*, v. 2, p. 192-207, 2003.

STEPHAN, Y; TORREGROSA, M; SANCHEZ X. **The body matters: psychophysical impact of retiring from elite sport**. *Psychology of Sport and Exercise*, v. 8, n. 1, p. 73-83, 2007.

SUPER, D. E. *The psychology of careers*. An introduction to vocational development. Nova York: Harper & Row Publishers, 1957.

TAYLOR, J.; OGILVIE, B. **A conceptual model of adaptation to retirement among athletes**. *Journal of Applied Sport Psychology*, v. 6, p. 1-20, 1994.

_____. **Career transition among elite athletes: is there life after sports?** In: WILLIAMS, J. *Applied sport psychology:* personal growth to peak performance, Mountain view, 2001.

WERTHNER, P.; ORLICK, T. **Retirement experiences of successful olympic athletes**, *international Journal of Sport Psychology*, v. 17, p. 337-363, 1986.

» Destreinamento e transição de carreira: como fica a saúde?

Wagner Castropil
Instituto Vita

Muito se estuda e se publica a respeito do atleta ativo, aquele capaz de trazer resultados e brilhar nos campos, nas quadras, nas piscinas e nos tatames, e pesquisamos como melhorar seu rendimento, prevenir suas lesões, alimentá-lo melhor e fazê-lo atingir o seu melhor resultado, batendo recordes e quebrando marcas. Sentimo-nos parte de sua conquista e contribuindo de certo modo para o ser humano superar seus desafios em direção ao Olimpo.

Entretanto, durante sua carreira esportiva, um atleta passa por diferentes fases e transições. Stambulova identificou cinco fases de transição dentro da carreira esportiva de um atleta: (a) início da especialização esportiva; (b) treinamento intensivo dentro da categoria escolhida; (c) transição para a categoria adulta seguida da obtenção de altas marcas ou resultados; (d) a passagem de amador para profissional; (e) transição do topo para o início do fim de carreira.

A "aposentadoria" ou o término de carreira são considerados como transição de um ex-atleta para uma nova categoria profissional e é uma fase inevitável da carreira esportiva, que requer de ex-atletas ajustamentos em todas as esferas de sua vida ocupacional, financeira, psicológica e social.

Muitos estudos confirmam que ex-atletas passam por uma série de problemas e dificuldades no que diz respeito à adaptação para a vida depois do esporte.

O atleta no final de carreira é deixado de lado talvez no momento mais crítico de sua vida. Basta vermos a quantidade de ex-atletas que apresentam distúrbios dos sistemas cardiovascular (infartos, hiperpressão arterial), osteoarticular (osteoartroses generalizadas), metabólico (obesidade), hormonal, além de inúmeros distúrbios psicológicos.

Em termos médicos e fisiológicos, a situação de treinamento prolongado é a mesma de um indivíduo submetido a um estímulo contínuo ao longo de anos, como o uso de medicamentos prolongados, drogas, exposição, hábitos alimentares e de vida cotidiana, em que inúmeras alterações metabólicas, hormonais e adaptações fisiológicas ocorrem para esse indivíduo se adaptar ao estímulo, mantendo a homeostase.

No caso do treinamento físico, a aplicação de sobrecargas tem o objetivo de estimular adaptações morfológicas e/ou funcionais, pois gera uma situação de estresse que leva à desestruturação tecidual, consumo de substratos energéticos, de enzimas e de outras substâncias essenciais, comprometendo a homeostase.

Sobrecargas excessivas em intensidade ou volume podem levar a lesões ou disfunções, mas no caso do treinamento físico bem orientado as sobrecargas são bem dosadas e intermitentes. No repouso que se segue a cada sessão de treinamento o organismo se recupera das sobrecargas por meio de adaptações morfológicas e funcionais específicas, levando ao aprimoramento da composição corporal e do desempenho.

Especificidade, intensidade e volume são os principais parâmetros do treinamento a serem considerados no delineamento de um programa, e o treinamento regular bem orientado de acordo com os parâmetros descritos anteriormente provoca adaptação crônica nos sistemas musculoesquelético, cardiovascular e neuroendócrino.

De duas a quatro semanas sem treinamento seu VO_2 máximo diminuirá até 10%, principalmente devido à redução do seu volume de sangue. Uma das adaptações dos exercícios de resistência é a elevação no volume sanguíneo, e quando você para de treinar essa adaptação se perde relativamente rápido. Quando seu volume sanguíneo diminui, menos sangue retorna ao seu coração para ser bombeado a cada batida. Isso significa que o volume de sangue bombeado a cada batida do coração diminui. Dessa forma, sua frequência cardíaca aumenta para correr no mesmo ritmo que antes.

Outros efeitos do destreinamento incluem perda de flexibilidade, diminuição do ritmo no limiar de lactato, e grande redução na concentração de glicogênio nos músculos e atividade aeróbica da enzima.

Os sistemas corporais regridem na mesma proporção da diminuição do estímulo. Ou seja, se a parada é repentina, como nas lesões, a regressão é rápida.

Convertino (1997) mostrou que o débito cardíaco máximo sofreu uma redução de 26% após 21 dias de destreinamento. Em outro estudo realizado pelo mesmo pesquisador, a redução do débito cardíaco e volume sistólico foram de 23% em apenas dez dias. Isso demonstra claramente que a queda é vertiginosa nos primeiros dias e depois a curva de perda é mais lenta. Em afastamentos de 21 a 84 dias, a perda não é total e o retorno às atividades não parte do zero, além disso, a evolução costuma ser mais rápida.

Os efeitos de redução não se restringem ao sistema cardiovascular, mas também à massa muscular, incluindo o miocárdio, fator que sabidamente interfere no volume de sangue bombeado a cada batimento cardíaco.

O destreinamento é muito percebido nos adeptos da musculação, especialmente em relação à hipertrofia muscular, pela diminuição da capacidade dos músculos esqueléticos de levar e consumir oxigênio (diferença arteriovenosa).

A rede capilar perde facilmente sua elasticidade dificultando o fluxo do sangue. Quanto maior a *performance* com relação ao VO_2 máx., mais rápida e maior é a perda. Ou seja, atletas de elite têm mais para perder que as pessoas comuns.

O mesmo princípio da continuidade, que diz respeito a uma prescrição lenta, gradual e progressiva que se aplica no treinamento também deve se aplicar ao destreinamento, levando a uma adaptação progressiva desse organismo à nova situação, mantendo a homeostase.

A transição de carreira esportiva é o resultado de inúmeros fatores e mais frequentemente uma combinação de fatores individuais e influências sociais. Alguns desses fatores podem ser a idade, novos interesses emergentes, fadiga psicológica, dificuldades com a equipe técnica, resultados esportivos em declínio, problemas de contusão e saúde, o não selecionamento para os jogos, dentre outros.

Essa transição nem sempre acontece com sucesso. Muitos estudos confirmam que atletas aposentados apresentam problemas de adaptação para a vida depois do esporte.

Taylor e Ogilvie (1999) pesquisaram sobre as principais causas do término da carreira esportiva. Concluíram que idade, não convocação, dispensa, lesão ou livre escolha são as principais causas, e que os principais problemas encontrados após o término da carreira são ocupacionais, problemas financeiros, sociais e familiares e o uso de drogas/álcool.

Em estudo sobre o destreinamento desportivo vinculado ao desenvolvimento do esporte de alto rendimento, Lopez-Canzon (2008) pesquisou uma amostra da população atlética, avaliando 245 ex-atletas, dentre os quais cinquenta brasileiros, trinta chilenos e 165 cubanos, na faixa etária de 19 e 75 anos, sendo a experiência como atleta ativo de 14,7 anos, aproximadamente.

Participaram também, 112 treinadores, dentre os quais 56 brasileiros, onze chilenos e 45 cubanos, com uma experiência no trabalho como treinadores de alto nível de 13,7 anos.

Inicialmente, os resultados mostraram que a maioria dos ex-atletas se afastou bruscamente da carreira desportiva. Com relação às afecções psicológicas, as que mais se destacaram foram: depressão, ansiedade e estresse. Em relação ao ponto de vista fisiopatológico, as cardiopatias e a obesidade foram as enfermidades com maiores incidências. Identificou-se ainda que a manifestação da maioria do ex-atletas na não repercussão social sobre o afastamento de sua vida desportiva. Os ex-atletas, ao serem perguntados sobre a orientação que receberam durante o período que treino de seus treinadores sobre o processo de destreinamento, a maioria respondeu não ter essa orientação. No caso dos treinadores, boa parte não repassa tal informação a seus atletas, mas reconhecem a importância de uma orientação no momento do afastamento destes. Desse modo, este estudo concluiu que o destreinamento desportivo é uma problemática que aparece em diferentes países com as mesmas características, sendo fato presente pela falta de conhecimentos dos treinadores e atletas junto ao fato de tal processo não constar na reflexão do término da carreira desportiva com os pesquisados.

A transição de carreira esportiva é uma etapa inevitável da carreira esportiva e tem sido estudada por meio de modelos teóricos.

Os autores descrevem vários tipos de transição de carreira esportiva: o "drop-out" prematuro que é a desistência antes que o atleta tenha alcançado seu potencial máximo; o "burn-out", que são sentimentos de exaustão emocional conduzindo-o à falta de habilidade em continuar no esporte e o "attrition", um lento processo de exaustão física e psicológica.

Pesquisas sobre "drop-out" tem revelado a importância da identidade atlética e das influências sociais no processo de decisão da carreira esportiva. A identidade atlética pode ser definida como a força e a exclusividade da identificação do indivíduo com o esporte. A falta de maior identidade atlética e o despreparo de técnicos, por exemplo, provocar exagerada rivalidade entre atletas ou supervalorizar a *performance* podem provocar a saída do desportista, assim como o encorajamento e apoio dados pelos pais e técnicos podem influenciá-lo positivamente na continuação da carreira esportiva.

Porém, é nos casos de "burn-out"e "attrition" que o atleta apresenta o maior desgaste psicológico e físico e que pode levá-lo ao abandono repentino e completo das atividades subitamente, levando assim à síndrome do abandono da carreira esportiva.

O término da carreira precisa de estratégias de superação para uma eficiente transição e deve levar em consideração vários aspectos relevantes da própria carreira, tais como duração e limites da carreira esportiva, número de eventos que participou, nível de conquistas e resultados esportivas e satisfação do atleta (autoestima) e nível de sucesso (símbolo social).

Somente uns poucos instrumentos foram desenvolvidos especificamente para a pesquisa nas transições atléticas. Estes incluem o "Profissional Athletes Career Transition Inventory" (PACTI) e suas versões australianas a saber: "Australian Athletes Career Transition Inventory" (AACTI) e "Australian Coaches Career Transition Inventory" (ACCTI), os quais permitem aos pesquisadores avaliar as necessidades da transição de carreira dos atletas e treinadores. Outro instrumento é o "Athletic Retirement Questionnaire" (ARQ), que avalia os recursos utilizados pelo atleta para lidar com a transição.

Lavallee e Wylleman (1999) afirmam que outros instrumentos também foram desenvolvidos visando avaliar as experiências de fim de carreira dos atletas de alto rendimento: "Life After Competitive Sport" (LACS) e "Collegiate Football Retirement Appraisal Inventory". Baseados no Modelo

Conceitual de Adaptação à Transição de Carreira desenvolveram a escala Balance.

Em pesquisa realizada com noventa atletas russos (43 do sexo masculino e 47 do feminino), eles foram solicitados a expressar suas concordâncias ou discordâncias a respeito das afirmações do Questionário de Formas de Transição de Carreira Esportiva, e no segundo estágio, 95 ex-atletas russos também de nível nacional e internacional (32 masculino e 63 feminino) responderam ao Questionaire Form Retirement from Sports. Os atletas pertenciam às modalidades de natação, luta romana e esportes de quadra e campo.

O objetivo da pesquisa foi o de descrever peculiaridades do período transacional de atletas russos e distinguir os principais problemas de transição, os quais, ex-atletas têm de resolver visando uma bem-sucedida adaptação a uma vida após o período de uma atividade esportiva.

A autora observou que a maioria dos sujeitos já havia encerrado suas carreiras esportivas há pelo menos dez anos. Para 42% deles, o término de carreira foi oportuno; para 36% aconteceu antes do tempo apropriado; para 18% foi muito cedo e apenas 4% consideraram a saída tardia. Para 60% dos sujeitos, o fim de carreira aconteceu como um processo gradual e para um número semelhante foi uma decisão absolutamente voluntária.

Em ordem decrescente de importância, foram as seguintes as razões típicas para o término de carreira: (a) ausência de perspectivas dentro da categoria; (b) aparecimento de novos interesses; (c) fadiga psicológica; (d) relacionamento com os técnicos; (e) decréscimo dos resultados; (f) condições de saúde; (g) doenças, contusões e suas consequências; (h) exaustão física; (i) idade; (j) inter-relação com os dirigentes; (k) inter-relações com familiares; e (l) inter-relações dentro da equipe.

Razões de importância subjetiva variaram em decorrência do sexo dos atletas. Para os homens as principais foram: decréscimo dos resultados, ausência de perspectivas dentro da categoria e contusões, enquanto para as mulheres a principal razão foi o aparecimento de novos interesses.

Quanto às peculiaridades do período de transição, a maioria descreveu como de "grande emoção". Grande parte dos ex-atletas experenciou combinações ambivalentes de emoções, incluindo: tristeza (46%), alívio (35%), tensão interna (24%), ressentimento (20%), alegria e felicidade (18%), ansiedade e medo (16%) e agressão (4%).

O término de carreira para 20% dos sujeitos influenciou positivamente suas condições de saúde, 30% relataram deterioração da saúde e 52% sentiram as consequências de lesões e contusões.

A possibilidade de desempenhar uma atividade relacionada ao esporte mostrou ter um importante papel na vida do ex-atleta. 82% deles escolheram uma nova profissão relacionada com o esporte; 37% mantiveram contato com os técnicos e 68% com os antigos companheiros. Quase metade dos ex-atletas pesquisados continuava a treinar "por conta própria", sem a intenção de participar de competições. Foram relatadas influências positivas do término de carreira sobre os estudos, trabalho e lazer. O *status* financeiro não foi substancialmente modificado.

Com relação ao início de uma nova carreira profissional, 82% dos sujeitos escolheram profissões relacionadas com a atividade esportiva. Metade já havia conquistado seus primeiros sucessos dentro de nova atividade e a outra metade continuava seus estudos profissionais. Foram relatadas dificuldades no exercício das novas atividades, como: fadiga psicológica (54%), hiato na educação básica (48%) e ausência de hábito de concentração em trabalho intelectual (30%).

A razão pela quais alguns obtêm êxito em uma nova adaptação e outros falham na tentativa de reintegração a uma nova vida ainda não tem sido profundamente estudada, contudo, uma pesquisa realizada por Schmidt, SI, Hackfort (1999), com atletas alemães e chineses de alto nível e de ambos os sexos, utilizando o APAQ, teve por objetivo os seguintes aspectos: (a) desenvolvimento de uma teoria de ação específica do esporte; (b) comparação intercultural; (c) desenvolvimento de um programa educacional e de aconselhamento; (d) utilização do questionário APAQ onde foram levantados dados não somente após o término da carreira esportiva, mas também dados da época antes e durante o período de alto desempenho; (e) os atletas também foram questionados a respeito de suas expectativas com referência a assistência ou empregos oferecidos pela sociedade ou pelo governo, tendo em vista os sacrifícios e as duras jornadas em "honra da pátria". Finalmente, e talvez o mais importante, se eles tinham adquirido, durante o tempo de atividade esportiva, algum tipo de qualificação--chave, tais como espírito de equipe ou motivação por grandes conquistas, que pudesse ser usada como vantagem para uma adaptação na vida de pós-atleta.

Participaram ex-atletas de alto rendimento chineses e alemães do sexo masculino e feminino que estiveram presentes em competições nacionais e internacionais. Os atletas alemães escolhidos foram os que encerraram a carreira esportiva entre o começo e o meio dos anos 1980, e os chineses entre o fim dos anos 1980 e início dos anos 1990.

Para assegurar um suficiente tempo de reintegração a uma nova vida, todos os atletas foram questionados pelo menos após cinco anos de suas retiradas do alto desempenho. No total, foram avaliados 250 atletas de nove diferentes modalidades: judô, natação, ski, tênis, ginástica, luta romana, remo, tiro e esportes de quadra e campo.

No primeiro estágio do término da carreira esportiva, o declínio na *performance* se deve como primeira causa ao avanço da idade. A influência da idade está em função de fatores fisiológicos, psicológicos e sociais e tem importância significativa para atletas jovens e adultos.

No aspecto fisiológico, o aumento da idade influencia nos esportes de alto nível de *performance*. Em esportes como basquete, futebol e tênis nos quais o tamanho, a força e a precisão das habilidades motoras são fundamentais, as dificuldades são similares, mas com atletas a partir dos 30 anos.

A idade também influencia a parte psicológica, como na falta de motivação para treinar e competir por ter alcançado seus objetivos competitivos. A idade possui também um elemento social, particularmente para os que se sentem desvalorizados pelos fãs, diretores, mídia e outros atletas.

A ocorrência de lesões também pode forçar atletas ao fim da carreira. A inabilidade física pode, negativamente, afetar a retirada dos atletas, podendo limitá-los na escolha de novas carreiras.

Por fim, os atletas podem, por livre escolha, optar pelo fim de sua carreira. Essa escolha pode ser voluntariamente, por razões pessoais, sociais ou esportivas. Podem experenciar troca de valores, motivações, novos interesses e objetivos.

Quando os atletas possuem papel apenas relacionado ao contexto do esporte suas habilidades para assumir outros papéis com a sua retirada podem ser severamente mais inibidos do que aqueles que incluem família, amizades, educação e componentes ocupacionais.

O *status* socioeconômico também pode influenciar o processo de adaptação. Atletas que dependem financeiramente do esporte ou têm recursos financeiros limitados terão maiores dificuldades de adaptação.

A saúde do atleta no momento da retirada influirá na qualidade de adaptação como, por exemplo, em caso de lesões poderá ter limitadas escolhas.

O papel como atleta deve ser substituído por novos papéis a fim de manter o nível homeostático de atividade, e os atletas, ao envelhecerem, devem reorganizar suas atividades de forma que parte de sua energia deve iniciar o processo de transição

A qualidade da adaptação para transição de carreira depende do passo anterior ao processo de retirada. A utilização de um planejamento pré--aposentadoria para preparar atletas a administrar a transição de carreira, também tem apresentado resultados positivos.

O planejamento de pré-retirada pode incluir uma variedade de atividades, incluisive continuidade de educação, ocupacional e investimento e trabalho social, levando o indivíduo a um ajustamento emocional a um novo grupo social, a um novo *status* e a um novo estilo de vida.

Stambulova (1997) observou que seis aspectos estavam relacionados com o término da carreira esportiva: (1) fadiga psicológica; (2) problemas emocionais, sentimentos de vazio e de tristeza; (3) problemas com o início de uma nova carreira profissional; (4) formação de novas gamas de comunicação; (5) preocupações familiares; (6) reconhecimento nos esportes.

As publicações recentes demonstram que o suporte social tem sido considerado "ponto-chave" para garantir uma adequada adaptação no momento de transição de carreira esportiva.

Entretanto, o principal suporte social dos atletas frequentemente será derivado de seu envolvimento atlético. A maioria dos seus amigos e outras associações pode ser encontrada no ambiente esportivo e suas atividades sociais giram em torno de sua vida atlética, o que pode dificultar o envolvimento em outras áreas e a mudança do foco.

Pesquisas mostram que atletas que possuem suportes consideráveis da família e dos amigos têm fácil transição e os que tem mais dificuldades indicam que eles se sentem sozinhos com o fim de carreira e desejavam um suporte durante aquele período.

Seis fatores podem dificultar o processo de transição em atletas: (1) uma identidade fortemente ou exclusivamente baseada na *performance* esportiva; (2) uma grande diferença entre o nível de aspiração e o nível de habilidade; (3) pouca experiência com transições similares; (4) déficit emocional ou comportamental limitantes da adaptação às mudanças;

(5) relacionamentos de suporte limitados; e (6) necessidade de lidar com mudanças em um contexto pobre de recursos materiais e emocionais necessários.

Os atletas tendem a lidar melhor com o período de transição quando: (a) aposentaram-se por escolha pessoal; (b) cumpriram as metas traçadas; (c) continuaram de alguma forma envolvidos com o meio esportivo; (d) completaram os estudos; e e) foram capazes de se retirar do esporte logo após terem alcançado o topo.

O final da carreira de um atleta talvez seja o momento mais difícil de sua carreira, mas ele tem um modelo de sucesso que já provou ser eficiente em toda a sua carreira esportiva, e deve ser encorajado a utilizar os valores e competências desenvolvidas no esporte em outros aspectos de sua vida.

A transição tem de ser capaz de minimizar os efeitos fisiológicos do destreinamento e também fazer-lhe capaz de utilizar esse modelo de sucesso em outro aspecto de sua futura vida profissional.

Muitos programas de carreira esportiva têm sido iniciados nos Estados Unidos, no Canadá, na Europa e na Austrália. Esses programas podem incluir não somente workshops, mas também seminários, módulos educacionais e aconselhamentos individuais. Formalmente estão direcionados a cinco tópicos considerados importantes na transição de carreira esportiva: (1) Aspectos sociais: qualidade dos relacionamentos (família, amigos); (2) Aspectos relevantes: autoimagem, autoestima, regras sociais, responsabilidades e prioridades, participação em atividades de lazer; (3) Habilidades pessoais: educação, habilidades acadêmicas, habilidades requeridas no trabalho profissional, planejamento financeiro, saber enfrentar situações novas; (4) Ocupação vocacional e profissional: aspectos necessários para procurar emprego, currículo, conhecimento do mercado de trabalho; e (5) Aspectos importantes: vantagens da aposentadoria, aspectos físicos e psicológicos da aposentadoria esportiva, diminuição da intensidade de atividade atlética.

A seguir, eis alguns desses programas:

Athlete Career and Education Program / Australian Institute of Sport / Austrália
British Athlete Lifestyle Assessment Needs in Carrer and Education (BALANCE) Program / University of Teesside / England
Career Assistance Program for Athletes / U.S.Olimpic Committee / USA

Making the Jump Program / Advisory Resource Centre of Athlete / USA
Olimpic Athlete Carrer / National Sports Center /Olimpic Atlhlete Career Center / Canadá
Study and Talent Educacion Program(STEP) / Vrije Universitet Brussel / Belgium
The Retiring Athlete / Dutch Olympic Committee / Netherlands
Wales Lifestyle Management Program / Sports Council for Wales / Wales

Referências Bibliográficas

CONVERTINO, V. A. *Cardiovascular consequences of bed rest: effect on maximal oxygen uptake*. Medicine and Science in Sports and Exercise, 1997. v. 29, n. 2, p. 191-6.

LAVALLEE, D.; WYLLEMAN, P. *Toward and instrument to assesses the quality of adjustment to career transitions in sport: the british athlete lifestyle assessment needs in career and education (balance) scale*. Proceedings do 10o Congresso Europeu de Psicologia do Esporte. Praga, 1999, v. 1, p. 322-324.

LÓPEZ CAZÓN, Rodolfo. *Efeitos do processo de destreinamento sobre a saúde de ex-atletas de alto rendimento*. 2008. P. 101 f. Tese (Doutorado em Ciências da Saúde) – Universidade de Brasília

SCHMIDT, U.; SI, G.; HUANG, Z.; HACKFORT, D. *A comparison between the career transitions of former chinese and german top class athletes – theoretical and methodological consideration*. Proceedings do 10o Congresso Europeu de Psicologia do Esporte. Praga, 1999, v. .2, p.151-153.

STAMBULOVA, N. *Transitional Period of Russian Athletes Following Sports Career Termination*. Proceedings do 9o Congresso Mundial de Psicologia do Esporte. Israel, 1997, v. 2, p. 658-660.

TAYLOR, J.; Ogilvie, B. *Career transition among elite athletes*: Is there life after sport? In J.M. Williams (Ed.)., Applied Sport Psychology: Personal Growth to Peak Performance, 1998. p. 429-444. Mountain View, CA: Mayfield.

» Destreinamento esportivo

Prof. Dr. Raoni P. T. Machado

Introdução

O treinamento esportivo é um processo em longo prazo, que se inicia geralmente com o indivíduo ainda criança, projetando sua imagem como um atleta profissional, participando de grandes eventos e possivelmente conquistando muitas glórias. Desde cedo a criança vai se acostumando com os treinamentos, ou seja, de se submeter a cargas cujos objetivos visam a uma transformação completa do indivíduo, desde seus aspectos mais externos como os morfológicos e funcionais, assim como os internos, como suas características psíquicas e bioquímicas. De maneira geral, podemos dizer que o desenvolvimento desses ajustamentos ao corpo se traduzem pela capacidade de rendimento esportivo.

No entanto, supondo que essa criança realmente se engajou em um programa de treinamento esportivo, chegando ao alto nível depois de cerca de dez anos de treinamento específico, alcançando seus melhores resultados com mais cinco anos de árdua dedicação aos treinos, ela verá que após esse período seus resultados dificilmente vão melhorar, podendo até ser observada uma pequena queda. Com o tempo, vai ficando cada vez mais difícil se manter com aquele nível de rendimento, quer seja através de limitações por dores, por lesões ou mesmo até pela falta daquele ímpeto que existia no início da carreira. Enfim, inevitavelmente chegará ao derradeiro momento de deixar o alto nível, o que, para muitos, se não para a maior parte dos atletas, significa, na verdade, deixar de praticar qualquer tipo de atividade física regular.

O que se sucederá ao corpo desse indivíduo a partir desse momento, será uma perda progressiva, e até mesmo acentuada em um primeiro momento, de todos os ajustamentos físicos adquiridos em todos esses anos de treinamento. Isso obedece a um princípio que pode ser lido no inicio de quase todos os livros que tratam do "Treinamento desportivo", chamado de "Principio da Reversibilidade". Barbanti (1996) explica que *as mudanças corporais conseguidas pelo treinamento físico são de natureza transitória. As mudanças funcionais e morfológicas adquiridas pelo treinamento físico retornam aos estados iniciais após a paralisação do treinamento* (p. 25).

É justamente por esse caráter transitório dos efeitos do treinamento no corpo humano que Pereira e Souza Jr. (2002; 2005) defendem a ideia de que o termo "adaptação" não deva ser usado para esse caso, e em seu lugar se utilizasse o conceito de "ajustamento". A explicação dada pelos autores é de que a "adaptação", no sentido biológico do termo, deve ser usada *quando as mudanças estruturais-funcionais ocorrerem de forma irreversível e com a possibilidade de transmissão para outras gerações devido ao seu valor adaptativo para a espécie* (2002, p. 50). Dado que sabemos que não é isso que ocorre com as modificações induzidas pelo treinamento, a utilização do termo "ajustamento" seria mais adequada para esse caso, *sem comprometer sua base teórica* (2005, p. 145).

Efeitos do Treinamento

O "Principio da Reversibilidade" está atrelado a outro principio, chamado "Princípio da Especificidade", segundo o qual, todos os ajustes que ocorrerão no corpo obedecerão aos estímulos específicos do treinamento. Isso significa que o treino precisa ter as mesmas características da atividade que o atleta realizará, com o intuito de causar os ajustes na mesma direção daquela exigida pela modalidade esportiva em questão, resultando em uma preparação mais adequada, e específica, para a realização da *performance*.

O processo de aquisição dos efeitos do treinamento pelos atletas começa a acontecer praticamente no mesmo momento em que ele esteja se submetendo a uma sessão de treino, através de ativações das reações homeostáticas específicas ao estímulo recebido. A continuação da prática levará a uma sobreposição desses efeitos e, desde que observada uma relação saudável entre as cargas e o repouso, levará o corpo a um melhoramento morfológico e funcional de suas estruturas celulares por meio de outro principio de treinamento que se chama "Princípio da Supercompensação", que culminará com a capacidade específica de rendimento (Verkhoshanski e Viru, 1992; Gomes, 2002). Esse princípio, considerado a essência do treinamento, pode ser entendido, segundo Weineck (1999), como a relação positiva entre o estímulo, os ajustes, e a subsequente sobrecarga, obedecendo à lógica explicada anteriormente por Verkhoshanski e Viru.

O corpo, após receber o estímulo, através das reações homeostáticas, sempre retornará a um nível um pouco acima do que se encontrava antes de recebê-lo (a supercompensação), voltando ao nível inicial após determinado período sem novos estímulos, obedecendo a uma lógica de caráter ondulatória. Contudo, a aplicação de uma outra sobrecarga no momento em que a supercompensação esteja acontecendo, levará por sua vez a um retorno superior ao qual o indivíduo se encontra naquele momento, ou seja, acima daquele atingido após a aplicação do primeiro estímulo. A continuidade da aplicação regular de estímulos em um período ótimo entre a recuperação deste e a subsequente supercompensação, levará a níveis cada vez mais elevados de rendimento. Por outro lado, a manutenção de uma mesma carga por um longo período de tempo servirá apenas para a manutenção do desempenho, possuindo pouco efeito para seu desenvolvimento. Nesse ponto, a variabilidade do estímulo, podendo ser do volume, da intensidade, ou mesmo da alternância de suas próprias características, servirá para constantemente levar o indivíduo a uma perda da homeostase interna, favorecendo novos ajustes e, como consequência, novos ganhos de desempenho. Dessa forma, as mudanças no organismo não são os únicos objetivos do treinamento, e sim transformá-lo em um processo bem controlado a fim de maximizar seus efeitos, tendo nas respostas dos atletas o principal *feedback* que o treinador poderá adquirir (Viru, 1995).

No entanto, quando o treinamento sistemático sofre uma interrupção por um tempo, ou até mesmo por completo, tal como o exemplo dado no início deste texto, o corpo começará a passar por um processo denominado por Solodkov (1993) de "readaptação", que nada mais é que o "Princípio da Reversibilidade" discutido anteriormente. Os ganhos pelo treinamento vão diminuindo até chegar aos valores observados antes do início da prática sistemática, que são determinados geneticamente para cada indivíduo. O mesmo autor coloca que

> as mudanças estruturais no miocárdio e na musculatura esquelética, as alterações de ordem metabólica, as reestruturações de ordem hormonais e enzimáticas, e os mecanismos específicos de regulação, se consolidam durante uma atividade física prolongada e intensa, mas naturalmente retornam aos níveis de partida. (p. 13)

O preço biológico pago pelo organismo por ter suportado por um longo período cargas muito superiores àquelas tidas como "normais" para um ser humano, ainda de acordo com Solodkov (1993), se manifesta por meio de doenças cardíacas, em acentuado aumento de peso ou por uma diminuição da resistência imunológica, só para citar alguns exemplos, mostrando a necessidade de se prestar bastante atenção às reações do corpo ao encerrar um processo de treino intensivo e sistemático que se prolongou por um longo período na vida daqueles indivíduos, que deixam de ser atletas para voltar a ser "pessoas".

Vejamos a seguir os principais ajustes específicos adquiridos pelo treinamento sistemático realizado durante um longo período, em cada uma das capacidades motoras – força, velocidade, resistência e flexibilidade, assim como seu processo de volta aos níveis iniciais em determinado tempo após sua interrupção, aqui entendido por destreinamento.

Treinamento e destreinamento

Força

A força pode ser definida como *a característica humana, com a qual se move uma massa (seu próprio corpo ou um implemento esportivo). É a capacidade de dominar ou reagir a uma resistência pela ação muscular* (Barbanti, 1997, p. 67). De acordo com a fisiologia, a força é determinada pela contração muscular cuja magnitude é influenciada por fatores fisiológicos e anatômicos, assim como pela ação do sistema nervoso central

(SNC) no recrutamento das unidades motoras (UM), formada pelo motoneurônio e todas as fibras musculares por ele inervadas (McArdle, Katch e Katch, 1998).

A intensidade das contrações musculares, de acordo com Dantas (1998), vão variar em função do número de UM recrutadas pelo SNC, de seu tamanho, e da frequência de descarga excitatória nervosa em cada unidade. Além desses temos ainda o fator energético que assegurará o efeito mecânico da contração, e o fator hormonal que regulará o abastecimento energético necessário à atividade. Para Verkhoshanski (2001), será o somatório desses fatores que determinarão a força produzida pela musculatura.

A capacidade de força pode aparecer de diferentes maneiras nas diferentes modalidades esportivas, possuindo importância distinta de acordo com as características de cada uma delas (Verkhoshanski, 2001). Weineck (1999) diferencia essas manifestações em três formas: a força máxima, a força de resistência e a força rápida. Com isso, o treino de força pode proporcionar diversos ajustes no corpo humano, como alterações nas fibras musculares, no sistema endócrino, sistema ósseo, além de adaptações neurais, que serão de maior ou menor escala, dependendo das características do treinamento e dos objetivos a que se quer chegar (Kraemer et al., 1996).

A força máxima é o máximo de força que pode ser desenvolvida em uma contração muscular, quer essa contração seja estática ou dinâmica. Sua magnitude é determinada pelo tamanho do corte transversal do músculo, pelo número de UM recrutadas simultaneamente e pelo número de sarcômeros arranjados em paralelo (Barbanti, 1996). Para os mesmos autores, a força rápida ou potência caracteriza-se por vencer uma resistência com a máxima velocidade possível. Zatsiorski (1999) diz que seus fatores determinantes são o tamanho do corte transversal do músculo, o número de UM recrutadas, a estrutura do músculo, a velocidade de contração e a coordenação intra e intermuscular. Por fim, a capacidade de força de resistência se caracteriza pela manutenção por determinado período de um emprego repetitivo de contrações musculares. Para Barbanti (1997), ela é determinada pelo tamanho do corte transversal do músculo, do número de UM recrutadas, da estrutura do músculo, além da capilarização local e da reserva alcalina.

Conforme descrito anteriormente, os principais determinantes das diferentes formas de manifestações da força no esporte não diferem muito umas das outras. Um estudo feito por Zakharov (1992) e corroborado por Verkhoshanski (2001) mostrou que, em pessoas não treinadas, ao realizar uma contração muscular voluntária máxima, o recrutamento total de UM no músculo solicitado varia em torno de 30%, enquanto o mesmo trabalho realizado por indivíduos treinados o número oscila entre 80% a 90%. Em um estudo utilizando de técnica eletromiográfica, Maffulli e colegas (1989) mostraram que o indivíduo treinado não só utiliza a musculatura mais adequada para a realização do movimento, como também a utiliza em uma intensidade mais adequada. Esses dados são atestados por outro estudo feito por Brandenburg e Docherty (2002), que conseguiram um ganho de força sem aumento significativo do corte transversal do músculo.

Com esses dados, já podemos ter indícios de onde os efeitos do destreinamento poderão ser sentidos de forma mais acentuada. Mujika e Padilla (2000a), em uma excelente revisão sobre esse assunto, apresentaram estudos mostrando que de fato, em duas semanas já apareceram reduções do corte transversal do músculo em jogadores de futebol e levantadores olímpicos, principalmente causado pela redução da área das fibras do tipo II (rápidas). Da mesma forma, atletas acostumados a exercícios de força tiveram uma pequena redução, porém não significativa, nos valores absolutos do supino, agachamento, extensão da perna e salto vertical após interrupção do treino pelo mesmo período, porém, apresentaram uma significativa redução de 8% a 13% da atividade eletromiográfica do músculo vasto lateral. Nadadores também apresentaram uma redução da capacidade especifica de aplicação de força de 13,6% em apenas quatro semanas de inatividade.

Quando o período sem estímulos de treinamento chega de oito a doze semanas, a redução do corte transversal do músculo associado a queda da atividade eletromiográfica levará a uma queda da aplicação de força entre 7% a 12% (Mujika e Padilla 2000b).

No entanto, Bruusgaard e colaboradores (2010) observaram que o aumento do número de núcleos das miofibrilas musculares, que precede a hipertrofia muscular dado ao aumento da capacidade de síntese proteica relacionada a eles, não sofre qualquer alteração mesmo depois de um longo período sem estímulos, permanecendo com a mesma contagem mesmo com a musculatura atrofiada, ou até com a inervação cortada, tal como realizaram no estudo. Esse fato é apontado pelos autores como o principal responsável pelo rápido retorno aos níveis de treinamento, mesmo depois de um longo período de inatividade.

Portanto, pudemos observar que o mecanismo principal da perda da capacidade de força se dará muito mais relacionada com a diminuição da coordenação inter e intramuscular ocasionada pela ausência dos estímulos específicos de treinamento, do que pelas próprias alterações das características físicas da musculatura envolvida.

VELOCIDADE

De maneira geral, a velocidade se dá pela relação entre o espaço percorrido e o tempo necessário para percorrê-lo o mais rápido possível. Para Dantas (1998), fisiologicamente ela depende da velocidade do estímulo no sistema nervoso (determinado geneticamente), da coordenação intra e intermuscular, da automatização do movimento, das características da fibra muscular, da viscosidade do músculo e, principalmente, das reservas de ATP-CP, responsáveis pelo rendimento máximo nos primeiros segundos de atividade. Sjödin (1992), corroborado por Maughan e colegas (2000) explicam que assim que começa a queda das reservas intramusculares de ATP, depois de cerca de 12 segundos de atividade em alta intensidade é iniciada sua reposição a partir do ADP pela CP (Creatina-fosfato), sendo a velocidade da ressíntese de extrema importância para a continuidade do exercício em alta intensidade.

Elliott e Mester (2000) dizem que a velocidade pode ser dividida em uma forma pura e uma complexa. A primeira depende do SNC e da carga genética, e a segunda seria a união da velocidade pura com outras capacidades, como a força e a resistência. Viru e Viru (1993) dizem que o treinamento da musculatura pode ir a duas direções, sendo uma em relação as alterações das miofibrilas produzidas pelo treinamento de força, e a outra é em relação às mitocôndrias, estimuladas pelo treino de resistência. Portanto, a velocidade estaria sofrendo influências de ambas as direções.

Assim como no treino de força, o treinamento da velocidade aumenta a velocidade da condução nervosa, desde que não seja feito em excesso, o que resultaria em um ajuste negativo, em virtude da perda na propriocepção, por exemplo, fato que pode ser observado em *sprints* longos, com intensidade acima do limite individual, ocorrendo uma visível alteração na técnica de movimento. Em um estudo de revisão feito por Ross e colaboradores (2001), foi visto que atletas de velocidade foram mais hábeis em recrutar fibras rápidas quando comparado com atletas de força ou resistência, porém, as diferentes metodologias não permitem uma conclusão a respeito da melhora da velocidade de condução nervosa, mesmo existindo muitas evidências teóricas de que isso possa ocorrer em virtude do aumento do diâmetro do axônio e maior mielinização. Dawson e colegas (1998) observaram através de biopsia muscular um aumento da proporção de fibras do tipo II (rápidas) na área do corte transversal do músculo depois de um protocolo de treino para o aumento da velocidade, indicando uma hipertrofia específica. Ross e Leveritt (2001) chegaram a esses mesmos resultados, mas alertaram que esses ajustes são dependentes da duração da corrida, do descanso entre as repetições, do volume total e da frequência do treinamento.

Barbanti (2000) explica que as fibras musculares do tipo II podem ser divididas em tipo IIb e tipo IIa. Destas, a primeira seria a rápida glicolítica, que produziria muita potência por um curto intervalo de tempo, enquanto a segunda, chamada de fibra rápida oxidativa-glicolítica, conseguiria produzir uma grande potência por um período mais prolongado. A principal diferença entre elas, é uma maior presença de mitocôndrias na fibra do tipo IIa, favorecendo o metabolismo oxidativo, permitindo que se mantenha alto rendimento por mais tempo.

Portanto, além dos efeitos do destreinamento que vimos em relação à capacidade da força, cujas implicações na produção da velocidade motora são bastante sentidas, como a diminuição da atividade eletromiográfica e da diminuição da área do corte transversal da musculatura, principalmente das fibras do tipo II, resultando em menor produção de potência muscular e, por consequência, da velocidade, temos também os efeitos fisiológicos que servirão como uma espécie de fator limitante.

Mujika e Padilla (2000a) mostraram um aumento no acumulo de lactato sanguíneo em nadadores em poucos dias de inatividade, que se associou a menor nível de bicarbonato, resultando em menor capacidade de tamponamento, e, por consequência, maior acidose muscular pós-exercício. Esses resultados podem indicar a diminuição da capacidade oxidativa do músculo, que pode chegar a 50% em apenas uma semana. Durante o mesmo período, foi observada uma redução de 20% do glicogênio muscular em nadadores, ilustrando a rápida queda da atividade enzimática intramuscular, que, no caso da glicogênio-sintetase pode cair 42% em apenas cinco dias sem treinamento. Por outro lado, foram encontradas reduções nas concentrações de enzimas mitocondriais de 20% a 50% nas fibras do tipo IIa, contrastando com uma redução próxima aos níveis de não treinamento nas fibras do tipo I em 12 semanas de inatividade. Esse número pode ficar mais significante quando associamos ao gradual aumento da população de fibras oxidativas em detrimento das fibras rápidas (Mujika e Padilla 2000b).

Resistência

Talvez nessa capacidade motora os efeitos do destreinamento sejam mais sentidos e evidentes, devendo-se principalmente à grande variedade de fatores fisiológicos que afetam seu desenvolvimento, como veremos a seguir.

Barbanti (1997) cita uma definição de resistência entendendo-a *como a capacidade de poder executar pelo maior tempo possível uma atividade estática ou dinâmica, sem diminuir a qualidade do trabalho* (p. 104). Weineck (1999) divide a resistência em subgrupos de acordo com a forma de exigência: quanto à musculatura, pode ser geral ou específica; quanto ao metabolismo energético, ela pode ser aeróbia ou anaeróbia; quanto ao tipo de movimento, pode ser estática ou dinâmica; e quanto ao tempo de execução, a resistência pode ser de curta, média, ou longa duração.

Como já falamos anteriormente sobre as características da musculatura e do metabolismo anaeróbio, focaremos esta parte do trabalho mais em relação a suas características aeróbias, relacionadas ao tempo de duração do exercício.

De maneira geral, a resistência pode ser considerada aeróbia quando há oferta suficiente de oxigênio para a oxidação dos substratos energéticos necessários àquela atividade, podendo ocorrer a partir do catabolismo da gordura, proteínas ou carboidratos, não levando ao acúmulo de lactato. Esse tipo de produção energética só acontece em atividades de média (cerca de 2 a 8 minutos) e longa duração, com intensidade não muito alta (Maughan et al., 2000; Dantas, 1998).

Dessa forma, o desenvolvimento de atividades físicas que envolvam predominantemente essa capacidade se torna algo especialmente desafiador, dado que o corpo precisará permanecer em um estado de relativa fadiga por determinado tempo, tendo de, por isso, desenvolver mecanismos de tolerância que façam que o corpo continue trabalhando.

Nesse sentido, de acordo com Bompa (2002), *a potencia aeróbia é limitada pela habilidade de transportar oxigênio por meio do corpo* (p. 360). Portanto, os ajustes fisiológicos que ocorrem depois de um processo de treinamento em longo prazo dessa capacidade agem nesse sentido, favorecido, segundo McArdle, Katch e Katch (1998), por um aumento do fluxo sanguíneo regional nos tecidos ativos, sendo consequência de um aumento na microcirculação, e/ou melhor distribuição do débito cardíaco. Nas palavras do autor, *seja qual for o mecanismo, essas adaptações só ocorrem nos músculos especificamente treinados e somente se manifestam quando esses músculos forem ativados* (p. 375). Ou seja, na ausência de estímulos específicos, esses ajustes apresentam a mesma característica transitória e reversível das outras capacidades citadas anteriormente.

Ainda utilizando a obra de McArdle como referência, dentre os principais ajustes encontrados, podemos observar mitocôndrias maiores e em maior número, tendo como consequência maior capacidade enzimática absoluta do sistema oxidativo. Além disso, o maior fluxo sanguíneo dentro do músculo treinado, por conta de um aumento da capilarização, favorece maior realização da lipólise, utilizando predominantemente os depósitos de gordura como fonte de energia, poupando as reservas intramusculares de glicogênio.

Podemos observar também ajustes cardiovasculares bastante significativos, como um aumento do peso e volume do coração, como resultado de uma hipertrofia cardíaca e de um aumento da cavidade ventricular esquerda, levando a maior volume diastólico final, ejetando mais sangue no corpo a cada batimento do coração. É observado também um aumento no volume plasmático já durante as primeiras sessões de treinamento dessa capacidade. Podemos dizer que, de maneira geral, são esses os fatores que afetarão a capacidade do corpo de "consumir oxigênio", denominada de VO_2 máx. Esses ajustes, associado aos citados no parágrafo anterior, tornam claro como essa atividade pode favorecer a redução dos depósitos intramusculares de gordura, alterando a composição corporal dos indivíduos que treinam nesse sentido.

Inevitavelmente, como dito anteriormente, essas modificações só ocorrerão enquanto houver estímulos para que elas ocorram, obedecendo ao mesmo princípio da reversibilidade quando esses estímulos cessarem. McArdle, Katch e Katch (1998) observaram um aumento de 15% a 30% da capacidade aeróbia máxima durante os três primeiros meses de treinamento, chegando até a 50% em dois anos, porém, em poucas semanas de inatividade esses valores retornam próximos ao nível pré-treinamento, sendo comum em atletas de endurance, nos quais esses valores se estabilizam a um nível um pouco superior aos de sedentarismo. E de fato, segundo Evangelista e Brum (1999), os efeitos do destreinamento da capacidade aeróbia resultarão diretamente em uma diminuição do VO_2 máx.

Essa diminuição poderá ser observada ainda no primeiro mês de inatividade, pois, de acordo com a revisão realizada por Evangelista e Brum, o débito cardíaco máximo, apontado pelas autoras como *o mecanismo primário responsável pela diminuição do consumo máximo de oxigênio* (p. 246), sofreu redução de 26% nas primeiras três semanas, induzido por uma redução de 28% do volume sistólico e aumento da frequência cardíaca em cerca de dez batimentos durante exercício máximo e submáximo. Isso acontece provavelmente como um mecanismo compensatório da redução do volume de sangue ejetado no corpo a cada batimento, indo de encontro com a revisão de Mujika e Padilla (2000a), que encontraram redução do volume total de sangue no corpo reduzido entre 5% e 12%, começando a ser sentido já no segundo dia de inatividade. Em indivíduos altamente treinados, a redução do volume sistólico ficou estabilizada em torno dos 14%. Além disso, foi observada redução tanto do tamanho da cavidade do ventrículo esquerdo em cerca de 20%, como da espessura da parede do miocárdio em 25% em apenas três semanas sem estímulos específicos de treinamento.

As mesmas autoras apresentaram estudos apontando que a capilarização foi reduzida em torno de 38%, podendo ser observada já na segunda semana de inatividade, afetando diretamente no volume de sangue intramuscular. No entanto, mostraram que, em outro estudo a capilarização, não foi afetada em doze semanas de destreinamento, sendo corroborado por Mujika e Paddilla (2000a, 2000b), que mostraram que a capilarização de atletas ficaria estabilizada em torno de 50% maior que de sedentários, mesmo depois de um longo período sem treinamento específico. A redução da atividade das enzimas oxidativas é bastante controversa, com os números variando em torno de uma queda de 40% a uma total volta aos níveis de pré-treinamento em cerca de dois meses sem estímulos específicos. A redução tanto do número de hemoglobinas no sangue como da quantidade de mitocôndrias intramusculares também foi observado pouco tempo depois de interromper os treinamentos.

FLEXIBILIDADE

Essa capacidade responde um pouco diferente aos efeitos do destreinamento em relação as outras vistas anteriormente. Achour Junior (1996) a define como *a máxima amplitude de movimento voluntário em uma ou mais articulações sem lesioná-las* (p. 13), completando ao dizer que *estas podem ser de ordem genética ou desenvolvidas pelo alongamento, que é o exercício físico para manter e desenvolver a flexibilidade* (p. 13).

O mesmo autor diz que a flexibilidade é composta por alguns fatores, como a mobilidade, definida pelo grau de liberdade de uma articulação; pela elasticidade, ou seja, o estiramento elástico do componente muscular, assim como pela sua plasticidade (deformação momentânea) e pela sua maleabilidade (alteração da tensão parcial). Os mecanismos proprioceptivos que influenciam essa capacidade são os fusos musculares e os órgãos tendinosos de Golgi. O primeiro se localiza nas fibras musculares e é responsável por detectar seu grau de estiramento, provocando um reflexo miotático, ou seja, uma contração involuntária necessária para conter um estiramento excessivo. O segundo está localizado no tendão e é excitado pela tensão muscular. Ele é responsável pelo relaxamento da musculatura antagonista.

Barbanti (1997) também inclui nessa lista a influência das formas das superfícies articulares, o comprimento e a elasticidade dos músculos, tendões e ligamentos articulares, o condicionamento biomecânico, idade e fatores psíquicos. Dentro dessas características, a forma das epífises articulares cartilaginosas, a largura da cápsula articular, a disposição dos tendões e o tônus dos músculos que passam pela articulação também podem ser considerados limitantes para o desenvolvimento da flexibilidade.

Então, apesar de a revisão feita por Mujika e Padilla (2000a) descobrir uma redução na flexibilidade de tronco entre 7,4 e 30,1% em estudantes de educação física, mais estudos são necessários para encontrar os mecanismos responsáveis por esses resultados. Weineck (1991) e Achour Junior (1996) dizem que a flexibilidade possui sua melhor fase de treinamento durante a idade escolar tardia, tendendo depois a diminuir, sendo possível apenas a manutenção dos resultados alcançados, mas não aumentá-los. Dizem ainda que a redução dessa capacidade pode ser causada tanto pela falta de práticas regulares de alongamentos como por uma redução natural causada pela idade, por meio de um enrijecimento dos tendões e maior dificuldade de ocorrer o "deslizamento" das proteínas musculares pela maior orientação das fibras colágenas reforçando o número de ligações intra e intermusculares. Por esse motivo, quando dizemos destreinamento dessa capacidade, que podem ser causados principalmente por falta de estímulos aos mecanismos proprioceptivos, "desinibindo" um reflexo tardio, estaremos nos referindo, na realidade, a uma redução da capacidade alcançada ainda na infância, e não fruto de um treinamento posterior.

Considerações finais

Portanto, pudemos observar que o nível de desenvolvimento das capacidades motoras, que foi alcançado ao longo de toda a carreira atlética do esportista, pode desaparecer pouco tempo depois de ele encerrar a carreira e abandonar as sessões de treinamento, ou mesmo que continue com um volume e uma intensidade bem abaixo daqueles que era acostumado quando ainda participava de competições de alto nível. Aquele corpo que ele tinha e aquelas respostas fisiológicas desaparecerão em grande parte já nas primeiras semanas de inatividade.

A hipertrofia e a capacidade de aplicação de força terão uma redução significativa já no primeiro mês sem treinos, implicando diretamente na redução da própria capacidade de força em si, como também influenciará na capacidade de gerar potência, reduzindo a velocidade de movimento de curta e média duração, visto que as atividades das enzimas glicolíticas também sofrem uma sensível redução nesse período. A capacidade aeróbia sofrerá uma redução de aproximadamente 20% no primeiro mês de destreinamento, e, junto com ela, reduzirão todos os ajustes que levaram ao seu desenvolvimento. Além destas, esse indivíduo também sofrerá com a perda da flexibilidade, sentindo seus músculos muito mais "duros" que eram antes.

Por esses motivos, mostra-se importante prover esses atletas que estão no momento de encerrar suas carreiras, uma conscientização da necessidade de se engajar em um programa de atividade física regular, a fim de ter essas reduções de forma menos acentuada, ajudando seu corpo a se ajustar em sua nova realidade.

REFERÊNCIAS BIBLIOGRÁFICAS

ACHOUR JUNIOR, A. *Bases para exercícios de alongamento*. Londrina: Midiograf, 1996.

BARBANTI, V. J. *Treinamento Físico*: Bases científicas. São Paulo: CLR Balieiro, 1996.

_____. *Teoria e prática do treinamento desportivo*. São Paulo: Edgard Blücher, 1997.

BARBANTI, V. J. *Adaptações produzidas pelo treinamento físico*. In: AMADIO, A. C.;

BARBANTI, V. J. (Orgs.). *A biodinâmica do movimento humano e suas relações interdisciplinares*. São Paulo: Estação Liberdade, 2000.

BOMPA, T. O. *Periodização*: teoria e metodologia do treinamento. São Paulo: Phorte, 2002.

BRANDENBURG, J. E.; DOCHERTY, D. The effects of accentuated eccentric loading on strength, muscle hypertrophy and neural adaptations in trained individuals. *Journal of Strength and conditioning research*, v. 16, n. 1, p. 25-32, 2002.

BRUUSGAARD, J. C. et al. Myonuclei acquired by overload exercise precede hypertrophy and are not lost on detraining. *PNAS early edition*. <www.pnas.org/cgi/doi/10.1073/pnas.0913935107>, 2010. p. 1-6.

DANTAS, E. H. M. *A prática da preparação física*. Rio de Janeiro: Shape, 1998.

DAWSON, B. et al. Changes in performance, muscle metabolites, enzymes and fibre types after short sprint training. *Eur. J. Appl. Physiol*, v. 78, p. 163-169, 1998.

ELLIOT, B.; MESTER, J. *Treinamento no esporte*: aplicando ciência no esporte. Guarulhos: Phorte, 2000.

EVANGELISTA, F. S.; BRUM, P. C. Efeitos do destreinamento físico sobre a "performance" do atleta: uma revisão das alterações cardiovasculares e musculoesqueléticas. *Revista paulista de Educação Física*, v. 13, n. 2, p. 239-249, 1999.

GOMES, A. C. *Treinamento desportivo*: estrutura e periodização. Porto Alegre: Artmed, 2002.

KRAEMER, W. J.; FLECK, S. J.; EVANS, W. J. Strength and power training: physiological mechanisms of adaptation. *Exercice and Sport Science Review*, v. 24, p. 363-395, 1996.

MAFFULLI, N.; MAFFULLI, F.; LOMBARDI, F. Forza e specificità di allenamento nel muscolo scheletrico umano. *Atleticastudi*, v. 5, p. 409-422, 1989.

MAUGHAN, R.; GLEESON, M.; GREENHAFF. *Bioquímica do exercício e do treinamento*. São Paulo: Manole, 2000.

McARDLE, W. D.; KATCH, F. I.; KATCH, V. L. *Fisiologia do exercício*: energia, nutrição e desempenho humano. Rio de Janeiro: Guanabara Koogan, 1998.

MUJIKA, I.; PADILLA, S. Detraining: loss of training-induces physiological and performance adaptation. Part I: short term insufficient training stimulus. *Sports Med.*, v.. 30, n. 2, p. 79-87, 2000a.

MUJIKA, I.; PADILLA, S. Detraining: loss of training-induces physiological and performance adaptation. Part II: long term insufficient training stimulus. *Sports Med.*, v. 30, n. 3, p. 145-154, 2000b.

PEREIRA, B.; SOUZA JR. *Dimensões biológicas do treinamento físico*. São Paulo: Phorte, 2002.

_____. Adaptação e rendimento físico – considerações biológicas e antropológicas. *R. Bras. Ci e Mov*, v. 13, n. 2, p. 145-152, 2005.

ROSS, A.; LEVERITT, M. Long term metabolic and skeletal muscle adaptations to short-sprint training: implications for sprint training and tapering. *Sport Med*, v. 31, n. 15, p. 1063-1082, 2001.

ROSS, A.; LEVERITT, M.; RICK, S. Neural influences on sprint running: training adaptations and acute responses. *Sport Med..* v. 31, n. 6, p. 409-425, 2001.

SJÖDIN, B. Anaerobic function. *Sport Science Review*, v. 1, p. 13-27, 1992.

SOLODKOV, A. S. Adaptacion y deporte: aspectos teóricos y práticos. *Stadium*, n. 157, p. 11-14, 1993.